高等职业院校汽车类技能型人才培养"十三五"规划教材

汽车综合实训指导书

（第 2 版）

主　　编　　王海峰　　李香桂

副主编　　张君智　　李小燕

主　　审　　王海涛　　杨志平

西南交通大学出版社

·成　都·

内容提要

　　本书以汽车维修的各个项目为主线，以技能训练为重点，采用项目化的教学理念组织内容。全书共有八个项目，分别为：汽车安全文明生产，全车认识，汽车发动机结构与调整，汽车底盘结构与调整，汽车电器设备的结构、检查与维修，汽车电子控制系统的结构与检测，汽车装潢美容，汽车维护。在每个实训项目中，简要介绍了相关知识点和技能准备，再提出任务，给出要求学生完成的任务工单及考核要求，突出技能训练。

　　本书适用于高职高专及中职汽车检测与维修、汽车电子技术、汽车运用与维修等相关专业的学生使用，也可供汽车维修人员使用。

图书在版编目（CIP）数据

汽车综合实训指导书 / 王海峰，李香桂主编. —2版. —成都：西南交通大学出版社，2016.8（2025.8 重印）
高等职业院校汽车类技能型人才培养"十三五"规划教材
ISBN 978-7-5643-4906-6

Ⅰ．①汽… Ⅱ．①王… ②李… Ⅲ．①汽车 – 高等职业教育 – 教材 Ⅳ．①U46

中国版本图书馆 CIP 数据核字（2016）第 190374 号

高等职业院校汽车类技能型人才培养"十三五"规划教材

汽车综合实训指导书
（第 2 版）

主编　王海峰　李香桂

责 任 编 辑	罗在伟
封 面 设 计	何东琳设计工作室
	西南交通大学出版社
出 版 发 行	（四川省成都市二环路北一段 111 号
	西南交通大学创新大厦 21 楼）
发行部电话	028-87600564　028-87600533
邮 政 编 码	610031
网　　　址	http://www.xnjdcbs.com
印　　　刷	成都中永印务有限责任公司
成 品 尺 寸	185 mm×260 mm
印　　　张	19.75
字　　　数	490 千字
版　　　次	2016 年 8 月第 2 版
印　　　次	2025 年 8 月第 6 次
书　　　号	ISBN 978-7-5643-4906-6
定　　　价	45.00 元

课件咨询电话：028-87600533

高等职业院校汽车类技能型人才培养"十三五"规划教材

编写委员会

主　任　姜聪文

副主任　王海涛　王海峰

成　员　（以姓氏笔画为序）

白仕珑	刘　英	许迎春	何　杰
张君智	张建才	张建臻	李小燕
李香桂	杨志平	杨罗成	罗晓军
范文金	徐彩琴	蒋永敏	翟爱霞

前　言

汽车综合实训为汽车专业教学过程中的一项很重要的实训环节，通过该实训环节，加强并巩固学生理论知识，使学生对汽车各零部件、总成的结构工作原理有更深层次的理解与掌握，正确连接汽车电路，掌握汽车电子控制的基本原理及各项控制功能的实现过程；通过实训，学生能对汽车各机构系统及整车进行正确拆装、检查调整，具备分析排除汽车故障的能力，加强实践技能培养，提高动手能力。

为了更好地指导学生实训，我们在 2013 年第一版的基础上对本书进行了修订，特别增加了汽车维护。本教材的编写继续采用"项目导向，任务驱动"的模式。教材分为八个大的项目，分别为：汽车安全文明生产，全车认识，发动机结构与调整，汽车底盘结构与调整，汽车电器设备的结构、检查与维修，汽车电子控制系统的结构与检测，汽车装潢美容，汽车维护。在每个实训项目中，先简要介绍了知识点和相关技能准备，再提出任务，给出要求学生完成的任务单，最后布置作业并进行考核。

本教材由甘肃畜牧工程职业技术学院王海峰、李香桂任主编，张君智、李小燕任副主编，并由王海涛、杨志平任主审。具体编写分工如下：项目一、项目二由王海峰老师编写；项目三由李香桂老师编写；项目四由李小燕老师编写；项目五、项目六及项目八由张君智老师编写；项目七由徐彩琴老师编写。

本书在编写过程中所有参编人员和主审都付出了大量的心血，得到了他们的大力支持和帮助，在此表示衷心的感谢。

由于时间仓促、水平有限，本书在编写过程中难免存在不足之处，恳请广大师生、读者批评指正。

编　者

2016 年 5 月

目　　录

项目一

汽车安全文明生产

任务一 汽车维修维护中安全文明生产的重要性认识

汽车对人们来说是一把双刃剑，它在给予人们方便的同时，也经常会威胁到人们的生命和财产安全。

修理工被维修车辆碾压，轮胎爆炸致人伤亡，维修工烫伤压伤，擅自驾驶修理车辆发生事故，汽车掉入地沟，火灾事故，电器、设备机械事故，因维修质量引发交通事故等，都是由于汽车维修工安全意识不强引发的。

汽车维修是多工种联合交叉作业，技能要求高，作业环境复杂，作业时间短，相对劳动强度大，影响安全生产的因素多。一位行业前辈曾说过："汽车维修行业风险不大危险大，利润不多隐患多，安全管理点多面广，任务艰巨。"目前，从大部分汽车维修企业和维修摊点的现状来看，维修人员普遍缺乏安全文明生产意识，安全状况令人担忧。汽车是动态运行的机械（据统计，15%以上的交通事故与不良车况及车辆抛锚有关），维修质量不合格，将会引发严重的交通事故，维修企业将承担不可推卸的责任。

操作不规范，缺乏文明生产意识，在维修、保养过程中错误操作，不小心擦伤、碰伤、划伤，损坏汽车零部件和车体的事故时有发生，因此培养学生的安全文明生产意识是非常重要的。

汽车维修行业的主要服务产品是汽车——通过维修恢复技术状况。而汽车作为陆上交通运输的主要工具，其安全技术状况好坏将直接影响道路交通安全。而我们对汽车维修行业实施的安全监控，往往比较重视生产安全，容易忽视维修技术方面潜在的事故隐患。目前，汽车维修企业和维修摊点，因技术、设备、配件和维修成本等因素，维修作业不符合工艺要求，作业深度、广度不到位，维修质量很不稳定。同时，一部分车主缺乏定期维护意识，或者是不愿花钱，该做的保养不做，该换的配件不换。还有，管理部门对维修质量的监控手段主要依赖营运车辆维修竣工出厂检测，监控效果还不尽如人意，安全隐患的存在就难以避免。

【案例1】 某厂一位学徒工不小心把汽油倒在了地上，怕领导看见责骂，偷偷点燃了汽油，险些烧毁了整个工厂。

【案例2】 一汽车维修工移动维修车辆时不小心撞到了另一维修车辆上，两辆车都是高档车，造成了巨大的经济损失。

【案例3】 某汽修厂工人在进行汽车零件焊接时，火星不慎溅入旁边一汽油盆内，导致汽油盆起火，工人在使用灭火器实施灭火时不慎将汽油盆打翻，流淌的汽油着火将货架上塑料配件引燃发生火灾。

【案例4】 发动机飞轮处偶尔有异响，经故障检查：发现变速器外壳与飞轮壳接触处有严重漏油，抬下变速器，发现变速器外壳和飞轮损坏严重，飞轮壳内有一个 M6 螺栓，此螺栓不是变速器总成所用。经仔细检查，螺栓是由曲轴点火正时观察孔掉下去的，维修时更换了变速器壳及飞轮。经过分析，此故障是由于上次在某汽修厂操作不当造成。

以上案例充分说明，作为一名汽车维修人员，首先要有安全文明生产意识和良好的职业道德修养，否则不仅无法做好本职工作，还会造成人身和财产的巨大损失。在培养汽车维修技术人员的过程中，安全文明生产的培养和良好职业道德的养成是非常重要的，是应该放在第一位的。

任务二　安全文明生产意识的培养

（1）要让学生充分认识安全文明生产的重要性。

（2）要把安全文明生产贯穿于整个实训的各个环节、每一个动作、每一节课、每一天。每次实训开始的第一件事是安全文明生产教育，每次实训结束的最后一件事就应该是安全文明生产总结。在实训前充分做好准备工作，预测本次工作中有无凶险，应该如何预防，在生产实践中应该注意哪些问题。

（3）及时向学生通报汽车维修生产中因违反安全文明生产引发的事故和事件，及时指出学生实训中存在的问题，让学生引以为戒。

（4）让学生明确各种操作规范，预见潜在危险。

（5）让学生明确职责范围，避免进行职责范围之外的动作行为。

（6）保持生产场地安全有序。良好的环境促进安全文明生产，修理场地要及时清扫和整理，油脂易使人滑跌且加速轮胎、电线等橡胶件老化。作业前应检查所使用的工、器具是否完好，工作时应穿戴使用安全防护用品，不得穿凉鞋、高跟鞋、短裤、背心。拆装零部件时，必须使用合适工具或专用工具，不得大力蛮干，不得用手锤等硬物直接敲击零件。所有零件拆卸后要按顺序摆放整齐，不得随地堆放。树立环保意识，做好"三废"处理，废油应倒入指定废油桶收集，不得随地倒流或倒入排水沟内，防止废油污染。

（7）培养敬业精神，强化服务质量。每一次操作，每一个动作，每一次检查、调整、维修都要按实际生产要求进行，不能在实训过程中不重视服务质量，随便敷衍了事，应养成注重服务质量、爱护维修车辆、对自己负责、对客户负责的良好习惯。

（8）对待实训设备如顾客车辆，应树立爱护、保护顾客车辆的意识。

任务三 汽车维修生产安全文明规范

（1）每次实训开始和结束时，整理好实训场地和实训环境。开始时根据实训项目准备好所需工具并整齐摆放，结束时收集、清点、存放好工量具。实训过程中随时摆放好工量具和汽车零部件，做到轻拿轻放，摆放整齐有序。

（2）随时清理场地，不得乱放乱倒杂物，场地内不得有与操作无关且阻碍行动的杂物，也不得在场地上乱倒废水废油，根除安全隐患。

（3）实训场地（厂区内）不准吸烟，注意防火。实训区不得有烟头、油污、垃圾和影响安全生产的杂物。

（4）按规定的地方存放油料、易燃易爆和有毒物品，不得存放在车间、工作间。

（5）焊接带油污的部件、压力容器、油箱和其他危险物品时，必须严格按照安全操作规程作业。

（6）掌握消防知识、熟悉消防器材的使用方法，消防器材按规定挂放在明显位置，定期检查、保养，失效的应及时申报更换。

（7）实习积极主动，不大声喧哗、不打闹、不四处乱窜。

（8）需维护和增加用电设施的，必须先申请同意，指派专业人员施工作业，严禁私拉乱接。

（9）养成无关不动的习惯，不随便动与实训项目无关的仪器设备，不随便乱动客户（实训）车辆。严禁违章作业和违章操作各种用电设备及各种机件设备。

（10）爱护客户车辆，做好防护措施。实训中就要养成维护、保护好作业车辆的习惯，对实习车辆防护好后再进行维修维护操作。

任务四　考核与测验

1. 汽车维修中可能出现的违反安全文明生产的操作有哪些？（举出三条）
2. 汽车维修中存在安全隐患的项目是哪些？
3. 判断以下行为是否正确。
（1）认真听取顾客陈述，并详细记录顾客反映的信息。（　　　）
（2）随意开动维修车辆。（　　　）
（3）维修完成后不必对车再进行详细检验。（　　　）
（4）接到顾客车辆后先维修，然后再擦洗车身受污部分。（　　　）
（5）有同学因为上班第一天安排他打扫车间卫生很不高兴，说他是修车的不是打扫卫生的。（　　　）

项目二

任务一　整车观察

一、知识点和技能准备

1. 汽车总体构造

汽车是由动力装置驱动，具有 4 个或以上车轮的非轨道承载的车辆，一般由发动机、底盘、车身、电气设备等部分组成。

（1）发动机：由机体、曲柄连杆机构、配气机构、供给系、冷却系、润滑系、点火系（汽油发动机采用）、起动系等部分组成。

（2）底盘：

① 传动系：将发动机的动力传给驱动车轮，包括离合器、变速器、传动轴、驱动桥。

② 行驶系：将汽车各总成及部件连成一个整体并对全车起支撑作用，以保证汽车正常行驶。包括车架、前轴、驱动桥的壳体、车轮（转向车轮和驱动车轮）、悬架（前悬架和后悬架）。

③ 转向系：保证汽车能按照驾驶员选择的方向行驶。其由带转向盘的转向器及转向传动装置组成。

④ 制动系：使汽车减速或停车，并保证驾驶员离去后能可靠地停驻。其由供能装置、控制装置、传动装置和制动器等组成。

（3）车身：是驾驶员工作的场所，也是搭载乘客和运输货物的场所，包括车前钣制件、驾驶室、车厢。

（4）电气设备：由电源组、发动机起动系和点火系、汽车照明和信号装置等组成。此外，在现代汽车上越来越多地装用各种电子设备，如微处理机、中央计算机系统及人工智能装置等。

2. 汽车重要性能和参数

汽车的主要特征和技术特性随所装用的发动机类型和特性的不同，通常有以下的一些结构参数和性能参数。

（1）整车装备质量（kg）：汽车完全装备好的质量，包括润滑油、燃料、随车工具、备胎等所有装置的质量。

（2）最大总质量（kg）：汽车满载时的总质量。

（3）最大装载质量（kg）：汽车在道路上行驶时的最大装载质量。

（4）最大轴载质量（kg）：汽车单轴所承载的最大总质量，与道路通过性有关。

（5）车长（mm）：汽车长度方向两极端点间的距离。

（6）车宽（mm）：汽车宽度方向两极端点间的距离。

（7）车高（mm）：汽车最高点至地面间的距离。

（8）轴距（mm）：汽车前轴中心至后轴中心的距离。

（9）轮距（mm）：同一车桥左右轮胎胎面中心线间的距离。

（10）前悬（mm）：汽车最前端至前轴中心的距离。

（11）后悬（mm）：汽车最后端至后轴中心的距离。

（12）最小离地间隙（mm）：汽车满载时，最低点至地面的距离。

（13）接近角（°）：汽车前端突出点向前轮引的切线与地面的夹角。

（14）离去角（°）：汽车后端突出点向后轮引的切线与地面的夹角。

（15）转弯半径（mm）：汽车转向时，汽车外侧转向轮的中心平面在车辆支撑平面上的轨迹圆半径。转向盘转到极限位置时的转弯半径为最小转弯半径。

（16）最高车速（km/h）：汽车在平直道路上行驶时能达到的最大速度。

（17）最大爬坡度（%）：汽车满载时的最大爬坡能力。

（18）平均燃料消耗量（L/100 km）：汽车在道路上行驶时每百千米平均燃料消耗量。

（19）车轮数和驱动轮数（$n \times m$）：车轮数以轮毂数为计量依据，n 代表汽车的车轮总数，m 代表驱动轮数。

（20）排量：气缸工作容积是指活塞从上止点到下止点所扫过的气体容积，又称为单缸排量，它取决于缸径和活塞行程。发动机排量是各缸工作容积的总和，一般用升（L）来表示。发动机排量是最重要的结构参数之一，它比缸径和缸数更能代表发动机的大小，发动机的许多指标都同排气量密切相关。

（21）最大输出功率：最大输出功率一般用马力（PS）或千瓦（kW）来表示。发动机的输出功率同转速关系很大，随着转速的增加，发动机的功率也相应提高，但是到了一定的转速以后，功率反而呈下降趋势。

（22）最大扭矩：是指发动机从曲轴端输出的力矩。扭矩的表示方法是 N·m，最大扭矩一般出现在发动机的中、低转速的范围，随着转速的提高，扭矩反而会下降。

3. 汽车分类简介

汽车一般可分为乘用车、商用车和特殊用途车，如图 2.1 所示。

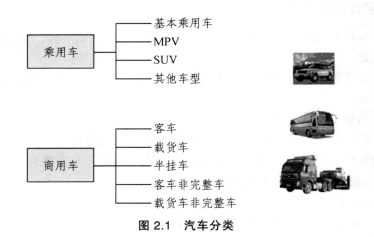

图 2.1　汽车分类

（1）乘用车（Passenger Car，见表 2.1）。

乘用车是主要用于载运乘客及其随身行李和/或临时物品的汽车，包括驾驶员座位在内最多不超过 9 个座位。乘用车也可俗称轿车。

表 2.1　乘用车分类

序号	术　语	定　义
1	普通乘用车 Saloon（Sedan）	车身：封闭式。 车顶（顶盖）：固定式，硬顶。有的顶盖一部分可以开启。 座位：4 个或 4 个以上座位，至少两排。后排座椅可折叠或移动，以形成装载空间。 车门：2 个或 4 个侧门，可有一后开启门
2	活顶乘用车 Convertible Saloon	车身：具有固定侧围框架的可开启式车身。 车顶（顶盖）：车顶为硬顶或软顶，至少有两个位置：1—封闭；2—开启或拆除。 可开启式车身可以通过使用一个或数个硬顶部件和/或合拢软顶将开启的车身关闭。 座位：4 个或 4 个以上座位，至少两排。 车门：2 个或 4 个侧门。 车窗：4 个或 4 个以上侧窗
3	高级乘用车 Pullman Saloon （Pullman Sedan） （Executive Limousine）	车身：封闭式。前后座之间可以设有隔板。 车顶（顶盖）：固定式，硬顶。有的顶盖一部分可以开启。 座位：4 个或 4 个以上座位，至少两排。后排座椅前可安装折叠式座椅。 车门：4 个或 6 个侧门，也可有一个后开启门。 车窗：6 个或 6 个以上侧窗

序号	术 语	定 义
4	小型乘用车 Coupe	车身：封闭式，通常后部空间较小。 车顶（顶盖）：固定式，硬顶。有的顶盖一部分可以开启。 座位：2个或2个以上的座位，至少一排。 车门：2个侧门，也可有一个后开启门。 车窗：2个或2个以上侧窗
5	敞篷车 Convertible （Open Tourer） （Roadster） （Spider）	车身：可开启式。 车顶（顶盖）：车顶可为软顶或硬顶，至少有两个位置：第一个位置遮覆车身，第二个位置车顶卷收或可拆除。 座位：2个或2个以上的座位，至少一排。 车门：2个或4个侧门。 车窗：2个或2个以上侧窗
6	舱背乘用车 Hatchback	车身：封闭式，侧窗中柱可有可无。 车顶（顶盖）：固定式，硬顶。有的顶盖一部分可以开启。 座位：4个或4个以上座位，至少两排。后座椅可折叠或移动，以形成一个装载空间。 车门：2个或4个侧门，车身后部有一舱门
7	旅行车 Station Wagon	车身：封闭式。车尾外形按可提供较大的内部空间。 车顶（顶盖）：固定式，硬顶。有的顶盖一部分可以开启。 座位：4个或4个以上座位，至少两排。座椅的一排或多排可拆除，或装有向前翻倒的座椅靠背，以提供装载平台。 车门：2个或4个侧门，并有一后开启门。 车窗：4个或4个以上侧窗
8	多用途乘用车 Multipurpose Passenger Car	只有单一车室载运乘客及其行李物品的乘用车。但是，如果这种车辆同时具有下列两个条件，则不属于乘用车： （1）除驾驶员以外的座位数不超过6个；只要车辆具有可使用的座椅安装点，就应算"座位"存在。 （2）$p-(M+N\times68)> N\times68$ 式中：p——最大设计总质量； M——整车整备质量与1位驾驶员之和； N——除驾驶员以外的座位数
9	短头乘用车 Forward Control Passenger Car	一种乘用车，它一半以上的发动机长度位于车辆前风窗玻璃最前点以后，并且方向盘的中心位于车辆总长的前1/4部分内
10	越野乘用车 Off-Road Passenger Car	在其设计上所有车轮同时驱动（包括一个驱动轴可以脱开的车辆），或其几何特性（接近角、离去角、纵向通过角、最小离地间隙）、技术特性（驱动轴数、差速锁止机构或其他形式机构）和它的性能（爬坡度）允许在非道路上行驶的一种乘用车
11	专用乘用车 Special Purpose Passenger Car	运载乘员或物品并完成特定功能的乘用车，它具备完成特定功能所需的特殊车身和装备。例如：旅居车、防弹车、救护车、殡仪车等

序号	术 语	定 义
12	旅居车 Motor Caravan	旅居车是一种至少具有下列生活设施结构的乘用车。 （1）座椅和桌子。 （2）睡具，可由座椅转换而来。 （3）炊事设施。 （4）储藏设施
13	防弹车 Armoured Passenger Car	用于保护所运送的乘员和物品并符合装甲防弹要求的乘用车
14	救护车 Ambulance	用于运送病人或伤员并为此目的配有专用设备的乘用车
15	殡仪车 Hearse	用于运送死者并为此目的而配有专用设备的乘用车
注：定义中的车窗指一个玻璃窗口，它可由一块或几块玻璃组成（如通风窗为车窗的一个组成部分）		

（2）商用车辆（Commercial Vehicle，见表 2.2）。

在设计和技术特性上用于运送人员和货物的汽车，并且可以牵引挂车。乘用车不包括在内。

表 2.2　商用车辆分类

序号	术 语	定 义
1	客车 Bus	在设计和技术特性上用于载运乘客及其随身行李的商用车辆，包括驾驶员座位在内座位数超过 9 座
2	小型客车 Minibus	用于载运乘客，除驾驶员座位外，座位数不超过 16 座的客车
3	城市客车 City-Bus	一种为城市内运输而设计和装备的客车。这种车辆设有座椅及站立乘客的位置，并有足够的空间供频繁停站时乘客上下车走动用
4	长途客车 Interurban Coach	一种为城间运输而设计和装备的客车。这种车辆没有专供乘客站立的位置
5	旅游客车 Touring Coach	一种为旅游而设计和装备的客车。这种车辆的布置要确保乘客的舒适性，不载运站立的乘客
6	铰接客车 Articulated Bus	一种由两节刚性车厢铰接组成的客车。在这种车辆上，两节车厢是相通的，乘客可通过铰接部分在两节车厢之间自由走动。 两节刚性车厢永久连接，只有在工厂车间使用专用的设施才能将其拆开
7	无轨电车 Trolley Bus	一种经架线由电力驱动的客车。这种电车可指定用作多种用途
8	越野客车 Off-Road Bus	在其设计上所有车轮同时为驱动轮（包括一个驱动轴可以脱开的车辆），或其几何特性（接近角、离去角、纵向通过角、最小离地间隙）、技术特性（驱动轴数、差速锁止机构或其他形式机构）和它的性能（爬坡度）允许在非道路上行驶的一种车辆
9	专用客车 Special Bus	在其设计和技术特性上只适用于需经特殊布置安排后才能载运人员的车辆

序号	术 语	定 义
10	半挂牵引车 Semi-Trailer Towingvehicle	装备有特殊装置并用于牵引半挂车的商用车辆
11	货车 Goods Vehicle	一种主要为载运货物而设计和装备的商用车辆
12	普通货车 General Purpose Goods Vehicle	一种在敞开（平板式）或封闭（厢式）载货空间内载运货物的货车
13	多用途货车 Multipurpose Goods Vehicle	在其设计和结构上主要用于载运货物，但在驾驶员座椅后带有固定或折叠式座椅，可运载 3 个以上的乘客的货车
14	全挂牵引车 Trailer Towing Vehicle	一种牵引杆式挂车的货车。它本身可在附属的载运平台上运载货物
15	越野货车 Off-Road Goods Vehicle	在其设计上所有车轮同时驱动（包括一个驱动轴可以脱开的车辆），或其几何特性（接近角、离去角、纵向通过角、最小离地间隙）、技术特性（驱动轴数、差速锁止机构或其他形式的机构）和它的性能（爬坡度）允许在非道路上行驶的一种车辆
16	专用作业车 Special Goods Vehicle	在其设计和技术特性上用于特殊工作的货车，如消防车、救险车、垃圾车、应急车、街道清洗车、扫雪车、清洁车等
17	专用货车 Specialized Goods Vehicle	在其设计和技术特性上用于运输特殊物品的货车，如罐式车、集装箱运输车

二、任务导向

（1）认真观察实训车辆，找出车上各个组件和部件，并明确各组件的名称、作用、性能。

（2）观察找出汽车各个系统，认识系统类型、组成以及运动关系。

（3）查阅资料，认识拆装车辆的型号、主要参数、性能及特点等。

（4）根据观察，画出汽车各个系统的简单框图（冷却系、换气系、润滑系、点火系、燃油供给系、起动系、传动系、制动系、转向系等）。

（5）找出电子控制部分各单元、各种传感器、各个接口（检测接口），并明确其作用。

（6）观察悬架系统，明确类型、作用和特点。

三、工 单

根据实训情况填写表 2.3 所示的工单。

表 2.3 工 单

编 号	任务内容	任务实施记录	时间（min）	评 价
1	打开引擎盖，观察发动机布置情况		5	
2	说明引擎盖下各附件的名称、作用，判断各附件是否正常		10	
3	升起实习车辆，取下护板，观察底盘和悬架部分布置特点		30	
4	按系统组成对车辆各系统进行观察，并画出各系统结构简图（另附）		20	
5	检查车况，判断各部分状况是否正常，做出记录		30	
6	查找、记录实训车基本情况（车型、发动机型号、配置、驱动等）		20	
7	查阅全车资料，明确相关信息（保养项目及要求、车辆基本参数、维修数据）		30	
8	检查"三液"是否正常		5	
9	检查轮胎气压、蓄电池电压		5	

四、作业与考核

（1）汽车由哪几部分组成？

（2）汽车有哪些类型？

（3）用简单图形画出汽车发动机的冷却系统。

（4）用简单图形表达汽车发动机的润滑系统。

（5）用简单图形表达汽车发动机的燃油供给系统。

（6）用简单图形表达汽车发动机起动、点火系统。

任务二　汽车发动机外部观察

一、知识点和技能准备

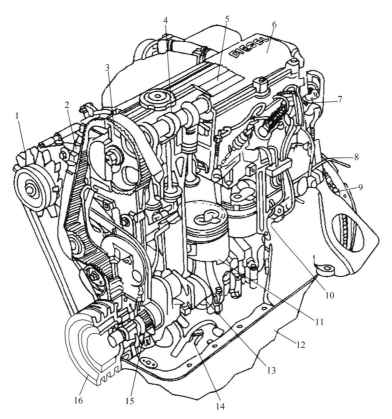

图 2.2　四缸柴油发动机（台湾福特六和载卡多 2.2SOHC 型）

1—交流发电机；2—正时皮带；3—凸轮轴正时齿轮；4—凸轮轴；5—进气管；6—气缸盖罩；
7—喷油器；8—油管；9—飞轮；10—水套；11—活塞；12—机油盘；
13—曲轴；14—机油泵；15—曲轴正时齿轮；16—带轮

二、任务导向

（1）对拆装发动机外部进行认真清洗，确保拆解前发动机清洁卫生。

（2）观察发动机，明确发动机各外部附件的名称、作用、位置及与其他相关部分的关系（连接）。

（3）找到发动机铭牌，明确发动机型号、生产厂家等信息。

（4）查阅发动机相关资料，明确发动机的各种参数。

（5）对相关部分作出标记，画出电路线路图、冷却循环系统路线图、润滑系统油路图、燃油供给系统油路图、配气机构传动简图。

（6）按顺序拆卸外部设备。

① 断开电路（作好记号，从接头处断开）。

② 断开油路（关闭油路，断开各油管接头，弄清供油路线，做好记号；放净机油，弄清机油输送线路，断开润滑油路，必要时做好记号）。

③ 放出冷却液，弄清冷却液循环线路，断开冷却管路。

④ 拆开蓄电池连接线。

⑤ 拆下点火系的高压线，并拆下分电器总成。

⑥ 拆下曲轴箱通风装置、空气滤清器及化油器总成。

⑦ 拆下汽油泵及油管。

⑧ 拆下风扇、硅油离合器及水泵总成。

⑨ 拆下空气压缩机总成、发电机总成、起动机总成。

⑩ 拆下机油滤清器和离心式机油细滤器总成。

⑪ 拆下离合器分离叉和离合器总成。

三、工　单

根据实训情况填写表 2.3 所示的工单。

表 2.3　工　单

编　号	任务内容	任务实施记录	完成时间（min）	评　价
1	打开引擎盖，观察发动机布置情况		5	
2	发动机冷却系的组成及冷却水循环路线		10	
3	燃料供给系的组成及供给路线		30	
4	润滑系的组成及润滑油路		20	
5	起动系的组成、电路连接及原理		30	
6	配气机构的组成及原理		20	
7	曲柄连杆机构组成		30	

四、作业与考核

（1）说明发动机的布置形式。

（2）说明冷却系的组成及冷却水循环路线。

（3）说明曲柄连杆机构的组成。

（4）说明配气机构的组成原理及装配关系。

（6）用简单图形表达汽车发动机起动、点火系统。

任务三　汽车底盘总体认识

一、知识点和技能准备

汽车底盘由传动系、行驶系、转向系和制动系四大系统组成，其功用为接收发动机的动力，使汽车产生运动并保证汽车能够按照驾驶员的操纵意图正确行驶。图 2.3 和 2.4 为常见货车和轿车的底盘结构图。

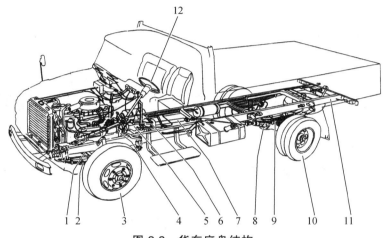

图 2.3　货车底盘结构

1—前轴；2—前悬架；3—前轮；5—离合器；5—变速器；6—驻车制动器；7—传动轴；
8—驱动桥；9—后悬架；10—后轮；11—车架；12—转向盘

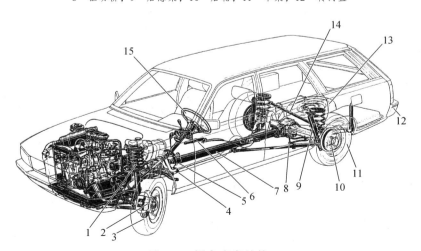

图 2.4　轿车底盘结构

1—前悬架；2—前轮制动器；3—前轮；5—离合器踏板；5—变速器操纵机构；6—驻车制动手柄；
7—传动轴；8—后桥；9—后悬架；10—后轮制动器；11—后轮；12—后保险杠；
13—备胎；14—横向稳定器；15—转向盘

1. 传动系

传动系各部分的组成及功用如下：

（1）离合器：保证换挡平顺，必要时中断动力传动。

（2）变速器：变扭、变速、变向、中断动力传动。

（3）万向传动装置：实现有夹角和相对位置经常发生变化的两轴之间的动力传动。

（4）主减速器：将动力传给差速器，并实现增扭减速、改变动力的传动方向。

（5）差速器：将动力传给半轴，并允许左右半轴以不同的速度旋转。

（6）半轴：将差速器的动力传给驱动车轮。

2. 行驶系

汽车行驶系一般由车架、悬架、车桥和车轮等组成，如图 2.5 所示。车轮通过轴承安装在车桥两边，车桥通过悬架与车架（或车身）连接，车架（或车身）是整车的装配基体。

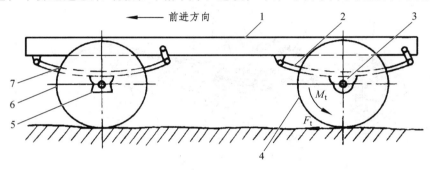

图 2.5 汽车行驶系的组成

1—车架；2—后悬架；3—驱动桥；5—后轮；5—转向桥；6—前轮；7—前悬架

汽车行驶系的功用：

（1）支承汽车的重量并承受、传递路面作用在车轮上各种力和力矩。

（2）接受传动系传来的转矩并转化为推动汽车行驶的牵引力。

（3）缓和冲击，减少振动，保证汽车平顺行驶。

3. 转向系

转向系的功用是保证汽车能够按照驾驶员选定的方向行驶。主要由转向操纵机构、转向器、转向传动机构组成。现在的汽车普遍采用动力转向装置。

4. 制动系

制动系的功用是使高速行驶的汽车减速、停车，并能保证静止车辆的可靠地驻停。汽车制动系一般包括行车制动系和驻车制动系。有的车辆还有辅助制动系、第二制动系等。现在汽车的行车制动系一般都装配有制动防抱死系统（ABS）。

转向系和制动系都是由驾驶员来操控的，一般可以合称为控制系。

现代汽车中电子控制技术的应用越来越广泛，如在底盘中普遍采用了电子控制自动变速器（EAT 或 ECT）、电子控制防滑差速器（EDL）、电子控制制动防抱死系统（ABS）、电子制动力分配系统（EBD）、电子控制悬架系统（EMS）、电子控制转向系统（EPS）等。

二、任务导向

汽车底盘的总体布置与发动机的位置及汽车的驱动方式有关，一般有发动机前置后轮驱动、发动机前置前轮驱动、发动机后置后轮驱动、发动机前置全轮驱动等。

1. 发动机前置后轮驱动

发动机前置后轮驱动简称前置后驱，英文简称为FR。如图2.6所示，发动机布置在汽车前部，动力经过离合器、变速器、万向传动装置、后驱动桥，最后传到后驱动车轮，使汽车行驶。这是一种传统的布置形式，应用广泛，适用于除越野汽车外的各类型汽车，如大多数的货车、部分轿车和部分客车都采用这种形式。

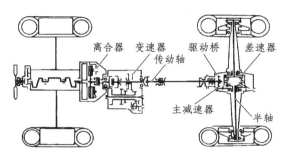

图 2.6　发动机前置后轮驱动示意图

2. 发动机前置前轮驱动

发动机前置前轮驱动简称前置前驱，英文简称FF。发动机布置在汽车前部，动力经过离合器、变速器、前驱动桥，最后传到前驱动车轮，这种布置形式在变速器与驱动桥之间省去了万向传动装置，使结构简单紧凑，整车质量小，高速时操纵稳定性好。大多数轿车采用这种布置形式，但这种布置形式的爬坡性能较差，豪华轿车一般不采用，而是采用传统的发动机前置后轮驱动。

根据发动机布置的方向可分为发动机前横置前轮驱动和发动机前纵置前轮驱动，分别如图2.7、2.8所示。

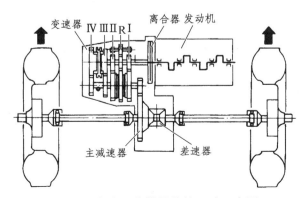

图 2.7　发动机前横置前轮驱动示意图

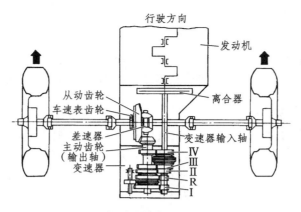

图 2.8 发动机前纵置前轮驱动示意图

提示：请注意这两种布置形式主减速器的不同。

3. 发动机后置后轮驱动

发动机后置后轮驱动简称后置后驱，英文简称 RR。如图 2.9 所示，发动机布置在汽车后部，动力经过离合器、变速器、角传动装置、万向传动装置、后驱动桥，最后传到后驱动车轮，使汽车行驶。这种布置形式便于车身内部的布置，减小室内发动机的噪声，一般用于大型客车。

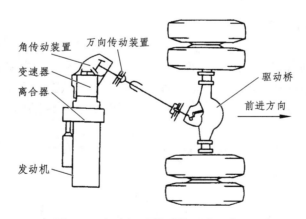

图 2.9 发动机后置后轮驱动示意图

4. 发动机前置全轮驱动

发动机前置全轮驱动简称全轮驱动，英文简称 XWD。传统四轮驱动汽车的基本组成如图 2.10 所示，发动机布置在汽车前部，动力经过离合器、变速器、分动器、万向传动装置分别到达前后驱动桥，最后传到前后驱动车轮，使汽车行驶。由于所有的车轮都是驱动车轮，提高了汽车的越野通过性能，这是越野汽车采取的布置形式。

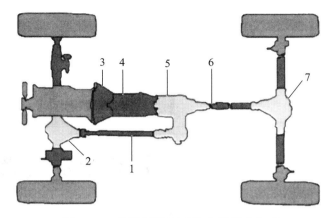

图 2.10　传统四轮驱动汽车的基本组成

1—前万向传动装置；2—前驱动桥；3—离合器；5—变速器；5—分动器；
6—后万向传动装置；7—后驱动桥

三、工　单

根据实训情况填写表 2.4 所示的工单。

表 2.4　工　单

编号	任　务　内　容	任务实施记录	时间（min）	评　价
1	各车型底盘的组成认知		90	
2	EQ1090 汽车底盘的结构认知		40	
3	桑塔纳 2000 汽车底盘结构认知		30	
4	伏尔加汽车底盘结构认知		30	
5	北京 Jeep 四驱结构认知		40	
6	宇通客车底盘结构认知		40	

四、作业与考核

（1）宇通客车底盘由哪几部分组成？

（2）EQ1090 汽车底盘布置形式属于哪一类型？简述该布置形式的特点。

（3）桑塔纳 2000 汽车底盘布置形式属于哪一类型？简述该布置形式的特点。

项目三

汽车发动机结构与调整

任务一　配气机构的结构、拆解、检查、调整

一、知识点和技能准备

1. 作用、类型及传动

（1）作用。

按照发动机的做功顺序和每一缸工作循环的要求，定时开启各缸的进排气门，使新鲜的可燃混合气或空气及时地进入气缸，废气及时地排出。

（2）类型。

① 按气门的布置形式可分为气门顶置式和气门侧置式，如图 3.1 所示。

（a）气门倒置　　　　（b）气门顶置

图 3.1　气门的布置形式

② 按凸轮轴的布置形式分为凸轮轴下置式、凸轮轴中置式和凸轮轴上置式三种，如图3.2 所示。

③ 按曲轴和凸轮轴的传动方式分为齿轮传动、链传动和同步齿形带传动三种。

④ 按每缸气门数可分为二气门式、四气门式和五气门式等。

（a）凸轮轴下置式 　　　（b）凸轮轴中置式 　　　（c）凸轮轴上置式

图 3.2 凸轮轴的布置形式

（3）传动方式。

① 齿轮传动：主要用于凸轮轴下置、中置式配气机构。

② 链传动：主要用于凸轮轴上置、中置式配气机构。

③ 齿形带传动：一般用于凸轮轴上置式配气机构。

2．基本组成

（1）组成，如图 3.3（a）所示。

① 气门组：气门、气门导管、气门弹簧、气门弹簧座、气门锁片及气门座圈。

② 气门传动组：凸轮轴、挺柱、推杆、摇臂、摇臂轴及支座。

（2）动力传递路线（以凸轮轴下置式、齿轮传动为例），如图 3.3（b）所示。

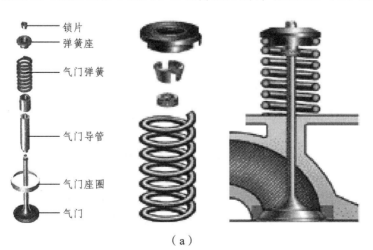

（a）

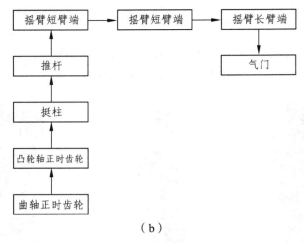

（b）

图 3.3　气门组零件

二、任务导向

（1）认真观察配气机构的布置形式及基本组成。

（2）掌握配气机构的动力传递路线及工作原理。

（3）掌握配气机构的拆装顺序（EQ6100）。

① 拆下气门室罩盖。

② 拆下各气门摇臂轴支座螺栓，卸下摇臂轴总成。

③ 从摇臂轴总成上拆下摇臂轴支座、进排气门摇臂、定位弹簧、摇臂轴等零件，并依次放妥。

④ 取出推杆。

⑤ 拆下前后挺柱室盖，取出挺柱。

⑥ 按从四周向中央的拆卸顺序拆下缸盖螺栓，卸下缸盖，并取下缸盖垫片放妥。

⑦ 气门组分解。

a. 用气门弹簧钳拆卸气门弹簧，依次取出锁片、弹簧座、弹簧和气门。锁片应用尖嘴钳取出，不得用手取出。

b. 将拆下的气门做好相应标记，按顺序放置。

⑧ 凸轮轴的拆卸。

在拆凸轮轴之前转动曲轴到一缸压缩上止点，观察正时齿轮上的正时记号，为安装时对正记号做准备。

a. 转动凸轮轴使正时齿轮的两孔与止推突缘的两固定螺栓对准。

b. 拆下凸轮轴止推突缘的固定螺栓。

c. 抽出凸轮轴总成。凸轮轴如取不出，应做适当的转动后取出。

（4）对配气机构各组件进行检查，确定各组件是否正常，并做出记录，提出维修方案（见表 3.1）。

表 3.1　配气机构各组件的检查与维修

组件名称	检验项目	检验结果	维修方案
气门与导管	头部情况（磨损、烧伤、厚度）		
	杆部磨损情况（配合间隙）		
	杆部弯曲情况		
气门座	密封带		
	变形、磨损、损伤		
气门弹簧	自由长度与垂直度		
	弹力与裂纹		
凸轮轴	弯曲变形（≤0.1 mm）		
	轮廓磨损情况		
	轴颈磨损情况		
	轴向间隙与径向间隙		
传动机构（根据传动方式确定）	项目 1：检查正时带及张紧装置的磨损情况		
	项目 2：检查齿轮的磨损情况		
	项目 3：检查链条及张紧装置的磨损情况		
挺柱	与挺柱孔配合情况		
	挺柱自身磨损情况		
推杆	弯曲与两端球面磨损		
摇臂及轴	配合间隙		
	磨损		
空滤器	滤芯状况、封垫连接软管的完好情况		

（5）掌握配气机构的检查调整。

● 气门间隙的检查与调整。

气门间隙是指气门处于完全关闭状态时气门杆的尾端与摇臂端面之间的间隙。气门间隙大小有冷态和热态之分，气门间隙的测量如图 3.4 所示。修理装配过程中的气门间隙调整是冷态间隙调整，热态间隙调整是在发动机运转、温度上升至正常工作温度后，进行间隙的调整。调整气门间隙有逐缸调整和两次调整两种方法，目前广泛采用的是两次调整法。检查调整气门间隙时，必须使被调整的气门处于完全关闭状态，即挺柱底面落在凸轮的基圆上时，才能进行。其步骤如下：

① 摇转曲轴使第一缸活塞处于压缩行程上止点位置，同时注意飞轮上的"1—6 缸上止点"标记与飞轮壳上的刻线对齐。

② 根据"双排不进法"，当 1 缸处于压缩上止点时，按 1—5—3—6—2—4 的做功顺序，检查此时可调气门（第 1 缸的进排气门，3、5 缸的排气门，2、4 缸的进气门的间隙），并逐

个做好记录。如不正常，随即予以调整。

③ 用梅花扳手拧松第一缸气门调整螺钉上的锁紧螺母。

④ 用符合气门间隙的塞尺插入气门杆尾端与摇臂头部之间。

⑤ 用一字形螺钉旋具旋转调整螺钉，使摇臂将塞尺轻轻压住，直到拉动塞尺稍感受到阻力。

⑥ 如图 3.5 所示，将调整螺钉的锁紧螺母拧紧，注意锁紧时应用一字形螺钉旋具将调整螺钉固定。再复查一次，符合规定值即可。

⑦ 以同样的方法依次调好其他几个气门。

⑧ 将曲轴转 360° 至飞轮上的"1—6 缸上止点"，标记与飞轮壳上的刻线对齐，使第 6 缸处于压缩行程上止点位置。

⑨ 用同样方法调整剩下的 6 个气门（即第 6 缸的两个气门，3、5 缸的进气门，2、4 缸的排气门）。

⑩ 调整好后进行复查。

图 3.4　气门间隙的测量

图 3.5　拧松紧定螺母，调节调整螺钉

- 气门座的铰削。

铰削新的气门座，其工艺过程如下：

① 选择合适的气门铰刀导杆。根据气门导管的内径选择导杆，导杆以能轻易推入导管孔内无旷动为宜。

② 铰刀的选择。根据气门工作锥面和气门座的孔径选择铰刀的锥角和外径，铰刀的锥角要与气门工作锥面相同，其直径大小以与气门座的咬合在铰刀的刀刃范围内为宜。

③ 粗铰。先将与气门工作锥面角度一致的粗铰刀套在导杆上，使铰刀的缺槽与铰刀转把的凸缘嵌合，即可进行铰削。铰削时，手柄要平直，用力要均匀，顺时针转动转把，直到形成 2.5 mm 以上的完整锥面为止。要边铰边用相配的新气门（或光磨好的气门）检查，在气门座铰削表面涂上红丹油检查气门与气门座的接触环带位置，应在气门工作锥面的中部靠里，其宽度一般以 1.00 ~ 2.50 mm 为宜。

④ 精铰。用与气门工作锥面角度一致的细铰刀精铰气门座的工作锥面，精铰后气门头部平面应高出燃烧室 0.2 mm，并保证接触环带的位置、宽度和表面粗糙度要求。

铰削用过的气门座时，其铰削工艺过程如下：

① 选择铰刀和导杆，与上述相同。

② 去除硬化层。在铰刀下垫入粗砂布，双手用力下压正反向转动手柄，以除去气门座工作面的冷作硬化层和油污，防止铰刀在气门座上打滑。

③ 铰削。用工作锥面铰刀铰削气门座工作面，操作要领与上述相同。直至烧蚀、斑点等缺陷被完全铰去，出现一条宽度大于 2 mm 且连续的接触环带为止。用相配气门试配，其大端平面不得低于缸盖燃烧室平面 2～2.5 mm，否则应更换新气门座。最后用 15°或 75°座面铰刀，调整接触环带的位置和宽度。如接触环带偏下，应使用 15°座面铰刀铰削气门座内口，使接触环带上移；如接触环带偏上，使用 75°座面铰刀铰削外口，使接触环带内移；如接触环带宽度过大，可视接触环带的位置，用 15°或 75°座面铰刀铰削至合适。

- 气门的光磨。

当气门的工作锥面上出现偏磨、烧蚀、斑点、沟槽等损伤时，可在气门光磨机上修磨其工作锥面。但光磨后气门头部圆柱面的高度不得小于 1.0 mm，否则应予报废。

气门光磨的工艺过程如下：

① 检查被光磨气门的变形。气门杆部和工作锥面的径向圆跳动应不大于 0.03～0.05 mm。如超限，应校直至符合要求为止。

② 夹紧气门杆。将校直的气门杆部插入气门光磨机的夹架上，气门头部伸出长度以 40 mm 为宜并夹紧。

③ 试磨。松开夹紧固定螺栓，转动夹架使刻度盘指示的角度与气门工作锥面的角度相等，然后紧固夹架固定螺栓。试磨时，首先打开夹架电机开关使气门转动，观察气门工作锥面有无偏斜现象。当气门转动时，再开动砂轮电机开关，慢慢移动夹架，使砂轮表面与气门工作锥面轻微接触试磨。如气门工作锥面不是被均匀磨去，而是一端接触另一端不接触，应重新调整夹架直至两端同时磨削时，再将夹架紧固。若气门光磨锥面在大端或小端，松开夹架固定螺栓，调整夹架角度，直至光磨面在气门锥面中部为止。

④ 磨削。光磨时，左手转动横向手柄使气门慢慢向左移动，右手转动纵向手柄使气门工作锥面在砂轮面上左右移动，以保持砂轮的平整。但必须注意，气门移动不能超出砂轮面，要及时冷却，进刀量要小，以降低工作锥面的粗糙度。如此反复进刀光磨，直至工作锥面的损伤痕迹全部磨光。光磨后，气门头部圆柱面的高度不得小于 1.0 mm。最后用 0 号砂布打磨气门工作锥面以消除粗磨纹路。

- 气门与气门座的手工研磨。

① 清洗气门、气门导管与气门座，将气门按序放置，以免错乱。

② 研磨。气门与气门座的手工研磨有用橡皮捻子和用螺丝刀两种方法。用橡皮捻子研磨时，在气门上涂一薄层机油，以便橡皮碗能吸起气门；用螺丝刀研磨时，应在气门与气门导管座孔间套入一个软弹簧，软弹簧的作用是能将气门推离一段距离。

研磨时，首先在气门座或气门工作锥面上涂一层粗研磨膏，将气门插入气门导管内，用橡皮捻子或螺丝刀带动气门旋转，并与气门座不断拍击。接触时，两者有相对转动。在相动转动中，两者又有一定接触压力。在气门正反转时，其正向转动的角度一定要大于反向转动的角度，这样使得气门在正反转动中间歇地向一个方向不断转动，直至在气门锥面上出现一条完整、边界清晰的接触环带。然后用细研磨膏继续研磨，直至磨出一条宽度一致、灰色无光泽的环带为止。最后滴上机油继续研磨数分钟。研磨后的接触环带宽度应符合原厂规定，一般是：进气门 1.0 ~ 2.0 mm，排气门 1.5 ~ 2.5 mm。

③ 清洗。全部气门研磨后，用煤油冲洗气门、气门导管和气门座，并擦拭干净。

当气门工作锥面的光磨和气门座工作锥面铰削的精度较高时，可以免去气门与气门座的研磨二序。

● 气门与气门座的密封性试验。

气门与气门座的密封性试验有以下 3 种方法：

① 锥面铅笔画线法。在研磨后的气门锥面上，用 6B 软铅笔在沿锥面素线每隔 4 ~ 5 mm 等分画线，然后使其气门座接触并施压在不大于 30°的范围内反复转动。取出观察，铅笔线痕迹被接触环带全部切断，说明密封性良好；否则为密封性不良，应重磨。

② 煤油试验法。将组装好气门的气缸盖倒置，在燃烧室内倒入煤油至浸没气门头部，5 分钟内其封面上不得有渗漏现象发生；否则气门密封不良，应重磨。

③ 气压试验法。将气门与气门座密封性试验仪压在气门与气门座的缸盖平面上，用橡皮球向储气筒打入 58.8 ~ 68.6 kPa 的空气，半分钟内压力降低值应不大于 20%；否则气门密封不良，应重磨。

三、工　单

根据实训情况填写表 3.2 所示的工单。

表 3.2　工　单

编号	任务内容	任务实施记录	时间（min）	评　价
1	配气机构各组成部分名称		5	
2	配气机构的动力传递路线		10	
3	配气机构的传动方式		5	
4	气门间隙的检查调整		20	
5	完成各组件检修		20	

四、作业与考核

（1）说明配气机构的主要形式、结构组成及传动方式。

（2）说明配气机构的拆装顺序及注意事项。

（3）简述如何研磨气门座圈及精铰气门座圈。

（4）简述检查调整气门间隙的方法与步骤。

（5）气门间隙过大或过小对发动机的工作有何影响？

（6）检查调整配气相位。

任务二　机体零件与曲轴连杆机构的结构、拆解、检查、调整

一、知识点和技能准备

1. 发动机机体

机体是发动机的基础骨架，它既是发动机各机构、各系统的装配基础件，又是曲柄连杆机构、配气机构、冷却系统、润滑系统的组成部分，主要由气缸体和上曲轴箱两部分组成。在机体内外安装着发动机所有的主要零件、辅助系统和附件。

（1）气缸体作用：在其中制造气缸或安装气缸套。

（2）上曲轴箱作用：用来安装并支承曲轴。

（3）机体的形式：平底式、龙门式、隧道式。

2. 曲柄连杆机构

曲柄连杆机构由活塞连杆组和曲轴飞轮组两部分组成。活塞连杆组由活塞、活塞环、活塞销和连杆等零件组成；曲轴飞轮组主要由曲轴及装在功率输出端的飞轮组成。

二、任务导向

（1）认真观察机体结构形式。

（2）认真观察曲柄连杆机构的结构及连接关系。

（3）掌握曲柄连杆机构和机体零件的拆装顺序。

①　总成拆卸方法。

a. 转动翻转装卸台使缸体平卧，抽出油尺，并拆下油尺导管。

b. 拆下油底壳，卸下吸油盘。

c. 拆下机油泵总成。

d. 转动曲轴使1、6缸活塞处于下止点位置，再用扭力扳手及相应的套筒拆下连杆盖上的紧固螺母。应分次拧松并取下连杆盖。

e. 用锤柄或木棒将连杆组件推出气缸。取出后将连杆盖按原方向装回，并将连杆螺栓螺母装回连杆，注意方向。以相同的方法拆下其他活塞连杆组件，并按顺序摆放好，便于装配。

② 总成分解方法。

a. 用活塞环拆装钳拆下活塞环。

b. 用尖嘴钳拆下活塞销两端的锁环，然后用锤子或专用铳棒打出活塞销，使活塞与连杆分离。应做好标记。

③ 曲轴飞轮组的拆卸。

a. 拆下起动爪，用顶拔器拉出带轮扭转减振器总成。

b. 按先两边后中间的顺序分次拧松各主轴承盖螺栓，转动发动机拆装台，使曲轴朝上。做好各道主轴承盖上的装配标记。

c. 将缸体固定在拆装台中部的支架上，分别拆下前悬置支架和飞轮壳的固定螺栓，卸下前悬置支架和拆装台的支承座。

d. 拆下正时齿轮盖螺栓，卸下正时齿轮盖。

e. 用撬棒抵住曲轴，拆下飞轮固定螺栓的锁紧垫圈及螺栓，卸下飞轮。

f. 拆下飞轮壳固定螺栓，卸下飞轮壳。

g. 拆下曲轴后油封挡片固定螺栓，取下油封挡片。

h. 拆下各道曲轴主轴承盖螺栓，卸下曲轴总成，并将各主轴承盖及轴承依次放妥。

i. 用专用工具拆下曲轴后油封。

j. 拆下曲轴正时齿轮。

k. 用锤子和铜棒从飞轮上击下齿圈（如齿轮无损坏可不拆下）。

l. 拆下分电器传动轴锁止螺栓，再取出分电器传动轴。

④ 发动机其他零部件拆卸。

a. 拆下水套盖板螺栓，卸下水套盖板。

b. 拆下润滑油道螺栓。

c. 将拆下的所有零件分类并清洗，然后用压缩空气吹干，经仔细检查后按次序摆放，以备装复。

表 3.3 所列为 CA6102 型发动机主要螺栓螺母拧紧力矩。

表 3.3　CA6102 型发动机主要螺栓螺母拧紧力矩

连接件名称	拧紧力矩（N·m）
缸盖螺栓	100～120
连杆螺栓螺母	100～120
正时齿轮室盖螺栓	80～100
前主轴承盖螺栓	140～160
中主轴承盖与后主轴承盖螺栓	100～120
飞轮固定螺栓	100～120
起动爪	250～300
凸轮轴止推突缘螺栓	20～25
凸轮轴正时齿轮锁紧螺母	70～90
挺柱导向体紧固螺栓	40～70

连接件名称	拧紧力矩（N·m）
摇臂轴支座固定螺栓	30～40
飞轮壳与缸体固定螺栓	80～100
机油滤清器固定螺栓	50～70
火花塞	25～35
水套盖板固定螺栓	20～25

（4）掌握曲柄连杆机构相关的检查调整。

● 曲轴轴承径向间隙的检查与调整。

① 检查方法。

a. 专用塑料线规检验法（如桑塔纳）。

拆下曲轴主轴承盖，清洁轴承及曲轴轴颈，将塑料间隙测量片放在轴颈上或主轴承中，将轴承盖装好，并用 65 N·m 力矩拧紧轴承盖螺栓，但注意不要使曲轴转动。然后拆卸轴承盖，取出已压展的塑料间隙测量片，与附带有的不同宽度色标的量规相比对，测出轴承间隙值。色别测量范围为：

绿——0.025～0.076 mm；红——0.050～0.150 mm；蓝——0.100～0.230 mm。

b. 通用量具检验法。

用内径千分尺和外径千分尺分别测量轴颈的外径和轴承的内径，测得的这两个尺寸的差值，就是曲轴轴承的径向间隙。连杆轴承径向间隙的检查与曲轴轴承方法相似。

② 调整方法。

检查中，如间隙值超限，则应重新选配轴承。轴承选配的基本原则是：根据色标或间隙选轴承。根据色标选轴承，即根据轴颈的色标来选择相应级别的轴承。如切诺基汽车选配轴承时，可参照轴颈尺寸和相应轴承的对应关系用色标来直接选配轴瓦。根据间隙选轴承，曲轴轴承间隙过大可造成润滑系油压过低，轴承异响；如间隙过小，润滑不良易使轴承烧损，故此时选配轴承应严格控制轴承的间隙。此时选配的程序是先检测曲轴轴颈，在此基础上选择一定级别的轴承，安装并测量轴承间隙，根据间隙的大小再调整轴承，直到轴承间隙达到规定的要求为止。

● 曲轴轴向间隙的检查与调整。

① 检查方法。

a. 把带磁力底座的百分表固定在发动机前面或者后面的缸体上。

b. 将百分表杆部平行于曲轴中心线放置，调整表针。

c. 前后撬动曲轴，观察百分表读数。其最大值与最小值之差即为此曲轴的轴向间隙。曲轴轴向间隙也可用另一方法进行检查：将曲轴定位轴肩和轴承的承推端面的一面靠合，用撬棒将曲轴挤向后端，然后用厚薄规在曲轴臂与止推轴瓦或止推垫圈之间测得。

② 调整方法。

曲轴轴向间隙一般为 0.05～0.20 mm。部分车型曲轴轴向间隙值如表 3.4 所示，如轴向间隙过小，会使机件膨胀而卡死；轴向间隙过大，易形成轴向窜动，给活塞连杆组的机件带来不正常的磨损。因此，当轴向间隙值逾限时，则应更换或修整止推轴瓦或止推垫圈来进行调整。

表 3.4　曲轴轴向间隙

车型	标准（mm）	使用限度（mm）
EQ1092	0.06 ~ 0.207	≥0.35
CA1092	0.15 ~ 0.35	
桑塔纳	0.07 ~ 0.17	0.25
奥迪	0.07 ~ 0.17	0.25

- 活塞与气缸间隙的检查。

活塞与气缸壁的间隙小于 + 0.14 mm 时，一般采用试配检验。方法是：将气缸和活塞擦净，把一定规格（长 × 宽 × 厚为 200 mm × 13 mm × 0.05 mm）的厚薄规预先置放在气缸内受侧压力较大的一侧（发动机右侧），倒置活塞（前后方向不变）使裙部大径方向对正厚薄规并推入气缸内至下缘与气缸上平面平齐，然后左手握住活塞，右手用弹簧秤拉出厚薄规。其拉力应符合规定（如桑塔纳的拉力为 19.6 ~ 29 N），各缸间的拉力差应不超过 9.8 N。

- 气缸体的检验。

a. 测量前的准备工作：将被检验的气缸缸筒及上平面清洗，擦干。根据气缸直径大小选择合适的接杆，旋入量缸表下端；根据被测气缸的标准尺寸用外径千分尺校对量缸表，并留出测杆伸长的适当数值（即预压 1 mm 左右），旋转表盘，使"0"位对正指针，记住小针指示毫米数，把接杆螺母固定，并复校。测量时手应握住绝热套，把量缸表斜向放入气缸被测处，轻微摆动量缸表，使指针左右摆动相等（气缸中心线与测杆垂直）。如果指针正好对"0"处，则与被测缸径相等；当指针顺时针方向离开"0"，则缸径小于标准尺寸；如反时针方向离开"0"位，则缸径大于标准缸径。

b. 测量部位。在气缸轴向上选取 3 个横截面，即 S1-S2（活塞在上止点时，第一道环所对应的缸壁附近），S2-S2（气缸中部），S3-S3（距气缸下边缘 10 ~ 15 mm 处），在同一横截面上进行曲轴轴线方向和径向测量，测出其最大和最小直径。依次测出各缸的 3 个横截面上的最大和最小直径，将测量数据填入实训报告中。

c. 圆度和圆柱度的计算。被测气缸的圆度误差用各个横截面上最大、最小直径差的二分之一的最大值表示。被测气缸的圆柱度误差用 3 个横截面上的最大、最小的直径差之半表示。

d. 气缸的检验分类。根据交通部 13 号令，发动机送修标志，若被测量的气缸体有一个气缸的圆柱度超过 0.2（汽油机）~ 0.25 mm（柴油机），或圆柱度未超过上述极限，而圆度误差超过 0.05（汽油机）~ 0.062 5 mm（柴油机）时，则发动机需要大修。

- 连杆变形的检验。

连杆变形的检验在连杆检验仪上进行。

① 根据被检连杆轴承孔径，选择合适的标准心轴及月亮销，然后将心轴装进校准台基准孔，用锁紧手柄固定。

② 装上连杆下盖，按规定力矩拧紧，将活塞销穿入连杆衬套至中部。

③ 将连杆大端套在连杆检验仪的可调心轴上，并用调整螺钉固定连杆，使之直立，不得松动，使连杆大端轴线与心轴轴线平行。

④ 用三点规的 V 形槽贴合活塞销，并将其上的 3 个测量基准点（游标头）轻轻推向连杆检验仪的基准平面。检查 3 个测量基准点与基准平面的间隙，并作记录。如以 δn、$\delta u1$、$\delta u2$ 分别表示上测量基准点、下左测量基准点和下右测量基准点与基准平面的间距。

⑤ 算出弯曲、扭曲的数值。如弯曲量超过 0.03 mm，扭曲量超过 0.06 mm，须校正。并用粉笔在变形部位上标出变形的形式和方向，将连杆变形的检验数据填入实训报告册中。

- 连杆变形的校正。

连杆的弯曲度和扭曲度超过公差值时，应对连杆进行校正。连杆如有弯扭共存的情况，应先校正扭曲，再校正弯曲。其校正方法如下：

① 连杆扭曲校正：先将连杆下盖按规定装配和拧紧，然后用台钳口垫以软金属垫片夹紧连杆大端侧面，使用专用扳钳装卡在连杆杆身上下部位，用扳钳沿连杆变形的反方向进行校正。

② 连杆弯曲校正：将弯曲的连杆置入专用的压器，弯曲的凸起部位朝上，在正丝杠的部位加入垫块，根据连杆的弯曲程度，扳动丝杠加压。

③ 连杆的弯扭校正多在常温下进行，由于材料弹性后效的作用，卸荷后连杆有复原趋势。因此，变形量较大的连杆校正后，必须进行时效处理。方法是：将连杆加热至 573 K，保温一定时间，以消除其内应力。校正变形较小的连杆，只需在校正负荷下保持一定时间即可。

④ 对于校正后的连杆，应多次从正反方向进行复查，直至确认合格为止。

- 活塞环的选配检验。

① 活塞环的选配。

a. 根据修理尺寸进行选配。同一台发动机应选用与气缸和活塞同一修理尺寸的活塞环，绝对不允许选择大一级修理尺寸的活塞环用锉端隙使用。

b. 重量的选配。同一台发动机的同类活塞环，其重量差不得超过 4 g。

② 活塞环的检验。

a. 活塞环弹力的检验。

活塞环弹力的检验要在专用检验仪器上进行。检验时，将环置于活塞环弹力检验仪滚轮和底座的槽里（开口要水平向外），沿秤杆移动活动量块，直至将活塞环的端隙压紧至规定的端隙时，读出秤杆上的重量示值，再与厂家规定值进行比较。

b. 活塞环漏光度的检验。

漏光度的检验可在专用检验设备上进行。将被检验的活塞环置入环规内，环规被 3 组滚轮支承，灯光照射到被检验环的下缘，观察环与环规之间的缝隙，并与标准值对照。也可用简易装置予以检验：将活塞环平置气缸口，用倒置的活塞将其推到气缸内该环相应上止点位置，用一圆盖板盖在环的上侧，在气缸下部放置灯光，从气缸上部观察活塞与气缸壁的缝隙，确定漏光情况。

同一环的漏光处不能多于两处，两处的弧长之和与相应的圆心夹角不能大于 45°。活塞环开口两端各 30°的范围内不允许有漏光现象。漏光处的最大缝隙不得大于 0.03 mm。有些车型厂家有文件规定的，此时则以厂家技术标准为准。

c. 端面翘曲度检验。

活塞环的上下两端面与活塞环槽两平面的贴合是活塞环的第二密封面，此面不好也会产生漏气。

检验方法有两种：一种是在专用设备上检验，即用两块表面粗糙度很小的平板（铸铁、淬火钢板或玻璃板），相距为活塞环厚度加上 0.05 mm，平行固定后将活塞环从此两板间通过。无阻尼通过的为合格，否则为不合格。另一种检验方法为简易法，即将活塞环自由平放在检验平板上，观察其接触或与平面的漏光情况，进行判断合格与否。

d. 活塞环端隙的检验。

端隙又叫开口间隙，一般第一道环稍大，第二、三道环稍小。组合环的刮片端隙可稍大。检验的方法是将环装在气缸内，用厚薄规测量其开口间隙值即可。

e. 活塞环侧隙的检验。

侧隙即活塞环的槽宽度尺寸与活塞环厚度之代数差。此间隙是保证活塞环正常工作，防止卡死，产生背压的条件。将活塞环放在活塞的环槽内，围绕环槽滚动一周，应能自由滚动。用厚薄规检验其间隙应符合规定。

f. 活塞环背隙的检验。

背隙是指活塞环装在活塞上，再装入气缸内，活塞环内径与活塞环槽底径之代数差的 1/2。

检测的方法有两种：一种是以槽深和环宽之差来表示，一般活塞环应低于环槽岸边 0 ~ 0.35 mm，以免在气缸内卡死。另一种是将活塞环放进气缸内，测量环的内径，再测量活塞的环槽底径后，计算背隙。此方法较准确。

- 活塞偏缸的检查。

① 偏缸的检查。

a. 将不带活塞环的活塞连杆组合件，按规定装入气缸中，并按规定扭矩拧紧各道螺栓，转动曲轴，使活塞处于上（下）止点。

b. 检查连杆小端两侧与活塞销座孔内端两侧和活塞与缸壁的距离是否相同。如不同，则是气缸轴心线产生了偏移，或是活塞连杆组有了偏斜。

c. 转动曲轴，检查活塞在上下止点和气缸中部各个位置，用厚薄规测量活塞头部在气缸前后两方向的间隙，其间隙差应不大于 0.1 mm，否则有偏缸现象，应查明原因，予以排除。

② 偏缸的原因。

a. 活塞在气缸上、中、下部位，偏斜于同一方向，则可能是气缸轴心线与曲轴轴心线不垂直、连杆弯曲变形、活塞轴心线与活塞销轴心线不垂直所致。

b. 活塞在气缸上、中、下部位，偏斜于不同的方向，则可能是连杆扭曲、曲轴连杆轴颈的圆柱度误差过大、连杆轴颈轴心线与曲轴轴颈轴心线不在同一平面。

活塞偏缸，不一定是单一零件的问题，影响它的因素很多，必须根据检查情况进行具体分析，找出原因，加以修正。

表 3.5 所列为机体组件与活塞连杆组件的检查与维修。

表 3.5　机体组件与活塞连杆组件的检查与维修

组件名称	检验项目	检验结果	维修方案
机体	积碳清除		
	气缸检测（缸径测量）		
	机体裂纹		
	平面度检查		
	主轴承孔检测		
活塞	外部检查		
	裙部直径		
	销孔与活塞销配合情况		
活塞环	三隙检查		
	漏光检查		
连杆	弯扭变形		
	轴向间隙		
	径向间隙		
	衬套检查		
曲轴	变形检查		
	磨损检查		
	轴向与径向间隙检查		
飞轮			
轴瓦			

三、工　单

根据实训情况填写表 3.6 所示的工单。

表 3.6　工　单

编　号	任务内容	任务实施记录	时间（min）	评　价
1	机体零件的组成和认识		5	
2	曲柄连杆机构的认识		10	
3	气缸的测量		30	
4	气缸间隙的测量		10	
5	活塞环间隙的检查		30	
6	曲轴轴承间隙的检查		20	
7	曲轴轴向间隙的检查		20	
8	连杆的校正		20	
9	活塞销的选配		30	

四、作业与考核

（1）气缸盖拆装时，缸盖螺栓为何要按顺序拆装？

（2）曲轴如何轴向定位？凸轮轴如何轴向定位？

（3）在对曲柄连杆机构装配时，哪些部件要按原位置装配，为什么？

（4）有几种方法判断一缸上止点，如何判断是压缩上止点？

（5）分析汽油机与柴油机结构上有何不同，本质原因是什么？

（6）活塞环在安装时为什么要注意其安装方向？

（7）活塞在常温下的几何形状是什么样？为什么？

任务三 冷却系的结构、拆装、检查、调整

一、知识点和技能准备

1. 冷却系的总体结构、形式、作用和工作原理

（1）组成：散热器、风扇、风扇离合器、水泵、节温器、补偿水桶、水道、连接软管等。

（2）形式。

（3）作用：维持发动机正常的工作温度。

（4）工作原理（动力传递），如图 3.6 所示。

图 3.6 动力传递框图

（5）冷却水循环路线：

① 小循环（水温低于 70 ℃），如图 3.7 所示。

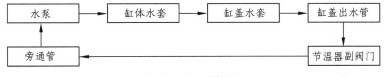

图 3.7 小循环

② 大循环（水温高于 80 ℃），如图 3.8 所示。

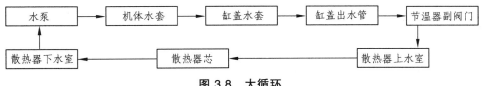

图 3.8 大循环

二、任务导向

（1）掌握冷却系各部件的安装位置。

（2）掌握冷却系各部件之间的连接关系。

（3）掌握冷却系各部件的拆装顺序及要求。

① 放出冷却液。

② 松开皮带张紧装置。

③ 松开软管卡箍螺栓。

④ 拆下散热器。

⑤ 拆下水泵总成。

⑥ 拆下出水管。

⑦ 拆下风扇。

注意：各处的垫子应保持完好无损，单独放置。

（4）水泵拆卸。

① 取下水泵盖。

② 用拔盘器取下叶轮。

③ 取出密封装置。

④ 取下凸缘盘。

⑤ 从叶轮端拉出水泵轴。

⑥ 取出轴承。

（5）水泵的安装。

① 清洗各零件。

② 检查密封装置，视情况更换。

③ 按拆的相反顺序安装。

（6）风扇离合器的认识。

（7）散热器的认识。

（8）散热器盖的认识。

（9）补偿水桶的认识与连接。

（10）百叶窗的认识。

（11）节温器的认识。

三、工 单

根据实训情况填写表 3.7 所示的工单。

表 3.7 工 单

编 号	任务内容	任务实施记录	时间（min）	评 价
1	冷却系组成各部分名称		5	
2	冷却水的循环路线		10	
3	节温器测试，开启温度		20	
4	水泵测试		10	
5	电动风扇的检查；水温 80 ℃ 以下，点火开关在 ON 位置；拆下温控开关插头，搭铁电动机应转动，插上不转		10	
	用万用表检查风扇转动时的电流		10	
	在水温 90 ℃ 时，检查温控开关与搭铁之间是否导通		10	
6	就车检查硅油风扇离合器		10	

四、作业与考核

（1）工具仪器的正确使用。（10分，使用不当扣2分）

（2）水泵的检查：① 水泵转动检查；② 水泵密封性检查。（20分，每项不当扣除10分）

（3）节温器的检测。（错1处扣2分，共10分）

（4）风扇离合器的检测。（错1处扣2分，共20分）

（5）皮带松紧度的检调。（错1处扣5分，共20分）

（6）冷却液的加放。（错1处扣5分，共10分）

（7）操作规范有序，不超时。（每个动作不规范扣2分，共10分）

任务四 润滑系的结构、拆卸、检查、调整

一、知识点和技能准备

1. 润滑系的作用、类型、组成及工作原理

（1）作用：润滑、冷却、清洗、密封、防锈蚀。

（2）类型：

① 压力润滑。了解润滑的主要部位、润滑油的输送方式。

② 飞溅溢满。了解润滑的主要部位、输送方式。

③ 定期润滑。了解润滑部位、加油方法。

（3）总体组成：油底壳、机油泵、机油滤清器、油道、各种阀及仪表信号等。

（4）工作原理：以 EQ6100-1 为例，其动力传递路线如图 3.9 所示。

图 3.9 动力传递路线

2. 润滑路线（见图 3.10）

图 3.10 润滑路线

二、任务导向

（1）掌握各部件的安装位置及各自的作用。

（2）机油的加放和油量检查方法。

（3）主油道、分油道的认识及连接。

（4）机油泵的拆卸、检查及注意事项。

① 旋松分电器轴向限位卡板的紧固螺栓，拆下卡板。

② 拔出分电器。

旋松并拆下两个机油泵壳与发动机机体的连接长紧固螺栓，将机油泵及吸油部件一起拆下；拧松并拆下吸油管组紧固螺栓，拆下吸油管组，检查并清洗滤网；旋松并取下机油泵盖短螺栓，取下机油泵盖，检查泵盖上安全阀，观察泵盖接合面的磨损情况；分解主、从动齿轮，再分解齿轮和齿轮轴。

③ 机油泵的检查。

a. 检查齿轮啮合间隙：检查时，将机油泵盖拆下，用塞尺在互成 120°角的 3 个位置测量机油泵主、从动齿轮的啮合间隙。新机油泵齿轮啮合间隙为 0.05 mm，磨损极限值为 0.20 mm。

b. 检查主、从动齿轮与泵盖接合面的间隙：主、从动齿轮与机油泵盖接合面间隙，正常应为 0.05 mm，磨损极限值为 0.15 mm。

c. 检查主动轴的弯曲度：将机油泵主动轴支承在 V 形架上，用百分表检查弯曲度。如果弯曲度超过 0.03 mm，则应对其进行校正或更换。

d. 检查主动齿轮轴与泵壳的配合间隙：主动齿轮轴与泵壳配合的间隙应为 0.03 ~ 0.075 mm，磨损极限值为 0.20 mm；否则，应对轴孔进行修复。

e. 检查泵盖：泵盖如有磨损、翘曲和凹陷超过 0.05 mm，应以车、研磨等方法进行修复。

f. 检查安全阀：检查安全阀弹簧有无损伤、弹力是否减弱，必要时予以更换。检查安全阀配合是否良好、油道是否堵塞、滑动表面有无损伤，必要时更换安全阀。

（5）机油泵的装配、注意事项。机油泵的安装顺序基本上与拆卸及分解顺序相反，但应注意以下两点：

① 更换所有的垫片。

② 按规定力矩拧紧螺栓。

（6）一次性机油滤清器的拆装、注意事项。

① 机油滤清器的拆卸与安装。

a. 用机油滤清器专用拆装工具拆下滤清器。

b. 安装滤清器时，应在密封圈上涂上干净的机油，并在壳体内加满机油。

c. 用手轻轻拧紧机油滤清器直到感觉有阻力为止，再用专用工具重新拧紧机油滤清器 3/4 圈。

② 可拆式滤清器的拆装。

a. 拧开滤清器底部的放油螺塞，放出滤清器内的润滑油，然后从气缸体上拆下滤清器总成。

b. 拆开卡箍，取出滤芯。检查滤芯上、下密封圈，若有损伤应更换新件。更换滤芯时，需将新滤芯在清洁的润滑油中浸泡 4 h 以上。

c. 用汽油或煤油将滤清器外壳、端盖及油孔清洗干净并晾干。

d. 将新滤芯安装到外壳内，注满清洁的润滑油后与端盖装合并用卡箍固定。

（7）齿轮式、转子式机油泵的工作原理。

（8）仪表传感器的认识。

（9）各类阀认识。

表 3.8 所列为润滑系的检查与维修。

表 3.8　润滑系的检查与维修

组件名称	检验项目	检验结果	维修方案
机油泵	不解体检查		
	端面间隙		
	啮合间隙及齿顶间隙		
	轴与轴套间隙		
	其他项目		
滤清器	集滤器		
	粗滤器		
	细滤器		
其他组件			

三、工　单

根据实训情况填写表 3.9 所示的工单。

表 3.9　工　单

编　号	任务内容	任务实施记录	时间（min）	评　价
1	润滑系各部分组成名称		5	
2	润滑油路及油流路线		10	
3	压力润滑的零件		20	
4	飞溅润滑的零件		10	
5	润滑系日常维护的内容		10	
6	润滑系一级、二级维护的内容		10	
7	机油泵简易试验法		10	
8	齿轮式机油泵 4 个间隙的检查		10	
9	转子式机油泵 4 个间隙的检查		10	
10	一次性机油滤清器滤芯的更换		10	

四、作业及考核

（1）润滑油的检查方法。（每项 3 分，共 10 分）

40

（2）根据季节如何选择机油。（每项 2.5 分，共 10 分）

（3）限压阀、旁通阀门的安装位置及作用。（每项 2.5 分，共 10 分）

（4）主轴承、连杆轴承润滑油流动路线。（每项 5 分，共 10 分）

（5）摇臂机构润滑油流动路线。（每项 3 分，共 10 分）

（6）机油滤清器更换。（每项 7 分，共 20 分）

（7）分析机油压力过低的原因。（每项 4 分，共 20 分）

（8）操作规范、有序、不超时。（10 分）

实训指导教师根据实训内容对学生进行考核，具体如表 3.10 所示。

表 3.10 作业考核表

序号	考核内容	配分	评分标准	考核记录	扣分	得分
1	叙述润滑系的结构、油路及工作原理（口述）	30	润滑系结构不清楚，扣 10 分			
			润滑油路不清楚，扣 10 分			
			曲轴箱通风原理不清楚，扣 10 分			
2	机油泵的拆装	20	拆卸方法不当，扣 5 分			
			机油泵检修方法不当，扣 10 分			
			装配标记不对正，扣 5 分			
3	润滑系维护保养	40	不在发动机热态放出机油，扣 5 分			
			机油滤清器在装复时不抹油，扣 5 分			
			离心式细滤器不清洗，扣 5 分			
			离心式细滤器装复时，装配记号不对正，扣 5 分			
			不会应用油尺检查机油油面高度，扣 5 分			
			机油加注过多，扣 5 分			
			维护后不起动发动机，再次检查是否漏油、熄火 5 min 后不再次检查油面高低，扣 10 分			
4	遵守安全操作规程，操作现场整洁	10	每项扣 2 分，扣完为止			
	安全用电，防火，无人身、设备事故		因违规操作发生重大人身和设备事故，此次实训按 0 分计			
5	分数总计	100				

任务五 燃料供给系的结构、拆解、检查、调整

一、知识点和技能准备

1. 燃料供给系的结构、形式、作用、工作原理

（1）作用：按照发动机工况和工作顺序，定时、定量、定压，并以一定的喷雾质量将高压燃油喷入燃烧室与空气混合形成可燃混合气。

（2）组成：油箱、输油泵、滤清器、喷油泵、高压油管、喷油器、油管。

① 低压油路，如图 3.11 所示。

图 3.11 低压油路

② 高压油路，如图 3.12 所示。

图 3.12 高压油路

③ 回油油路，如下：

a. 喷油泵→油箱；

b. 喷油器→油箱。

2. 燃烧室与混合气形成方式

（1）燃烧室的形式如图 3.13 所示。

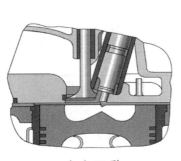

（a）W 形

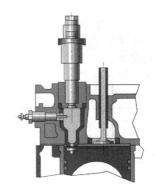

（b）顶燃室式燃烧室

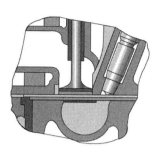
（c）球型燃烧室

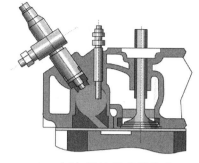
（d）涡流室式燃烧室

图 3.13　燃烧室的形式

（2）混合气形成方式：主要有空间雾化混合、油膜蒸发混合、复合式。

3. 喷油泵

（1）功用：按照发动机的工作顺序，负荷大小，定时、定量、定压地向喷油器输送高压柴油。

（2）分类：柱塞式喷油泵，喷油泵-喷油器，转子分配式喷油泵（VE）。

（3）柱塞式喷油泵的结构（以 A 型泵为例，见图 3.14）：主要由泵体、分泵、油量调节机构、传动机构组成。

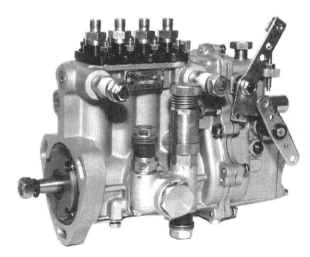

图 3.14　A 型泵的结构

① 泵体。

泵体是喷油泵的骨架，一般用铝合金铸造而成。A 型泵的泵体是整体式，泵体侧面开有窗口，以便修理时调整各缸的喷油量。

② 分泵。

分泵是喷油泵的核心，每缸有一组泵油机构，它主要由柱塞偶件（柱塞和柱塞套）、出油阀偶件（出油阀和出油阀座）、出油阀弹簧、柱塞弹簧等组成，如图 3.15 所示。

③ 柱塞偶件。

柱塞偶件由柱塞和柱塞套组成。柱塞可在柱塞套内做往复运动，两者配合间隙极小，为 0.001 8~0.003 mm，需经精密磨削加工或选配研磨而成，故称它们为偶件。使用中不允许互换，如有损坏，应成对更换。同时要求所使用的柴油要高度清洁，多次过滤。

柱塞套被压紧在泵体上，在其上部开有进回油孔，有的柱塞套进回油孔是分开的，柱塞套装入喷油泵体后，定位螺钉即插入此槽内，以保证正确的安装位置，并防止工作中柱塞套发生转动。

柱塞在柱塞套中做往复运动。其上部圆柱面开有斜切槽，并通过柱塞中心油道与柱塞顶相通。柱塞切槽有直切槽和螺旋槽两种。其旋向又有多种，向左上升的称左旋，向右上升的称右旋；切槽直接与柱塞顶相连的称为上置，切槽通过直槽与柱塞顶相连的称为下置，两者兼有的称双置。不同切槽，其供油开始与结束

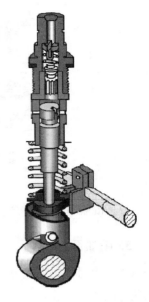

图 3.15　分泵的结构

时间、供油速率都不同，有的切槽采用两段式，1 号切槽斜率比常规的 2 号切槽斜率大，可以改善柴油机低速时的喷油性能。

柱塞的中部圆柱面是密封部，环形油槽可储存少量柴油，用于润滑柱塞。柱塞下部加工有榫舌，有的是压配调节臂，用于进行供油量调节。

④ 出油阀偶件。

出油阀偶件包括出油阀和出油阀座，它实际上是一个单向阀，控制油流的单向流动。

出油阀下部为导向部，阀芯断面呈"+"字形，既能导向，又能让柴油通过；出油阀上部有一圆锥面，与阀座的圆锥面贴合，形成一个密封环带。密封环带下方有一个小圆柱面，称为减压环带，它可使喷油器断油干脆。

出油阀偶件也是一对精密偶件，出油阀导向面和减压环带与出油阀座内表面径向间隙为 0.006~0.016 mm，使用中也不允许互换。

出油阀偶件置于柱塞套上端，由出油阀压紧座压紧在喷油泵体上。为了防止高压柴油泄漏，一般在出油阀压紧座与出油阀座之间装有尼龙或铜制密封垫。有些出油阀压紧座中设有减容体以减少高压容积，削弱燃油波动，改善柴油喷射。

⑤ 供油量调节机构。

供油量调节机构的作用是根据发动机负荷变化，通过转动柱塞来改变每循环的供油量。调节齿杆与调节齿圈相啮合，调节齿圈通过紧固螺钉夹紧在控制套筒上，控制套筒底部开有切槽，喷油泵柱塞下部的榫舌就嵌在该切槽中。

当调节齿杆被拉动时，便带动调节齿圈转动，从而带动喷油泵柱塞转动，改变柱塞的循环供油量。

喷油泵的调节齿杆一般不直接由驾驶员控制，而是通过调速器控制。

有的柴油机喷油泵供油量调节机构是拨叉拉杆式或拉杆衬套式，但基本原理都是通过转动柱塞来改变循环供油量。

⑥ 驱动机构。

驱动机构主要由油泵凸轮轴和挺柱体部件组成，如图 3.16 所示。

图 3.16　驱动机构

凸轮轴：凸轮外形根据不同燃烧室的要求而有不同的凸轮型线，而不同的凸轮型线，供油规律不同。现代汽车用得较多的是组合式凸轮。

挺柱体部件：其作用是将凸轮的运动平稳地传递给柱塞，并且可以适量调整柱塞的供油时间。常见的供油时间调整方式有螺钉调节式和垫块调节式。

（4）泵油原理。

① 进油过程。

如图 3.17 所示，当柱塞下行时，柱塞上方的空间容积变大，形成部分真空。当柱塞顶部下行到露出进油孔时，低压油便从泵体上的低压油腔流入柱塞顶部的空间，开始了进油行程，直至柱塞抵达下止点时，完成进油过程。

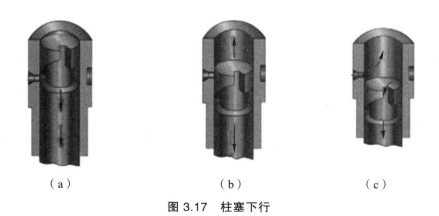

（a）　　　　　　　　　　（b）　　　　　　　　　　（c）

图 3.17　柱塞下行

② 压油过程。

如图 3.18 所示，当柱塞上行时，泵腔中的一部分燃油被挤回泵体油道。当柱塞顶平面将进油孔封闭时，随着柱塞的继续上行，燃油受压，压力急剧升高。当其压力大于出油阀弹簧压力与高压油管中的残余油压之和时，出油阀便被顶离阀座，高压柴油经出油阀向高压油管、喷油器供油。

（a）　　　　　　　（b）　　　　　　　（c）

图 3.18　柱塞上行

③ 回油过程。

柱塞继续上行，至其斜切槽与柱塞套的回油孔相通时，柱塞顶部的高压油便经柱塞的中心油道流回泵体低压油腔，如图 3.18（c）所示。由于柱塞顶部油压急剧下降，在出油阀弹簧作用下，出油阀迅速落座，供油过程结束。此后柱塞虽然继续上行到上止点，但并不能向高压油管供油。可见，在柱塞的总行程中，只有一部分行程向高压油管供油，称这部分行程为有效行程。

当转动柱塞时，改变了柱塞斜切槽与柱塞套回油孔的相对位置，从而改变了柱塞的有效行程，也就改变了柱塞的供油量。

出油阀减压环带的作用是使回油开始出油阀落座时，首先是减压环带圆柱面关闭出油阀座，至密封锥面落到阀座锥面时，使高压油管容积突然增大，迅速降压，导致喷油器断油干脆，改善了发动机的燃烧过程。

4. 分配式喷油泵

柱塞式喷油泵是具有与柴油机缸数相同的柱塞偶件和出油口的喷油泵。而分配式喷油泵是具有一个分配转子（或分配柱塞）和多个出油口的喷油泵。它具有结构简单、零件少、体积小、重量轻、高速性能好、故障少和容易维修等优点，其主要问题是每循环供油量不大，精密偶件加工精度要求高。所以分配式喷油泵被广泛应用于轻型柴油汽车上。

分配式喷油泵按其结构特点分为转子式（径向压缩式）和单柱塞式（轴向压缩式）两大类。

下面以应用较广的单柱塞分配式喷油泵（简称 VE 型分配泵）为例介绍其工作原理，如图 3.19、4.20 所示。

VE 型喷油泵主要由泵体、泵盖、驱动机构、泵油机构、断油电磁阀和喷油提前器等组成。

1）泵体和泵盖

泵体。用铝合金铸成，支承着喷油泵的所有零部件。泵盖与泵体之间用橡胶垫密封，以防漏油。泵盖上安装有回油电磁阀、调速手柄、高速限制螺钉、怠速螺钉、最大油量调整螺钉等。

图 3.19　转子分配泵实物图

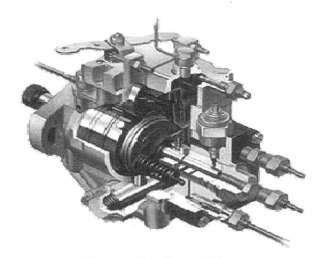

图 3.20　转子分配泵结构图

2）驱动机构

驱动机构由驱动轴、调速器驱动齿轮、滚轮支架、滚轮、十字联轴器和平面凸轮盘等组成。工作时，驱动轴由发动机曲轴通过中间传动装置驱动。传动轴一方面带动滑片式输油泵转动，同时通过调速器驱动齿轮带动调速器工作；另一方面，传动轴右端通过十字联轴器带动平面凸轮盘转动，凸轮盘上的凸轮数与发动机气缸数相同，并紧靠在滚轮上，滚轮支承在滚轮支架上，当平面凸轮盘转动的同时，受滚轮的作用，可做左右往复运动。用于驱动分配泵的柱塞也做转动和往复运动。

3）泵油机构

泵油机构是 VE 分配泵的关键部件，用以定时、定量产生高压油。它主要由柱塞、柱塞套、油量调节套筒、柱塞弹簧、出油阀偶件等组成。柱塞结构如图 3.21 所示。

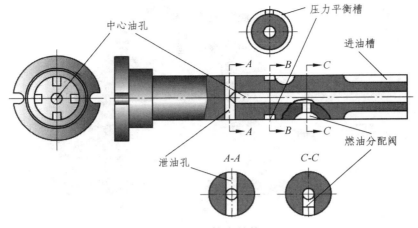

图 3.21　柱塞结构

现以四缸发动机配用的 VE 型分配泵为例，说明其工作原理。

① 进油过程。

当平面凸轮盘的下凹部分转到与滚轮接触时，在柱塞弹簧的作用下，转动着的柱塞向左移动，当接近最左端时，泄油孔完全被油量调节套筒所封闭。当柱塞的一个进油槽与柱塞套的进油孔相对时，泵腔中的燃油便进入柱塞中心油道，直至柱塞进油槽与柱塞套的进油孔错开，进油结束。VE 泵进油过程如图 3.22 所示。

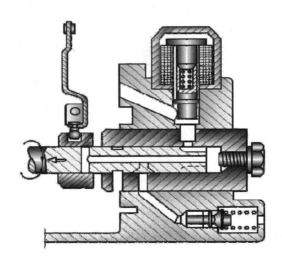

图 3.22　VE 泵进油过程

② 泵油过程。

当平面凸轮盘由下凹部分向凸起部分转动，当凸起部分与滚轮接触时，柱塞由左向右运动，此时柱塞中心油道的油压急剧升高，当柱塞的出油槽与柱塞套的一个出油孔相对时，高压燃油便经出油孔、出油阀、高压油管，送到相应缸的喷油器中，如图 3.23 所示。

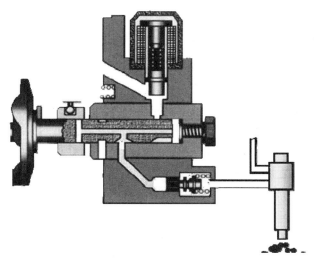

图 3.23　泵油过程

柱塞每转一周，对四缸柴油机，分别进油 4 次，出油 4 次，向每个气缸喷油 1 次。

③ 回油过程。

柱塞在平面凸轮盘作用下继续右移，当柱塞的泄油孔露出，油量调节套筒与泵腔相通时，柱塞中心油道中的高压油便流回泵腔，油压急剧下降，供油结束。

柱塞从出油槽与柱塞套出油孔接通到关闭的行程称为柱塞的有效行程。有效行程越大，向外供油量越多。移动油量调节套筒的位置，即可改变柱塞的有效行程，从而改变 VE 分配泵的供油量。

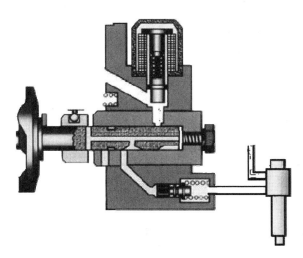

图 3.24　回油过程

4）压力平衡过程

柱塞上加工有压力平衡槽，它始终与泵腔相通。当供油结束，柱塞转过 180°时，柱塞上的压力平衡槽便与该缸柱塞套出油孔相通泄压，使其与泵腔油压平衡，从而使各缸分配油路内的压力在燃油喷射前趋于均衡，保证各缸喷油量均匀。

5. 断油电磁阀

VE型分配泵装有断油电磁阀。发动机起动时，将起动开关闭合（旋至"ST"位置），从蓄电池来的电流直接流过电磁线圈，产生的电磁吸力压缩回位弹簧把阀门吸上，使进油孔打开，燃油进入泵油机构。

发动机起动后，将起动开关旋至"ON"位置，此时由于电路串入了电阻，电流减少，但由于有油压作用，阀门仍保持开启。

发动机需要停止运转时，将起动开关旋至"OFF"位置，电路断开，阀门在回位弹簧作用下落座，切断油路，停止供油使其熄火，如图3.25所示。

6. 喷油提前器

VE泵的喷油提前器属于液压式，其结构如图3.26所示。

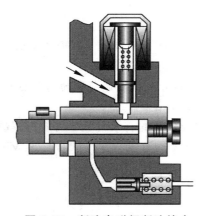 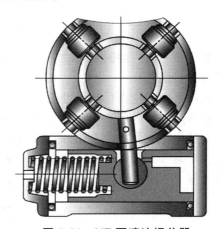

图3.25　断油电磁阀断油熄火　　　　图3.26　VE泵喷油提前器

滚轮座通过传动销和连接销与提前器活塞相连接。活塞右端有一小孔，与泵体内腔燃油相通。活塞左端安装有弹簧，与滑片式输油泵进油腔相通。当发动机稳定运转时，活塞左右两端压力平衡，活塞和滚轮座不动。

当发动机转速增加时，滑片式输油泵运转加快，泵腔油压升高，使提前器活塞的右端压力大于左端，从而压缩弹簧，使活塞左移，通过传动销，带动滚轮座顺时针旋转（逆着驱动轴方向旋转），导致滚轮提早顶起平面凸轮，提早供油和喷油。发动机转速越高，泵腔燃油压力越大，活塞左移越多，喷油也越早。

7. 供油时间的检查调整

（1）打开油箱开关，拆下第一缸的高压油管，装上定时管；

（2）设定观测点。减压后，摇转曲轴使第一缸开始供油，待油液充满定时管后，弹去部分待能看到油面为止。

（3）检查一缸开始供油的时刻。

（4）对供油正时记号。

（5）如果记号未对正则进行调整。供油时间过早，应顺凸轮的旋向转泵体，反之逆着凸轮的旋向转泵体，直到对准记号为止。

（6）复查。

8. 喷油器的结构、工作原理、检查调整

（1）喷油器功用。

喷油器是一种向柴油机燃烧室喷射高压燃油的装置。根据不同柴油机要求，将高压油泵来的柴油雾气，以一定的喷油压力、喷雾细度、喷油规律、射程和喷雾锥角喷入燃烧室特定位置，与空气混合燃烧。

（2）喷油器构造与工作原理。

汽车用柴油机喷油器大多采用孔式喷油器。

喷油器主要部件是一对精密偶件，称其为喷油嘴或喷油头。由针阀和针阀体组成，用优质轴承钢制造成，其相互配合的滑动圆柱面间隙仅为 0.001 ~ 0.002 5 mm，通过高精密加工或研磨选配而得，不同喷油嘴偶件不可互换。

间隙过大：喷油压力下降，喷雾质量变差。

间隙过小：针阀容易卡死。

承压锥面：位于针阀体的环形油腔中，承受由油压产生的轴向推力，使针阀上升。

密封锥面：起密封喷油器内腔的作用。

（3）喷油器工作原理。

高压柴油喷油泵，经油管接头进入喷油器体上的进油道，再进入针阀体中部的环形油腔，作用在针阀的承压锥面上，对针阀形成一个向上的轴向推力。此推力一旦大于喷油器调压弹簧的预压力时，针阀立即上移，打开喷孔，高压柴油随即喷入燃烧室中。喷油泵停止供油时，高压油道内压力迅速下降，针阀在调压弹簧作用下及时回位，将喷孔关闭，停止喷油。

进入针阀体环形油腔的少量柴油，经喷油嘴偶件配合表面之间的间隙流到调压弹簧端，进入回油管，流回滤清器，用来润滑喷油嘴偶件。

针阀开启压力（喷油压力）的大小取决于调压弹簧的预紧力。不同的发动机有不同的喷油压力要求，可通过调压螺钉调整，旋入时压力增大，旋出时压力减小。

有的喷油器调压弹簧的预紧力是由调压垫片调整，其结构特点是调压弹簧下置，使顶杆大为缩短，减少了顶杆的质量和惯性力，减轻了针阀跳动，有利喷油。这种喷油器也称为低惯量孔式喷油器。

二、任务导向

（1）在发动机上认识供给系各总成的安装位置及名称。

（2）认识低压油路的装置及燃油流动路线。

（3）认识高压油路及各部件的连接。

（4）认识回油路及连接。

（5）按顺序拆卸各部件。

① 断开油路（关闭开关）。

② 认真观察油泵的装配标记。

③ 拆下滤清器。

④ 拆下高压油管。

⑤ 拆下喷油泵。

⑥ 拆下喷油器。

⑦ 拆下输油泵。

（6）输油泵分解并清洗。

（7）喷油泵分解（先放出润滑油）并清洗，（调速器不分解）。

（8）喷油器分解、清洗。

三、工　单

根据实训情况填写表 3.11 所示的工单。

表 3.11　工　单

编　号	任务内容	任务实施记录	时间（min）	评　价
1	输油泵各零件名称、作用及工作原理		5	
2	柱塞副结构及工作原理		20	
3	出油阀结构及工作原理		20	
4	测量调节机构的调节原理及工作过程		20	
5	传动机构结构、调节原理		20	
6	泵体结构		5	
7	喷油器结构形式原理		10	
8	滤清器结构原理		10	
9	喷油压力调整		30	
10	喷油泵装配		60	
11	供给系各部分在机体上安装		30	
12	排除低压油路空气		10	
13	排除高压油路空气		10	
14	发动机起动		10	
15	供油时间的检查调整		30	

四、作业与考核

（1）了解混合气形成方式。
（2）了解供给系的组成。
（3）了解柱塞副的工作原理。
（4）了解供油量的调节方法及调节原理。
（5）喷雾质量的判断标准有哪些？

任务六 发动机装配

一、知识点和技能准备

1. 发动机装配的注意事项

（1）清洗所有零件，先洗内部零件再洗外部零件。

（2）对不可互换的零件，不能混装。

（3）对有装配位置要求的零件，必须按记号方向装配，不能错乱。

（4）重要的螺栓、螺母，必须按规定要求予以拧紧。

（5）重要部件的间隙必须符合规定。

（6）各运动件表面涂抹机油。

2. 曲轴和轴承的装配

（1）将轴瓦片放在瓦座中，注意上下瓦片及油孔位置不能错乱。

（2）将曲轴轻放入轴瓦中。

（3）在轴颈上涂机油。

（4）装配轴承盖时，如不到位，应用木榔头敲入，不能用螺栓拉到位。

（5）按照从中间向两边的顺序，分数次拧紧到规定的扭力。

（6）每上紧一道轴瓦，就转动曲轴检查有无卡滞现象。

（7）测量曲轴轴向间隙。

3. 活塞连杆组的装配

（1）在活塞表面、气缸表面涂机油，瓦片表面涂机油。

（2）将曲轴转到下止点位置。

（3）将活塞环的开口位置错开并转到相应位置。

（4）注意活塞的安装方向标记。

（5）用活塞环夹紧器夹紧活塞。

（6）用木棒将活塞推入气缸。

（7）装上连杆盖（注意方向），分次交叉上紧螺母，并转动曲轴。

（8）按以上要求依次装入各活塞连杆组。

（9）测量连杆侧隙。

4．凸轮轴的装配

（1）检查凸轮轴轴向间隙（下置式）。

（2）在轴颈上涂机油。

（3）将凸轮轴装入轴承孔中，并转动有无卡滞现象（上置式装上轴承盖）。

（4）装上止推片螺钉。

5．正时链条和齿形带的装配

（1）将一缸活塞转到上止点。

（2）将链条上的记号与链轮上的记号对正装上链条，齿形带装配时将凸轮轴、曲轴上的带轮记号与缸盖、机体前端的记号对正，装上带、链条及带的张紧装置，将链条或带调整到规定的程度。

6．发动机正时齿轮室的装配

（1）衬垫应完好无损，油封完好。

（2）正时齿轮室盖螺钉应按规定拧紧。

7．机油泵的安装

（1）装上吸油盘。

（2）装上传动轴。

（3）机油泵出油口衬垫应完好。

（4）装机油泵。

8．装油底壳

（1）装配油底壳衬垫（应完好无损）。

（2）装上油底壳并将螺栓拧紧。

9．水泵的装配

（1）装上水泵衬垫（衬垫应完好无损）。

（2）装上水泵，并拧紧螺栓。

（3）装上水泵带轮风扇，并按规定拧紧螺栓。

10．气缸盖的装配

（1）按规定要求装上气缸垫。

（2）装配气缸盖。

（3）装气缸盖螺栓，从中间向两边交叉对称分数次拧紧到规定扭力。

11．装空气滤清器及进气总管

（1）装上进气管，将各连接处卡箍拧紧。

（2）装上空气滤清器，并将卡箍拧紧。

12. 装排气管及消声器

（1）装上衬垫。
（2）将总管与支管连接螺栓拧紧。
（3）装上消声器，并拧紧卡箍螺栓。

13. 发电机的装配

（1）装上发电机。
（2）装上皮带。
（3）调整发电机皮带松紧度（中间用拇指压下 10 ~ 15 mm）。

14. 缸盖出水管的装配

（1）装上衬垫（应完好无损）。
（2）装上出水管并拧紧螺栓。

15. 散热器的装配

（1）装上减振垫。
（2）装上散热器并拧紧螺栓。
（3）装上进出水管，并将卡箍拧紧。

16. 气门间隙的调整

（1）找到一缸压缩上止点。
（2）按双排不进法，分两次调整气门间隙。
（3）复查气门间隙。

17. 装配气门室罩盖及通气管的装配

（1）装上罩盖衬垫。
（2）装上罩盖。
（3）装上通气管，并拧紧螺帽。

18. 装上机油滤清器

（1）装上衬垫。
（2）装上机油滤清器（应加满机油）。

19. 输油泵的装配

（1）装上衬垫。
（2）装配输油泵，并拧紧螺栓。

20. 燃油滤清器的装配

（1）装上燃油滤清器。

（2）装配连接油管（注意：空心螺栓与油管接头两边衬垫应完好无损，拧紧扭力不宜过大）。

21. 分电器和点火线圈、火花塞的装配

（1）装上火花塞（先检查电极间隙，并调整好电极间隙，垫上密封垫）。

（2）转动曲轴到点火刻线与检视孔对正。

（3）转动分电器轴到触点张开。

（4）装上分电器。

（5）装上分电器盖。

（6）插上高压线（分火头所指插空为一缸，按工作顺序插上各缸高压线并与火花塞连接）。

（7）装上点火线圈并插上高压线。

22. 发电机导线的装配

（1）装上发电机 3 根连接线，即励磁线、电源线、搭铁线。

（2）连接到调节器 3 个接线柱，并拧紧。

二、任务导向

（1）正确安装活塞连杆组。

（2）正确安装配气机构。

（3）正确安装发动机外部附件。

（4）正确连接外部电路。

（5）正确完成各项检查调整项目。

（6）在 5 s 内顺利起动发动机。

三、工单

根据实训情况填写表 3.12 所示的工单。

表 3.12　工　单

编　号	任务内容	任务实施记录	时间（min）	评　价
1	发动机装配的注意事项		10	
2	活塞连杆组的装配		20	
3	配气机构的装配		20	

续表 3.12

编　号	任务内容	任务实施记录	时间（min）	评　价
4	气缸盖的安装		10	
5	外部附件的装配		20	
6	电路连接		15	
7	气门间隙的检查调整		20	
8	点火正时的检查调整		20	
9	发动机的起动		30	
10	发动机的故障排除		60	

四、作业与考核

（1）发动机总装应注意哪些问题？

（2）活塞连杆组装配过程中应注意什么问题？

（3）如何正确地装配机构？

（4）如何检查调整气门间隙？

（5）如何正确检查调整点火时间？

（6）如何正确分析判断发动机不能起动的故障？装配好排除故障后在 5 s 内顺利起动发动机。

项目四

汽车底盘结构与调整

任务一　摩擦片式离合器的结构、拆解、检查、调整

一、知识点和技能准备

（一）组　成

如图 4.1 所示，摩擦片式离合器由主动部分、从动部分、压紧装置和操纵机构四大部分组成。

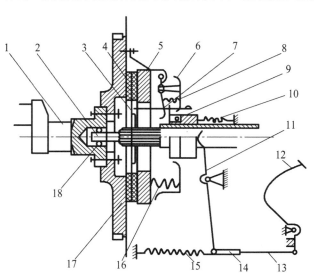

图 4.1　摩擦片式离合器的基本组成

1—曲轴；2—从动轴；3—从动盘；4—飞轮；5—压盘；6—离合器盖；7—分离杠杆；8—弹簧；
9—分离轴承；10、15—回位弹簧；11—分离拨叉；12—踏板；13—拉杆；
14—拉杆调节叉；16—压紧弹簧；17—从动盘摩擦片；18—轴承

1．主动部分

主动部分包括飞轮 4、压盘 5 和离合器盖 6，飞轮 4 与曲轴 1 用螺栓固定在一起，离合器盖用螺栓固定在飞轮后端面上，压盘边缘的凸台伸入离合器盖上相应的窗口中，并能沿窗口轴向移动。这样，只要曲轴旋转，发动机发出的动力便可经飞轮、离合器盖传给压盘，使其一起旋转。

2．从动部分

从动部分包括从动盘 3（两面带摩擦衬片）、从动轴 2，从动盘装在压盘和飞轮之间，与从动轴通过内花键孔滑动配合，一般来说，从动轴前端用轴承 18 支撑在曲轴后端中心孔中，后端支撑在变速器壳体上并伸入变速器，所以离合器从动轴通常也是变速器的输入轴。

3．压紧装置

将若干根压紧弹簧 16（均匀分布于圆周）装于压盘与离合器盖之间，使弹簧产生轴向压紧力，从而将从动盘夹紧在飞轮和压盘之间。除常见的沿圆周均匀分布的螺旋弹簧之外，也有的采用中央螺旋弹簧及膜片弹簧。

4．操纵机构

操纵机构由离合器踏板 12、拉杆 13 及拉杆调节叉 14、分离拨叉 11、分离套筒和分离轴承 9、分离杠杆 7 及回位弹簧 10 和 15 等组成。分离杠杆外端与压盘铰接，中间为支点，装于离合器盖的支架上；内端为着力点，处于自由状态。分离轴承压装在分离套筒上，分离套筒松套在从动轴轴承盖前端的轴套上。分离拨叉是中部带支点的杠杆，内端与分离套筒接触，外端与拉杆铰接。离合器踏板中部铰接在车架（或车身）上，下端与拉杆铰接。分离杠杆、分离拨叉、分离套筒、分离轴承同离合器主动部分和从动部分及压紧装置一起装于离合器壳（变速器壳）内，其他构件装在离合器壳外部。

（二）工作原理

1．离合器接合时

如图 4.1 所示，放松踏板 12 使它处于最高位置，分离套筒在回位弹簧 10 的作用下处于最后端，此时分离杠杆 7 内端与分离轴承 9 端面之间存在间隙。压盘 5 在压紧弹簧 16 作用下将从动盘 3 压紧，发动机的转矩通过两个摩擦面的摩擦作用经飞轮、压盘传给从动盘，再由从动轴 2 输入变速器。

2．离合器分离时

踏下离合器踏板，通过拉杆、分离拨叉，使分离套筒前移，首先消除它与分离杠杆内端面之间的间隙，然后分离套筒继续前移，推动分离杠杆内端面向前移动，分离杠杆外端即可克服压紧弹簧的压力拉动压盘向后移动，解除作用在从动盘上的压紧力，压盘与从动盘之间产生间隙，从而使摩擦作用消失，离合器主、从动部分分离，切断了动力传递。

3. 离合器重新接合时

缓慢抬起离合器踏板，在压紧弹簧的作用下，压盘向前移动并逐渐压紧从动盘，使其接触面之间的压力逐渐增大，相应的摩擦力矩也逐渐增加。当飞轮、压盘和从动盘接合还不紧密（刚接触），产生的摩擦力矩比较小时，离合器处于打滑状态，主、从动部分旋转不同步，随着飞轮、压盘和从动盘压紧力的逐步加大，离合器主、从动部分转速也逐渐趋于相等，直到离合器完全接合、打滑停止，离合器便又重新接合。

二、任务导向

（一）离合器的拆卸和安装

以桑塔纳 2000 的膜片弹簧离合器为例。

1. 离合器的拆卸

首先拆下变速器。用专用工具将飞轮固定，然后逐渐将离合器压盘的固定螺栓对角拧松，取下离合器盖及压盘总成，并取下离合器从动盘，然后分解离合器各部件。

2. 离合器的安装

用专用工具将飞轮固定。用专用工具将离合器从动盘定位于飞轮和压盘中心。装上紧固螺栓，并用 25 N·m 的力矩对角逐渐旋紧。

（二）离合器的检调

1. 离合器分离杠杆高度的调整

不同的车型，离合器的结构形式不同，分离杠杆高度的调整也存在差异，具体调整方法根据车型而定，如解放 CA1091 型汽车离合器，分离杠杆端面至后压盘的距离为 41.25 mm，且各分离杠杆端面轴向间隙差应小于 0.25 mm；东风 EQ1091 型汽车离合器，分离杠杆端面与从动盘钢片的距离为 35.40 mm，各分离杠杆端面轴向间隙差应小于 0.20 mm。分离杠杆高度（端面位置）的调整通常是在离合器向飞轮上安装时进行。

2. 双片离合器中间压盘行程的调整

如解放 CA1091 型汽车双片离合器，其调整方法是：在离合器完全接合状态下，将三只限位螺钉（螺距为 1.5 mm）拧至抵住中压盘，再逐次将螺钉退回 4/6 ~ 5/6 转（一般听螺钉与锁片弹响 4 ~ 5 响，即有 1.25 mm 的间隙）为宜，如图 4.2 所示。

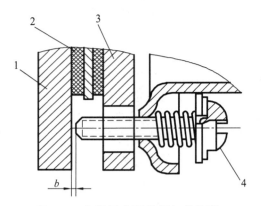

图 4.2　中间压盘限位螺钉的调整

1—压盘；2—从动盘；3—后压盘；4—限位螺钉；b—间隙

3. 离合器踏板自由行程的检查调整

检查方法是：先测出踏板在完全放松时的高度，再测出用手掌按下踏板感觉有阻力时的高度，前后两数值之差就是自由行程值。解放 CA1091、东风 EQ1091 汽车的自由行程为 30 ~ 40 mm，一汽奥迪、上海桑塔纳、神龙富康轿车的自由行程为 15 ~ 25 mm。

机械杆件式操纵的离合器自由行程的调整，一般都是调整踏板拉杆上的调整螺母，以改变分离轴承与分离杠杆间的间隙。桑塔纳等汽车采用的机械拉索式操纵装置，自由行程的调整是通过改变拉索的长度来进行调节，如图 4.3 所示。

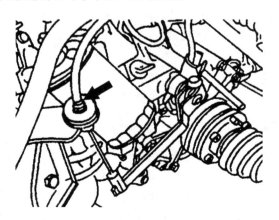

图 4.3　桑塔纳离合器自由行程的检查调整

4. 离合器踏板高度的调整

踏板高度的调整，拧松锁紧螺母，转动螺栓至规定高度。踏板的高度可用直尺测量，国产轿车离合器踏板高度一般是 20 ~ 30 mm，如图 4.4 所示。

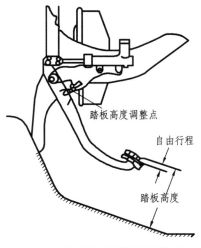

图 4.4　离合器踏板高度的检查

三、工　单

根据实训情况填写表 4.1 所示的工单。

表 4.1　工　单

编　号	任务内容	任务实施记录	时间（min）	评　价
1	离合器结构与工作原理		15	
2	离合器的拆装及检调		60	
3	分离杠杆高度的调整		20	
4	离合器踏板自由行程的调整		20	
5	离合器踏板高度的调整		20	

四、作业与考核

（1）摩擦式离合器由哪几部分组成？
（2）简述摩擦式离合器的工作原理。
（3）单片离合器、双片离合器如何进行调整？
（4）什么是离合器踏板自由行程？为什么要有自由行程？
（5）离合器装车后需进行哪些项目的调整？

任务二　变速器的结构、拆解、检查、调整

一、知识点和技能准备

1. 三轴式变速器

三轴式变速器的前进挡由输入轴、输出轴和中间轴三根基本轴及其轴上的齿轮副组成。输入轴上只有一个齿轮（见图 4.5 中 2，为主动齿轮），与中间轴上的齿轮（见图 4.5 中 18，为从动齿轮）常啮合，构成第一级齿轮传动；中间轴上的其他齿轮均作为主动轮，分别与输出轴（通常与输入轴同在一条轴线上）上相应的齿轮（为从动齿轮）相啮合，构成第二级齿轮传动，即每一挡位都由两对齿轮啮合实现双级齿轮传动。

三轴式变速器前进挡的输入轴与输出轴转向相同，其倒挡则是在中间轴与输出轴之间加装一根倒挡轴和倒挡齿轮（见图 4.5 中 14、11），使输出轴与输入轴转向相反，从而可使汽车倒向行驶。

图 4.5 中 a、b、c、d、e、f 分别表示变速器在一挡、二挡、三挡、四挡、五挡和倒挡时的齿轮传动路线。

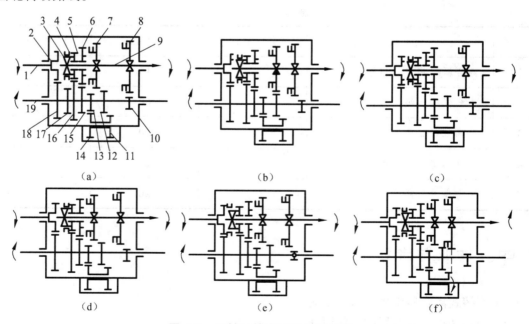

图 4.5　三轴五挡变速器传动原理

1—第一轴；2—常啮主动齿轮；3—花键毂；4—结合套；5、16—四挡齿轮；6、15—三挡齿轮；7—二、三挡齿轮；
8—一挡、倒挡齿轮；9—第二轴；10—一挡齿轮；11、14—倒挡齿轮；12—二挡齿轮；13—中间轴倒挡齿轮；
17—功率输出齿轮；18—常啮齿轮；19—中间轴；Ⅱ—二挡齿轮；Ⅲ—三挡齿轮；
Ⅳ—四挡齿轮；Ⅴ—五挡齿轮；R—倒挡齿轮

2. 两轴式变速器

两轴式变速器由输入轴和输出轴，两根基本轴及轴上各齿轮副组成。所有各前进挡都由一对齿轮副啮合传动，其主动齿轮都安装在输入轴上，从动齿轮都安装在输出轴上，各挡的传动比都等于该挡从动齿轮齿数与主动齿轮齿数的比值，输出轴旋转方向与输入轴旋转方向相反；倒挡则是在输入轴与输出轴之间加装了一根倒挡轴和倒挡齿轮（惰轮），使其输出轴旋转方向与前进挡时的旋转方向相反，从而可以使汽车倒向行驶。

二、任务导向

变速传动机构包括输入轴、输出轴及其各挡的齿轮，输入轴和输出轴的分解分别如图4.6、图4.7所示。

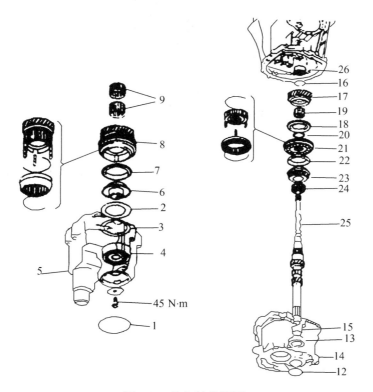

图 4.6　输入轴分解图

1—后轴承的罩盖；2—挡油圈；3、16、20—卡环；4—输入轴后轴承；5—变速器后盖；6—五挡同步套管；
7—五挡同步环；8—五挡同步器和齿轮；9—五挡齿轮滚针轴承；10—五挡齿轮滚针轴承内座圈；
11—固定垫圈；12—卡环；13—中间轴承；14—轴承支座；15—中间轴承内座圈；
17—四挡齿轮；18—四挡同步环；19—四挡齿轮滚针轴承；21—三挡和四挡同步器；
22—三挡同步环；23—三挡齿轮；24—三挡齿轮滚针轴承；
25—输入轴；26—输入轴滚针轴承

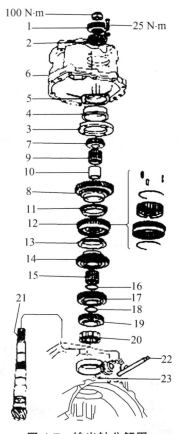

图 4.7　输出轴分解图

1—五挡齿轮；2—输出轴外后轴承；3—轴承保持架；4—后轴承外圈；5—调整垫片；6—轴承支座；
7—输出轴内后轴承；8——挡齿轮；9——挡齿轮滚针轴承；10——挡齿轮滚针轴承内座圈；
11——挡同步环；12——挡和二挡同步器；13—二挡同步环；14—二挡齿轮；
15—二挡齿轮滚针轴承；16、18—挡环；17—三挡齿轮（凸缘应转向四挡齿轮）；
19—四挡齿轮（凸缘应转向主动锥齿轮）；20—输出轴前轴承；
21—输出轴；22—圆柱销；23—输出轴前轴承外圈

1. 整套齿轮的拆卸

整套齿轮拆卸步骤：拆卸变速器→拆下变速器后盖→拆下轴承支座→拆下整套齿轮。

2. 输入轴的拆卸

输入轴的拆卸步骤：拆下四挡齿轮的卡环→取下四挡齿轮、同步环和滚针轴承→拆下同步器锁环→取下三挡和四挡同步器、三挡同步环和齿轮→取下三挡齿轮的滚针轴承→取下输入轴的中间轴承内座圈。

3. 输出轴的拆卸

输出轴的拆卸步骤：拆下输出轴内后轴承和一挡齿轮→取下滚针轴承和一挡同步环→取下滚针轴承的内座圈、同步器和二挡齿轮→取下二挡齿轮的滚针轴承→拆下三挡齿轮的卡环、三挡齿轮→拆下四挡齿轮的卡环、四挡齿轮→拆下输出轴的前轴承→拆下轴端锁止件，用专用工具拉出倒挡轴，由壳体内取下倒挡齿轮。同步器总成的分解：压出滑动齿套，取出滑块、定位块和弹簧。对于同步锥环应做出装配标记，不可互换。

4. 变速器的装合与调整

（1）同步器总成的装配。依次装好弹簧、滑块和定位块，按装配标记装合同步锥环，用百分表检查锥面径向跳动量（其跳动量不得大于 0.1 mm）并做出必要的调整，再装上卡环。

（2）倒挡轴与惰轮轴的装合。按拆卸步骤的逆顺序进行装合，并锁止牢固可靠。惰轮轴轴向间隙应符合规定（标准值为 0.15～0.60 mm，使用极限值为 0.60 mm），若不符合要求，则可用止推垫进行调整。

（3）中间轴总成的装合。按拆卸逆顺序装复各件，将其放入壳体内，并将前后轴承安装到位。轴承卡环与槽的标准侧隙应为零，若松旷，则应更换卡环予以调整。再将前轴承盖垂直压入（注意：不可用锤子乱敲，防止变形）。装毕后，正反转动中间轴，应转动灵活、无异响，并检查倒挡齿轮与惰轮的啮合间隙（其标准值为 0.08～0.16 mm，使用极限值为 0.40 mm）。

（4）第二轴总成的装合。按顺序装合轴上各件，置入壳内再装上同步器，并使各个齿轮分别与中间轴上的齿轮相啮合，再将后端轴承均匀压入到位（不可对轴承外圈加压或施加冲击负荷）。

（5）第一轴总成的装合。将第一轴总成缓慢压入壳体上并套好同步器，再压入轴承直至外卡环贴靠前端面，将轴承盖密封垫两侧涂以密封胶予以装复（注意：勿堵住壳体上的油孔）。将油封唇部涂以润滑油，再将轴承盖一边旋转一边推入（注意：用塑料布包住花键部，以免损伤油封刃口），按规定转矩进行紧固（力矩为 38～50 N·m），将里程表主动齿轮、变速器后盖依次装合，密封垫和固定螺栓端头应涂以密封胶，再按规定转矩进行紧固（力矩为 28～50 N·m）。

装合后检查各齿轮副的啮合间隙：二、三挡为 0.08～0.16 mm，四、五挡及减速齿轮为 0.04～0.12 mm；各齿轮径向间隙：一挡、倒挡为 0.10～0.23 mm，二挡为 0.012～0.061 mm，三挡为 0.010～0.060 mm，四挡为 0.020～0.119 mm，五挡为 0.010～0.055 mm，允许极限为 0.50 mm。

5. 变速器总成装车步骤

（1）在变速器第一轴花键及第一轴前端轴承处涂以耐热润滑脂，使托架逐渐升高至第一轴与离合器从动盘花键孔对准，向前推动将第一轴插入键孔，使离合器外壳与飞轮壳相吻合，拧紧周围固定螺栓。

（2）对准标记装合传动轴，连接里程表软轴、倒挡开关线。

（3）装复驾驶室内变速器盖板、变速手柄。

（4）连接离合器分离拉杆与分离叉臂。

（5）旋紧放油螺塞，加注齿轮油。

三、工　单

根据实训情况填写表 4.2 所示的工单。

表 4.2　工　单

编　号	任务内容	任务实施记录	时间（min）	评　价
1	变速器结构与工作原理		60	
2	变速器输入轴拆装		30	
3	变速器输出轴拆装		60	
4	变速器自锁互锁装置的拆装		60	

四、作业与考核

（1）在变速器的操纵机构中，为什么装有倒挡锁装置？
（2）简述锁环式惯性同步器的主要结构及工作原理。
（3）简述锁销式惯性同步器的主要结构及工作原理。
（4）简述一挡、倒挡的动力传动路线。
（5）简述变速器互锁装置的工作原理。
（6）简述变速器自锁装置的工作原理。

任务三 驱动桥的结构、拆解、检查调整

一、知识点和技能准备

驱动桥一般由主减速器、差速器、半轴、桥壳等组成，如图4.8所示。

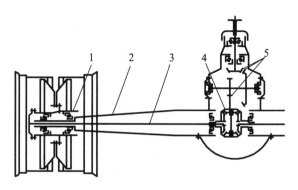

图4.8 驱动桥的组成

1—轮毂；2—桥壳；3—半轴；4—差速器；5—主减速器

发动机的动力传到驱动桥后，首先传到主减速器，在这里将转矩放大并降低转速后，经差速器分配给左右半轴，最后通过半轴外端的凸缘传到驱动车轮的轮毂。

驱动桥的主要零部件都装在驱动桥的桥壳中，桥壳由主减速器壳和半轴套管组成。

1. 主减速器

单级主减速器结构简单，质量小，体积小，传动效率高，主要用于轿车及中型以下客货车。

1）上海桑塔纳2000轿车单级主减速器

图4.9所示为桑塔纳2000轿车单级主减速器的装配图，图4.10所示为桑塔纳2000轿车主减速器和差速器的零件分解图。

主减速器由一对准双曲面锥齿轮组成，主动锥齿轮的齿数为9，从动锥齿轮的齿数为40，其传动比为4.444。主动锥齿轮与变速器输出轴制为一体，用双列圆锥滚子轴承和圆柱滚子轴承支承在变速器壳体内，属于悬臂式支承。环状的从动锥齿轮靠凸缘定位，并用螺栓与差速器壳连接。差速器壳由一对圆锥滚子轴承支承在变速器壳体上。

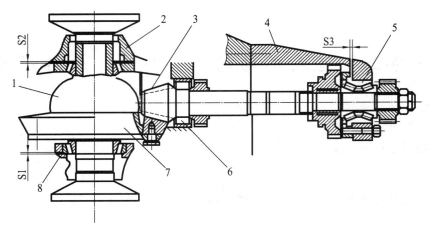

图 4.9　桑塔纳 2000 轿车单级主减速器

1—差速器；2—变速器前壳体；3—主动锥齿轮；4—变速器后壳体；5—双列圆锥滚子轴承；6—圆柱滚子轴承；
7—从动锥齿轮；8—圆锥滚子轴承；S1—调整垫片（从动锥齿轮一侧）；
S2—调整垫片（与从动锥齿轮相对的一侧）；S3—调整垫片

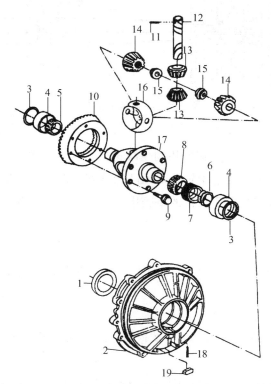

图 4.10　桑塔纳 2000 轿车主减速器和差速器的零件分解图

1—密封圈；2—主减速器盖；3—从动锥齿轮的调整垫片；4—轴承外座圈；5—差速器轴承；6—锁紧套筒；
7—车速表主动齿轮；8—差速器轴承；9—螺栓（拧紧力矩 70 N·m）；10—从动锥齿轮；11—夹紧销；
12—行星齿轮轴；13—行星齿轮；14—半轴齿轮；15—螺纹套；16—复合式止推垫片；
17—差速器壳；18—磁铁固定销；19—磁铁

2）东风 EQ1090 单级主减速器

图 4.11 所示为东风 EQ1090 型汽车单级主减速器。它由主、从动锥齿轮及其支承调整装置、主减速器壳等组成。为了保证主动锥齿轮有足够的支承刚度，改善啮合条件，其前端支承在两个距离较近的圆锥滚子轴承 13 和 17 上，后端支承在圆柱滚子轴承 19 上，形成跨置式支承。圆锥滚子轴承 13 和 17 的外座圈支承在轴承座 15 上，内座圈之间有隔套和调整垫片 14。轴承座依靠凸缘定位，用螺栓固装在主减速器壳体的前端，两者之间有调整垫片 9。从动锥齿轮靠凸缘定位，用螺栓紧固在差速器壳上，而差速器壳则用两个圆锥滚子轴承 3 支承在主减速器壳体中，并用轴承调整螺母 2 进行轴向定位。在从动锥齿轮啮合处背面的主减速器壳体上，装有支承螺柱，用以限制大负荷下从动锥齿轮过度变形而影响正常啮合。装配时，应在支承螺柱与从动锥齿轮背面之间预留一定的间隙（0.3～0.5 mm），转动支承螺柱可以调整此间隙。

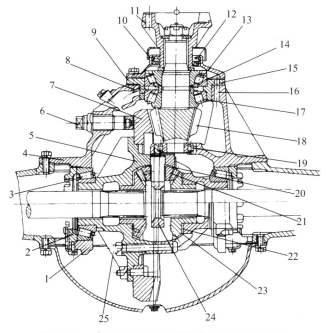

图 4.11　东风 EQ1090 型汽车单级主减速器

1—差速器轴承盖；2—轴承调整螺母；3、13、17—圆锥滚子轴承；4—主减速器壳；5—差速器壳；
6—支承螺柱；7—从动锥齿轮；8—进油道；9、14—调整垫片；10—防尘罩；11—叉形凸缘；
12—油封；15—轴承座；16—回油道；18—主动锥齿轮；19—圆柱滚子轴承；
20—行星齿轮垫片；21—行星齿轮；22—半轴齿轮推力垫片；
23—半轴齿轮；24—行星齿轮轴（十字轴）；25—螺栓

（1）轴承预紧度的调整。

圆锥滚子轴承一般都是成对使用，装配时应使其具有一定的预紧度，以减小锥齿轮在传动过程中因轴向力而引起的轴向位移，提高轴的支承刚度，保证锥齿轮副的正确啮合。但轴承预紧度又不能过大，否则摩擦和磨损增大，传动效率低。为此，设有轴承预紧度的调整装置。

主动锥齿轮轴承预紧度由调整垫片 14 来调整。增加垫片 2 的厚度，轴承预紧度减小；反之，轴承预紧度增加。从动锥齿轮（差速器壳）轴承预紧度则是通过拧动两侧的轴承调整螺母 2 来调整的。拧入调整螺母，轴承预紧度增加；反之，轴承预紧度减小。

轴承预紧度调整之前应先检查。一般是采用经验法，即用手转动主动（或从动）锥齿轮时应转动自如，轴向推动无间隙。

（2）锥齿轮啮合的调整。

为了使齿轮传动工作正常、磨损均匀、延长其使用寿命，必须保证齿轮副正确的啮合。齿轮的啮合进行调整。锥齿轮啮合的调整是指齿面啮合印痕和齿侧啮合间隙的调整。

① 齿面啮合印痕。

先检查齿面啮合印痕，方法为：在主动锥齿轮上相隔 120° 的 3 处用红丹油在齿的正反面各涂 2 ~ 3 个齿，再用手对从动锥齿轮稍施加阻力并正、反向各转动主动齿轮数圈。观察从动锥齿轮上的啮合印痕。正确的啮合印痕如图 4.12 所示，应位于齿高的中间偏小端，并占齿宽的 60% 以上。

（a）正转工作时　　　　　　　　（b）逆转工作时

图 4.12　正确啮合印痕

如果啮合印痕位置不正确，应进行调整，方法是：大进从，小出从；顶进主，根出主。减小调整垫片 9 的厚度，使主动锥齿轮前移；反之则后移。

② 齿侧啮合间隙。

调整啮合印痕移动主动锥齿轮后，主、从动锥齿轮的啮合间隙要发生变化。

啮合间隙的检查：将百分表抵在从动锥齿轮正面的大端处，用手把住主动锥齿轮，然后轻轻往复摆转从动锥齿轮即可显示间隙值。中、重型汽车应为 0.15 ~ 0.50 mm，轻型车约为 0.10 ~ 0.18 mm，使用极限为 1.00 mm。

如果啮合间隙不符合要求，需要进行调整，方法是移动从动锥齿轮。当从动锥齿轮远离主动锥齿轮时间隙变大，反之则变小。移动从动锥齿轮的方法是将一侧的轴承调整螺母 2 旋入几圈，另一侧就旋出几圈。

2. 差速器

差速器的功用是将主减速器传来的动力传给左、右两半轴，并在必要时允许左、右半轴以不同转速旋转，使左、右驱动车轮相对地面纯滚动而不是滑动。

1）普通齿轮差速器

应用最广泛的普通齿轮差速器为锥齿轮差速器。图 4.13 所示为桑塔纳 2000 轿车差速器。

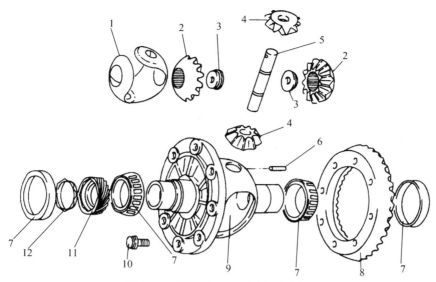

图 4.13　桑塔纳 2000 轿车差速器

1—复合式推力垫片；2—半轴齿轮；3—螺纹套；4—行星齿轮；5—行星齿轮轴；6—止动销；
7—圆锥滚子轴承；8—主减速器从动锥齿轮；9—差速器壳；10—螺栓；
11—车速表齿轮；12—车速表齿轮锁紧套筒

差速器由差速器壳、行星齿轮轴、2 个行星齿轮、2 个半轴齿轮、复合式推力垫片等组成。行星齿轮轴装入差速器壳体后用止动销定位。行星齿轮和半轴齿轮的背面制成球面，与复合式的推力垫片相配合，以减摩、耐磨。螺纹套用于紧固半轴齿轮。差速器通过一对圆锥滚子轴承支承在变速器壳体中。

差速器的工作原理如图 4.14、5.15 所示。主减速器传来的动力带动差速器壳（转速为 n_0）转动，经过行星齿轮轴、行星齿轮、半轴齿轮、半轴（转速分别为 n_1 和 n_2），最后传给两侧驱动车轮。

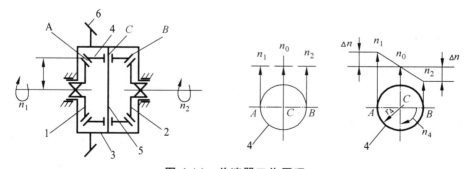

图 4.14　差速器工作原理

1、2—半轴齿轮；3—差速器壳；4—行星齿轮；5—行星齿轮轴；6—主减速器从动齿轮

汽车直线行驶时，两侧驱动车轮所受到的地面阻力相同，并经半轴、半轴齿轮反作用于行星齿轮两啮合点 A 和 B，这时行星齿轮相当于等臂杠杆。

汽车转向行驶时，两侧驱动车轮所受到的地面阻力不同，如果车辆右转，右侧（内侧）驱动车轮所受的阻力大，左侧（外侧）驱动车轮所受的阻力小。这两个阻力经半轴、半轴齿轮反作用于行星齿轮两啮合点 A 和 B，使行星齿轮除了随差速器壳公转外还顺时针自转，设自转转速为 n_4，则左半轴齿轮的转速增加，右半轴齿轮的转速降低，且左半轴齿轮增加的转速等于右半轴齿轮降低的转速。

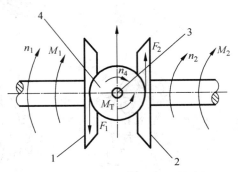

图 4.15　差速器转矩分配原理

1、2—半轴齿轮；3—行星齿轮轴；4—行星齿轮

2）防滑差速器

为了提高汽车通过坏路面的能力，可采用防滑差速器。当汽车某一侧驱动轮发生滑转时，差速器的差速作用即被锁止，并将大部分或全部转矩分配给未滑转的驱动轮，充分利用未滑转车轮与地面之间的附着力，以产生足够的牵引力使汽车继续行驶。

防滑差速器由差速器壳、6 个蜗轮、6 根蜗轮轴、12 个直齿圆柱齿轮及前、后轴蜗杆组成。当前、后驱动桥无转速差时，蜗轮绕自身轴自转。各蜗轮、蜗杆与差速器壳一起等速转动，差速器不起差速作用。当前、后驱动桥需要有转速差，例如汽车转弯时，因前轮转弯半径大，差速器起差速作用。

二、任务导向

1. 前驱轿车驱动桥的分解

（1）将变速器前端固定在修理架上，按图 4.16 装上输入轴压出工具顶住轴的前端，螺栓应与输入轴在同一直线上。

（2）旋下放油塞放出机油，旋下后盖固定螺栓，拆下后盖组合 18、衬垫 21、输出轴调整垫圈 23 及输入轴调整衬垫 35，如图 4.17 所示。

（3）差速器总成的拆卸。

① 如图 4.18 所示，由主传动器盖上旋下车速表从动齿轮 14 的轴套 13，取出车速表被动齿轮；旋下螺栓 20，用芯棒支撑住半轴 15，旋下螺栓 21，取下左侧主传动器盖 2，取下半轴和差速器总成；由主传动器盖上取下油封 17。

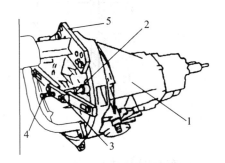

图 4.16　变速器前端固定

1—变速器壳体；2—变速器输入轴；
3—输入轴压出工具；4—螺栓；
5—修理架

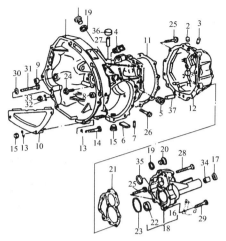

图 4.17　变速器与发动机安装螺栓的拆卸

1—变速器壳体；2、3—堵塞；4—检测孔橡皮塞；5—放油塞；6—异形磁铁；7—销钉；8、37—定位销；
9—轴承；10—盖板；11、21—衬垫；12—后壳体；13、32—撤；24、25、26、28、29、31—螺栓；
15、33—螺母；16—后盖；17—油封；18—后盖组件；19—垫圈；20—螺钉；22—轴套；
23—调整垫圈；27—通气阀；30—平垫；34—衬套；35—调整衬垫：36—盖

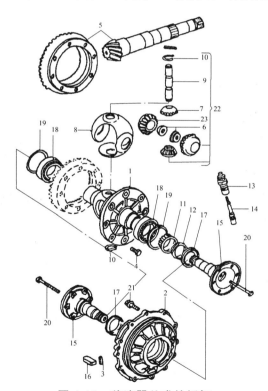

图 4.18　差速器总成的拆卸

1—差速器壳；2—主传动器盖；3—弹性销；4、20、21—螺栓；5—主传动齿轮副；6—螺纹套；7—行星齿轮；
8—复合式止推片；9—行星齿轮轴；10—挡圈；11—车速表齿轮；12—锁紧套筒；
13—车速表被动齿轮轴套；14—车速表从动齿轮；15—半轴；16—磁铁；
17—油封；18—圆锥滚柱轴承；19—调整垫片；
22—差速器总成；23—半轴齿轮

② 如图 4.19 所示，用专用工具 A、B 由主传动器盖上拉出差速器轴承外环。

③ 如图 4.20 所示，用专用工具 A、B 由变速器壳上拉出另一端的差速器轴承外环。

（4）差速器的分解。

① 由车速表齿轮外侧取下锁紧套筒。

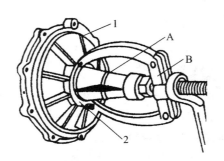 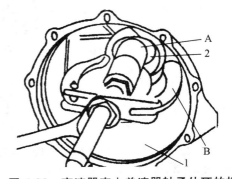

图 4.19　主传动器盖上差速器轴承外环的拆卸　　**图 4.20　变速器壳上差速器轴承外环的拆卸**

1—主传动器盖；2—差速器轴承外环；A、B—工具　　　　1—变速器壳；2—差速器轴承外环；A、B—工具

② 如图 4.21 所示，用工具将车速表齿轮由差速器壳上拉出。

③ 如图 4.22 所示，用工具 1、3 由差速器壳上取下差速器圆锥滚子轴承。

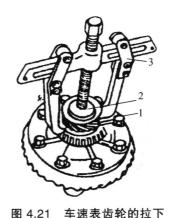 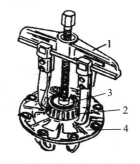

图 4.21　车速表齿轮的拉下　　　　　**图 4.22　差速器壳轴承内环的拉出**

1—车速表齿轮；2—差速器壳；3—工具　　　1、3—工具；2—差速器圆锥滚柱轴承内环；4—差速器壳

④ 如图 4.23 所示，交叉旋下从动齿轮与差速器壳的连接螺栓，沿齿圈平稳敲下从动齿轮（防止变形）。

⑤ 取下挡圈，冲出行星齿轮轴，取下行星齿轮、半轴齿轮及复合式止推片。

（5）差速器的组装。

① 将复合止推垫圈涂以机油，装入差速器壳内，在半轴齿轮上装好螺纹套，再装行星齿轮。如图 4.24 所示，装入齿轮轴及轴上挡圈。

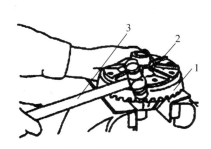

图 4.23 从动齿轮的拆卸

1—从动齿轮；2—差速器壳；3—软锤

图 4.24 行星齿轮轴的安装

1—锤子；2—芯棒；3—行星齿轮轴；4—行星齿轮；5—半轴齿轮

② 如图 4.25 所示，将从动齿轮加热至 100 °C 左右，以定心销导向，迅速装在差速器上。在各螺纹孔中涂以齿轮油，分 2~3 次交叉旋紧螺栓，力矩 70 N·m。

③ 如图 4.26 所示，将差速器圆锥滚针轴承内环加热至 100 °C 左右，压装在差速器壳两端外圆上。

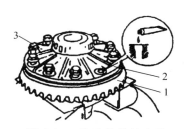

图 4.25 从动齿轮的安装

1—从动齿轮；2—差速器壳；3—螺栓

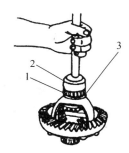

图 4.26 差速器轴承内环的安装

1—差速器轴承内环；2—工具；3—差速器壳

④ 如图 4.27 所示，将车速表齿轮压装在差速器壳上，压入深度应为 1.4 mm，由垫圈或挡圈予以保证。

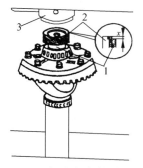

图 4.27 车速表齿轮的安装

1—差速器壳；2—车速表齿轮；3—压力机

2. 主减速器的调整

1）轴承预紧度的调整

主动锥齿轮轴承预紧度，可通过增减调整垫片的厚度来调整。加垫片则变松，减垫片则

77

变紧。中间轴轴承的预紧度则是通过改变调整垫片和调整垫片的总厚度来调整。差速器壳轴承预紧度靠拧动调整螺母来调整。旋入调整螺母则变紧，旋出则变松。

2）锥齿轮啮合的调整

啮合印痕和啮合间隙是同时进行调整的。先检查啮合印痕，方法同上面所讲的东风EQ1090 汽车。然后按照"大进从、小出从、顶进主、根出主"原则进行调整，如图 4.28 所示。啮合印痕合适后若间隙不符，则通过轴向移动另一锥齿轮进行调整。

当啮合印痕位于从动锥齿轮轮齿大端时，如图 4.28（a）所示，应将从动锥齿轮向主动锥齿轮靠拢。假如因此而使啮合间隙变小，可将主动锥齿轮向外移动。

当啮合印痕位于从动锥齿轮轮齿小端时，如图 4.28（b）所示，应将从动锥齿轮移离主动锥齿轮。假如因此而使啮合间隙变大，可将主动锥齿轮向内移动。

当啮合印痕位于从动锥齿轮轮齿顶部时，如图 4.28（c）所示，应将主动锥齿轮向从动锥齿轮靠拢。假如因此而使啮合间隙变小，可将从动锥齿轮向外移动。

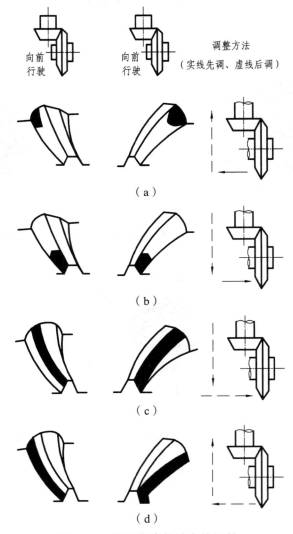

图 4.28 螺旋锥齿轮啮合的调整

当啮合印痕位于从动锥齿轮轮齿根部时，如图 4.28（d）所示，应将从动锥齿轮移离主动锥齿轮。假如因此而使啮合间隙变大，可将从动锥齿轮向内移动。

主减速器调整注意事项：

① 要先进行轴承预紧度的调整，再进行锥齿轮啮合的调整。

② 锥齿轮啮合调整时，啮合印痕首要，啮合间隙次要，否则将加剧齿轮磨损。但当啮合间隙超过规定时，应成对更换。

三、工　单

根据实训情况填写表 4.3 所示的工单。

表 4.3　工　单

编　号	任务内容	任务实施记录	时间（min）	评　价
1	驱动桥结构与工作原理分析		90	
2	驱动桥总成的拆装		60	
3	主动齿轮轴承预紧度的调整		30	
4	差速器壳体轴承预紧度的调整		30	
5	啮合印痕的调整		30	
6	啮合间隙的调整		30	
7	支撑螺栓的调整		30	

四、作业与考核

（1）为什么要装置差速器？

（2）简述普通齿轮差速器的工作原理。

（3）简述东风 EQ1090 型汽车的单级主减速器的装配步骤。

（4）驱动桥的检调项目有哪些？

（5）简述东风 EQ1090 型汽车驱动桥的检调步骤。

任务四 汽车转向器的结构、拆解、检查、调整

一、知识点和技能准备

转向器是转向系中的降速增矩传动装置。其功用是增大由转向盘传到转向节的力，并改变力的传递方向。

1. 蜗杆曲柄指销式转向器

图 4.29 所示为东风 EQl090E 型汽车的蜗杆曲柄双销式转向器，它主要由转向器壳体 4、转向蜗杆 3、转向摇臂轴 11、指销 13 等组成。

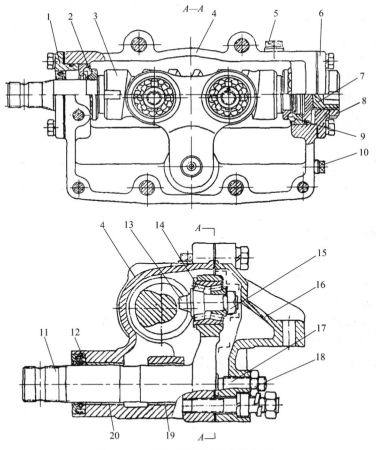

图 4.29 蜗杆曲柄双销式转向器

1—上盖；2、9—向心推力轴承；3—转向蜗杆；4—转向器壳体；5—加油螺塞；6—下盖；7—调整螺塞；
8—螺母；10—放油螺塞；11—转向摇臂轴；12—油封；13—指销；14—双排圆锥滚子轴承；
15—螺母；16—侧盖；17—调整螺钉；18—螺母；19、20—衬套

转向器壳体 4 固定在车架的转向器支架上。壳体内装有传动副，其主动件是转向蜗杆 3，从动件是装在转向摇臂轴 11 曲柄端部的指销 13。具有梯形截面螺纹的转向蜗杆支承在转向器壳体两端的两个向心推力球轴承 2 和 9 上。转向器下盖 6 上装有调整螺塞 7，用以调整轴承 2、9 的预紧度，调整后用螺母 8 锁死。

蜗杆 3 与两个锥形的指销 13 相啮合，构成传动副。两个指销均用双列圆锥滚子轴承 14 支承在曲柄上，其中靠近指销头部的一列轴承无内圈，滚子直接与指销轴颈接触，使该段指销轴颈的直径可以做得大些，以保证其有足够的强度。装在滚动轴承上的指销 13 可绕自身轴线旋转，以减轻蜗杆与指销啮合传动时的磨损，从而提高传动效率。螺母 15 用来调整轴承 14 的预紧度，以便指销能自由转动而无明显轴向间隙为宜，调整后用销片（在图中未示出）将螺母锁住。

安装指销 13 和轴承 14 的曲柄制成叉形，与摇臂轴 11 制成一体。摇臂轴用粉末冶金衬套 19、20 支承在壳体中。转向器侧盖 16 上装有调整螺钉 17，旋入螺钉可改变摇臂轴 11 的轴向位置，以调整指销 13 与蜗杆 3 的啮合间隙，从而调整了转向盘自由行程。调整后用螺母 18 锁紧，摇臂轴伸出壳体的一端通过花键与转向摇臂连接。

汽车转向时，驾驶员通过转向盘带动转向蜗杆 3（主动件）转动，与其相啮合的指销 13（从动件）一边自转，一边以曲柄为半径绕摇臂轴轴线在蜗杆 3 的螺纹槽内作圆弧运动，从而带动曲柄、转向摇臂摆动，实现汽车的转向。

2. 齿轮齿条式转向器

齿轮齿条式转向器主要由壳体 8、转向齿轮 9、转向齿条 5 等组成，转向器通过壳体 8 的两端用螺栓固定在车身（车架）上，如图 4.30 所示。

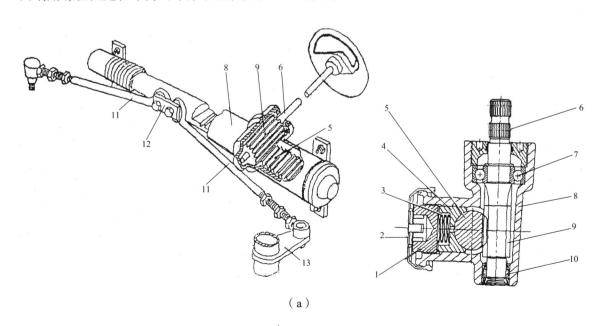

（a）

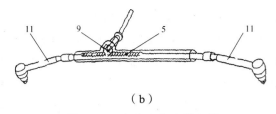

（b）

图 4.30　齿轮齿条式转向器

1—调整螺塞；2—罩盖；3—压簧；4—压簧垫块；5—转向齿条；6—齿轮轴；7—球轴承；
8—转向器壳体；9—转向齿轮；10—滚柱轴承；11—转向横拉杆；
12—拉杆支架；13—转向节

通过轴承 7、10 支撑的齿轮轴 6 垂直安装在壳体中，其上端通过花键与转向轴上的万向节相连，下部是与轴制成一体的转向齿轮 9。主动件是转向齿轮，与它相啮合的从动件转向齿条 5 水平布置，齿条背面装有压簧垫块 4。在压簧 3 的作用下，垫块 4 将齿条 5 压靠在齿轮 9 上，保证二者良好啮合。调整螺塞 1 可用来调整压簧的预紧力。压簧 3 不仅起消除啮合间隙的作用，而且还可以吸收部分振动能量，缓和冲击。

转向齿条 5 的中部（有的是齿条两端）通过拉杆支架 12 与左、右转向后拉杆 11 连接。转动转向盘时，转向齿轮 9 转动，与之相啮合的转向齿条 5 沿轴向移动，从而使左、右转向横拉杆带动转向节 13 转动，使转向轮偏转，实现汽车转向。

3. 循环球式转向器

目前，国内外汽车应用最广泛的一种转向器是循环球式转向器。与其他形式的转向器相比，循环球式转向器在结构上的主要特点是有两级传动副。

图 4.31 所示为解放 CA1092 型汽车的循环球—齿条齿扇式转向器。第一级传动副是转向螺杆 23-转向螺母 3；螺母 3 的下平面加工成齿条，与齿扇轴 14 内侧的齿扇相啮合，构成齿条-齿扇第二级传动副。显然，转向螺母 3 既是第一级传动副的从动件，也是第二级传动副的主动件。通过转向盘转动转向螺杆 23 时，转向螺母 3 不能随之转动，而只能沿转向螺杆 23 作轴向移动，并驱使齿扇轴（即摇臂轴）14 转动。

两个推力球轴承 10 上支承着转向螺杆 23，轴承的预紧度可用调整垫片 21 调整。转向螺母 3 在转向螺杆 23 上松套着。为了减少它们之间的摩擦，二者的螺纹并不直接接触，其间装有许多钢球 22，以实现滚动摩擦。螺杆和螺母的螺纹都加工成截面近似为半圆形的螺旋槽，二者的槽相配合即形成截面近似为圆形的螺旋管状通道。螺母侧面有两对通孔，可从此孔将钢球塞入螺旋通道内。两根钢球导管 9 在螺母外，每根导管的两端分别插入螺母侧面的一对通孔中。导管内也装满钢球。这样，两根导管和螺母内的螺旋通道组合成两条各自独立的封闭的钢球"流道"。当转动转向螺杆时，通过钢球将力传给转向螺母，使螺母沿杆 23 作轴向移动。同时，由于摩擦力的作用，所有钢球便在螺杆和螺母之间的螺旋通道内滚动。钢球在螺旋通道内绕行两周后，流出螺母而进入导管的一端，再由导管的另一端流回螺母内。所以在转向器工作时，两列钢球只在各自的封闭流道内循环流动，而不会脱出。

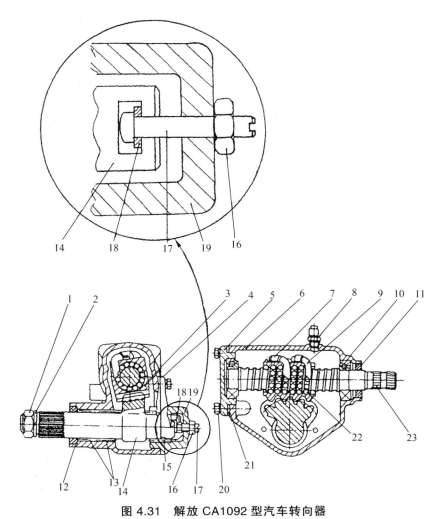

图 4.31 解放 CA1092 型汽车转向器

1—螺母；2—弹簧垫圈；3—转向螺母；4—转向器壳体密封垫；5—转向器壳体底盖；6—转向器壳体；
7—导管夹；8—加油（通气）螺塞；9—钢球导管；10—球轴承；11、12—油封；13、15—滚针轴承；
14—齿扇轴（摇臂轴）；16—锁紧螺母；17—调整螺栓；18—调整垫圈；19—侧盖；
20—螺栓；21—调整垫片；22—钢球；23—转向螺杆

　　倾斜的齿条是转向螺母 3 下平面上加工出的，与之相啮合的是变齿厚齿扇。只要使齿扇轴 14 相对于齿条作轴向移动，便可调整二者的啮合间隙。调整螺钉 17 旋装在侧盖 10 上。齿扇轴 14 靠近齿扇的端部切有 T 形槽，螺钉 17 的圆柱形端头嵌入此切槽中，端头与 T 形槽的间隙用调整垫圈 18 来调整旋入螺钉 17，则齿条与齿扇的啮合间隙减小；旋出螺钉则啮合间隙增大。调整好后用锁紧螺母 16 锁紧。转向器的第一级传动副（转向螺杆-转向螺母）因结构所限，不能进行啮合间隙的调整，零件磨损严重时，只能更换零件。

　　循环球式转向器传动效率高（正效率最高可达 90% ~ 95%），故操纵轻便，转向结束后自动回正能力强，使用寿命长。但因其逆效率也很高，故容易将路面冲击传给转向盘而产生"打手"现象，不过，随着道路条件的改善，这个缺点并不明显。因此，循环球式转向器广泛用于各类各级汽车。

二、任务导向

1. 机械转向系的检查与调整

当一定范围内转动转向盘时，转向节并不随即同步转动，而是在消除各零件之间的间隙并克服杆件的弹性变形后，才作相应的转动，造成这种空转所转过的角行程，称为转向盘自由行程。它是转向系各部件配合间隙在转向盘上的综合反映，也是衡量汽车转向特性的主要参数。转向盘具有适当的自由行程有利于缓和路面冲击、避免驾驶员过度紧张，但自由行程过大，则转向灵敏性下降。一般规定，转向盘从相应于汽车直线行驶的中间位置向左、右任何一方的自由行程不大于10°～15°，当零件磨损严重到使转向盘的自由行程超过25°～30°时，就必须进行调整。

（1）转向盘自由行程的检查。

首先检查前轮轮毂轴承预紧度并调整正常。再使前轮处于直线行驶状态，装上转向盘参数测量仪，进行测量。若测量数值超过允许值（如 EQ1091、CA1092 型载货汽车为 ±15°；BJ2020 型汽车为 ±10°）时，应予以调整。

（2）转向盘自由行程的调整。

由于转向盘的自由行程是转向系各部件配合间隙在转向盘上的综合反映，因此应进行转向系各部件配合间隙的调整。

2. 转向器的检查与调整

1）循环球式转向器的检查与调整

调整时，转向器必须固定良好，联轴器紧固有效，转向拉杆各部接头间隙、轮毂轴承预紧度及转向节配合间隙正常。

用百分表检查转向摇臂轴（或齿扇轴）与转向器壳体中滚针轴承的间隙。如图4.32所示，该间隙超过 0.1～0.12 mm 时，应更换转向摇臂轴及滚针轴承。

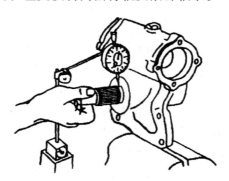

图 4.32　摇臂与滚针轴承间隙的检查

用百分表检查转向螺杆与转向螺母（或钢球螺母）的间隙。如图4.33所示，用手握住转向螺母，轴向推拉转向螺杆，如轴向间隙超过 0.08 mm 时，则应更换转向螺母总成。

84

齿扇与转向螺母啮合间隙的检查与调整。如图 4.34 所示，使扇形齿轮处于中间位置，来回扳动转向摇臂，同时将调整螺钉旋进或旋出，至转向摇臂活动自如且无旷动为止。

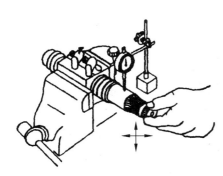

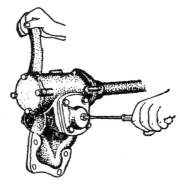

图 4.33　转向螺杆与转向螺母间隙的检查　　　图 4.34　齿扇与转向螺母啮合间隙的检查与调整

2）双销式转向器的检查与调整

对于该种转向器一般只检查、调整转向蜗杆止推轴承预紧度及转向蜗杆与转向指销的啮合间隙。

（1）转向蜗杆止推轴承预紧度的检查与调整。

用手轴向推拉转向蜗杆应无旷动量，蜗杆转动应轻松自如，否则应进行调整。调整方法：将调整螺塞拧到底后再退回 1/8～1/4 圈，检查预紧度合格后拧紧锁紧螺母。

（2）转向蜗杆与转向指销的啮合间隙检查与调整。

用手握住转向摇臂，用力推拉应无松旷，如果有松动，则说明转向器指销与蜗杆啮合间隙过大，应调整。调整时将转向盘置于中间位置，松开锁紧螺母，用旋具将调整螺钉拧到底再退回 1/8 圈左右，然后将锁紧螺母锁紧。

3）横、直拉杆球头销的检查与调整

首先检查横、直拉杆应无弯曲或裂纹。然后左、右往复急转转向盘，观察检查横、直拉杆球头销与衬套的间隙。当横、直拉杆球头销松动时，可通过调整螺钉进行调整，磨损严重时应更换。

4）前轮最大转角的检查与调整

（1）最大转角的检查。

顶起前桥，使前轮离开地面，车轮处于直线行驶位置；在两前轮下方各垫一块平整木板，木板上各垫一张白纸；将一木直尺紧靠轮胎外边缘，用铅笔在纸上画一条与车轮平行的直线，然后将转向盘向右转至极限位置，再画出第二条直线，用量角器量出两直线夹角，就是右车轮的最大右转向角；用同样方法检查左轮的最大转向角。

（2）最大转向角的调整。

经过检查，当最大转向角与规定值不相符时，可旋出或旋入转向节上的转向限位调整螺钉或转向节壳上的调整螺栓进行调整。调整完毕后，必须拧紧锁紧螺母。

无论哪一种结构的转向器，调整后均应检查是否符合技术要求，主要是：转动转向盘应灵活自如，没有轴向间隙；转向盘转动的总圈数符合规定，向左、向右的转数也符合原厂要求；行车中左右转向轻便灵活，无任何卡滞、忽轻忽重等异常现象。

3. 齿轮齿条式转向器的拆装

桑塔纳轿车采用齿轮齿条式转向器，如图 4.35 所示。图 4.36 所示则是其装配关系图。

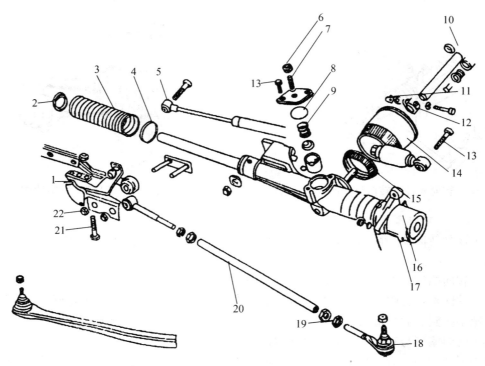

图 4.35　齿轮齿条式转向器

1—支架；2—挡圈；3—波纹管；4—软管卡箍；5—转向减振器；6—锁紧螺母；7—调整螺栓；8—密封圈；
9—压簧；10—凸缘管；11、22—自锁螺母；12—夹箍；13、21—螺栓；14—密封罩；15—密封环；
16—转向器壳；17—自锁螺栓；18—横拉杆球接头；
19—调整螺母；20—左转向横拉杆

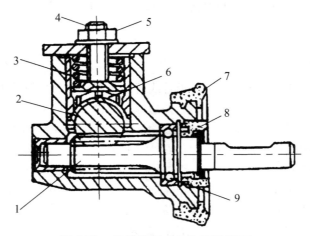

图 4.36　齿轮齿条式转向器装配图

1—转向齿条；2—转向齿轮；3—补偿弹簧；4—调整螺钉；5—螺母；
6—压板；7—防尘罩；8—油封；9—轴承

1）分　解

① 拆下啮合间隙补偿器。

② 拆下主动齿轮密封环、卡簧、轴承。

③ 取出主动齿轮。

④ 检查主动齿轮端及轴承磨损情况。

⑤ 将齿条行程做上记号。

⑥ 松开齿条端盖帽，拆卸齿条杆上的防尘罩、挡圈、密封圈，抽出齿条。

2）转向器的检查

① 检查转向器外壳有无破裂及破损，如破裂或磨损严重，则予以更换。

② 检查波形管是否完好，如有破损，则应更换。

③ 检查各密封圈和密封环，如有溢漏，则必须更换。

④ 自锁螺母和螺栓一经拆卸，安装时必须成对更换。

⑤ 不允许对转向器零件进行焊接和整形。

⑥ 检查齿条各部磨损情况，齿条有无缺齿等。

3）转向器的装配与调整

转向器装复顺序与拆卸顺序相反。装配密封衬套时，先在衬套内外涂上润滑液，然后用力将衬套推至驾驶室前穿线板中。转向器装配后检查调整齿轮齿条间隙，调整时将车辆处于直线行驶位置，松开锁紧螺母，转动调整螺栓至接触止推垫圈挡块为止。拧紧锁止螺母时，应用内六角扳手固定，以防止调整螺栓转动。最后紧固横拉杆，防止齿条受压太紧。

注意：

① 更换自锁螺母。

② 转向器各零件不允许进行焊接或整形。

③ 正确组装的转向器用手可直接转动主动齿轮。

4．循环球式转向器的拆装与调整

循环球式转向器总成若非因故障、发卡或零件有损坏等原因需解体检查外，一般不需要解体。当汽车行驶一定里程后，如果需要进行正常维修保养或因故拆检时需注意以下要点：

1）转向器总成的解体

① 从车上拆下转向器总成，先拧下通气塞（放油塞），放出转向器内的润滑油。

② 将转向臂轴转到中间位置（直线行驶位置），即将转向螺杆拧到底后，再返回约 3～5 圈，取出侧盖的转向臂总成，不要划伤油封，如图 4.37 所示。

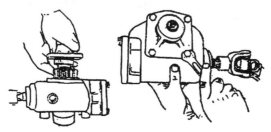

（a）拆下臂轴　　（b）拧下侧盖螺栓

图 4.37　拆下侧盖和转向臂轴

③ 取下底盖和螺杆、螺母总成，如图4.38、图4.39所示。

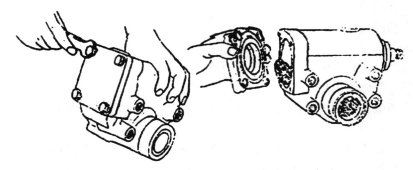

（a）拧下底盖螺栓　　　　　　（b）取下底盖

图4.38　取下底盖

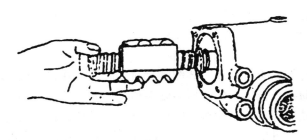

图4.39　从壳体中取出转向螺杆及转向螺母

④ 螺杆螺母总成如无异常现象尽量不要解体。必须解体时，取出导管，同时握住螺母，缓慢转动螺杆排出全部钢球，如图4.40所示。两组循环钢球最好不要混在一起，不要丢失。每组循环有48个钢球，共有两组。

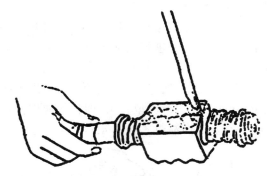

图4.40　导管夹的拆卸

2）清洗和检查

所有拆下的转向器零件用干净的汽油进行刷洗，并用压缩空气吹干。

① 检查壳体有无裂纹和损坏，如有损坏应更换。

② 对螺杆、螺母应进行探伤检查，若发现有裂纹或滚道表面有严重磨损、剥落及损坏时，则应更换。

③ 检查钢球表面有无剥落及损坏现象，如有，则应根据螺杆与螺母的滚道尺寸成组地进行更换，以保证各钢球受力均匀。

④ 检查螺母齿条和转向臂轴扇齿齿面，有无剥落和严重损伤，必要时更换。

⑤ 检查转向臂轴花键是否有扭曲或损坏，如有应加以更换，若继续使用，则应进行探伤。

⑥ 检查滚针轴承和向心推力轴承及外圈表面情况，如有缺陷，则应成套更换。

⑦ 检查转向臂轴油封和转向螺杆油封刃口，若有损坏或橡胶老化现象，则应及时更换。

3）装配与调整

（1）转向螺杆与螺母总成的装配。

螺母放在螺杆滚道的一端并使螺母滚道孔对准滚道，再将钢球从螺母滚道孔中放入，如图 4.41 所示，边转动螺杆边放钢球。每个滚道内放 36 个钢球，其余 24 个钢球分装于两个导管内。装配后的螺杆、螺母总成轴向和径向间隙应不大于 0.06 mm，如果超过规定值时，应成组更换直径较大的钢球。

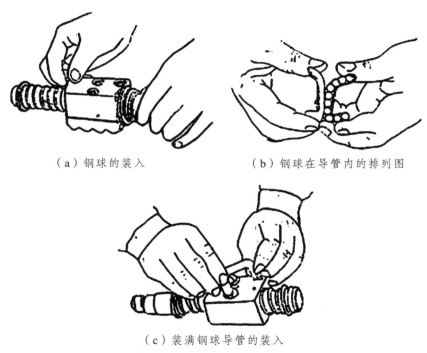

（a）钢球的装入　　　　　（b）钢球在导管内的排列图

（c）装满钢球导管的装入

图 4.41　转向螺杆与螺母总成的装配

（2）转向螺杆、螺母总成与壳体的装配。

将有轴承内圈的螺杆、螺母总成放入装有轴承外圈的壳体中；然后，把装有轴承外圈的底盖装到壳体上并用手压紧（见图 4.42）；同时用厚薄规测量底盖与壳体之间的间隙，选择一组厚度与此间隙相同的调整垫片，涂以密封胶并套上橡胶"O"形密封圈（见图 4.43）；再将底盖装到壳体上。装配后，螺杆应转动自如，无轴向间隙的感觉，用弹簧秤检查时，转向螺杆的转动力矩（不带螺杆油封）应为 0.7 ~ 1.2 N·m，否则，应采取增减垫片的方法调整。

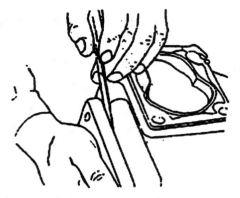

图 4.42　底盖与壳体之间间隙的测量　　图 4.43　底盖、垫片及密封圈的装配

（3）转向臂轴的装配。

转向臂轴装配前，应先将调整扇形齿轮与齿条啮合间隙的调整螺栓装入，如图 4.44 所示。之后，将转向臂轴装入壳体，装入时需要将转向螺母放到转向螺杆滚道中间，转向臂轴扇齿的中间齿对准转向螺母齿条的中间齿沟，转向臂轴推进装有滚针轴承的壳体中，然后用螺栓将侧盖固定在壳体上，如图 4.45 所示。

（4）装转向螺杆油封和转向臂轴油封。

用专用工具装入转向螺杆油封和转向臂轴油封时，应在花键处用钢皮或塑料套保护，以防划伤油封刃口而造成漏油。

（5）转向臂轴扇齿与转向螺母齿条的啮合间隙的检查。

将转向臂装到转向臂轴花键上，将转向臂轴处在中间位置（保持直线行驶），使之摆动，用千分表检查摆动量，其摆动量由转向臂端锥孔中心距转向臂轴中心 197 mm 处，不大于 0.15 mm。这时，转向螺杆转动力矩（带螺杆油封，臂轴油封）应为 1.9 ~ 2.3 N·m；否则，用调整螺栓调整扇齿与齿条的啮合间隙。

最后，从加油孔加入 GL-3 或 26 号合成齿轮油，拧上通气塞。

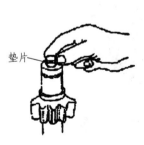

图 4.44　装入平垫圈　　　　图 4.45　调整螺栓固定于转向臂轴上

三、工　单

根据实训情况填写表 4.4 所示的工单。

90

表 4.4 工 单

编 号	任务内容	任务实施记录	时间（min）	评 价
1	转向器的构造与工作原理分析		30	
2	转向器总成的拆装		60	
3	蜗杆轴承预紧度的调整		20	
4	摇臂轴承间隙的调整		20	
5	横拉杆球头间隙的调整		30	

四、作业与考核

（1）汽车转向系统由哪几部分组成？
（2）简述齿轮齿条式转向器的工作原理。
（3）简述循环球式转向器的工作原理。
（4）简述蜗杆曲柄指销式转向器的工作原理。
（5）转向盘自由行程如何进行检查与调整？
（6）简述转向横拉杆的检查内容及方法。
（7）简述循环球式转向器的调整内容及方法。
（8）轿车一般采用哪种转向器？为什么？
（9）机械式转向系主要由哪些部件组成？是如何工作的？

任务五　鼓式车轮制动器的结构、拆解、检查、调整

一、知识点和技能准备

1. 鼓式车轮制动器

如图 4.46 所示，制动时两活塞施加的促动力是相等的。制动时，领蹄 1 和从蹄 2 在促动力 F_S 的作用下，分别绕各自的支承点 3 和 4 旋转并紧压在制动鼓 5 上。旋转着的制动鼓即对两制动蹄分别作用着法向反力 N_1 和 N_2，以及相应的切向反力 T_1 和 T_2，两蹄上的这些力分别为各自的支点 3 和 4 的支点反力 S_1 和 S_2 所平衡。

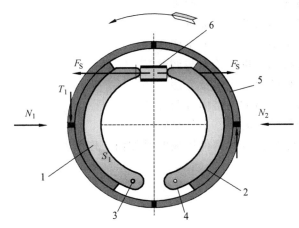

图 4.46　领、从蹄式制动器受力示意图

1—领蹄；2—从蹄；3、4—支点；5—制动鼓；6—制动轮缸

倒车制动时，虽然蹄 2 变成领蹄，蹄 1 变成从蹄，但整个制动器的制动效能还是同前进制动时一样。

2. 凸轮式制动器

目前，所有国产汽车及部分外国汽车的气压制动系统中，都采用凸轮促动的车轮制动器，而且大多设计成领从蹄式，该制动器除用制动凸轮作为张开装置。

3. 盘式车轮制动器

1）定钳盘式制动器

定钳盘式制动器如图 4.47 所示。跨置在制动盘 1 上的制动钳体 5 固定安装在车桥 6 上，它不能旋转也不能沿制动盘轴线方向移动，其内的两个活塞 2 分别位于制动盘 1 的两侧。制

动时，制动液从进油口 4 进入钳体中两个相通的液压腔中，将两侧的制动块 3 压向与车轮固定连接的制动盘 1，从而产生制动力。

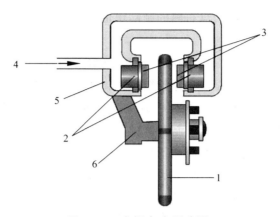

图 4.47　定钳盘式制动器

1—制动盘；2—活塞；3—制动块；4—进油口；5—制动钳体；6—车桥

缺点：

（1）油缸较多，使制动钳结构复杂。

（2）油缸分置于制动盘两侧，必须用跨越制动盘的钳内油道或外部油管来连通，这必然使得制动钳的尺寸过大，难以安装在现代化轿车的轮辋内。

（3）热负荷大时，油缸（特别是外侧油缸）和跨越制动盘的油管或油道中的制动液容易受热汽化。

（4）若要兼用于驻车制动，则必须加装一个机械促动的驻车制动钳。

这些缺点使得定钳盘式制动器难以适应现代汽车的使用要求，故自 20 世纪 70 年代以来，逐渐让位于浮钳盘式制动器。

2）浮钳盘式制动器

浮钳盘式制动器如图 4.48 所示。制动钳体 2 通过导向销 6 与车桥 7 相连，可以相对于制动盘 1 作轴向移动。制动钳体只在制动盘的内侧设置油缸，而外侧的制动块则附装在钳体上。

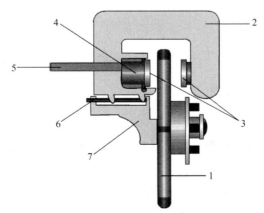

图 4.48　浮钳盘式制动器

1—制动盘；2—制动钳体；3—制动块；4—活塞；5—进油口；6—导向销；7—车桥

制动时，来自制动总泵的液压油通过进油口 5 进入制动油缸，推进活塞及其上的制动块向右移动，并压到制动盘上，于是制动盘给活塞一个向左的反作用力，使得活塞连同制动钳体整体沿销钉向左移动，直到制动盘右侧的制动块也压到制动盘上，此时，两侧的制动块都压在制动盘上，夹住制动盘使其制动。

这种浮钳盘式制动器具有热稳定性和水稳定性均好的优点，此外结构简单、造价低廉。浮钳的结构还有利于整个制动器靠近车轮轮辐布置，使转向主销的小端点外移，实现负的偏移距（即指主销地点在车轮接地点的外侧），提高汽车抗制动跑偏能力。

与定钳盘式制动器相反，浮钳盘式制动器轴向和径向尺寸较小，而且制动液受热汽化的机会较少。此外，浮钳盘式制动器在兼充行车和驻车制动器的情况下，只需在行车制动钳油缸附近加装一些用以推动油缸活塞的驻车制动机械传动零件即可。

盘式制动器与鼓式制动器相比，有以下优点：

（1）一般无摩擦助势作用，因而制动器效能受摩擦系数的影响较小，即效能较稳定。

（2）浸水后效能降低较少，而且只需经一两次制动即可恢复正常。

（3）在输出制动力矩相同的情况下，尺寸和质量一般较小。

（4）制动盘沿厚度方向的热膨胀量极小，不会像制动鼓的热膨胀那样使制动器间隙明显增加而导致制动踏板行程过大。

（5）较容易实现间隙自动调整，其他保养修理作业也较简便。

（6）对于钳盘式制动器而言，因为制动盘外露，还有散热良好的优点。

盘式制动器的不足之处：

（1）效能较低。故用于液压制动系统时所需制动促动管路压力较高，一般要用伺服装置。

（2）兼作驻车制动器时，需要加装的驻车制动传动装置较鼓式复杂。故在后轮使用受限。

目前，盘式制动器已广泛应用于轿车，但除了在一些高性能轿车上用于全部车轮以外，大都只用作前轮制动器，而与后轮的鼓式制动器配合，以期汽车有较高的制动时的方向稳定性。在货车上，盘式制动器也有采用，但离普及还有相当距离。

二、任务导向

1. 鼓式制动器的拆装及检调

1）拆　卸

（1）如图 4.49 所示，取下检测孔塞，从检测孔检查制动蹄摩擦衬层的厚度。最小厚度应大于 1.0 mm。否则，应更换制动蹄。

（2）卸下制动鼓，如难以卸下，可用金属丝将自动调整杆挑开，再用螺丝刀转动调装置，减小制动蹄被调整装置张紧的力度，如图 4.50 所示。

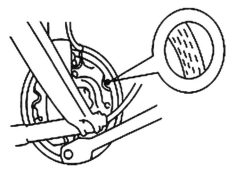

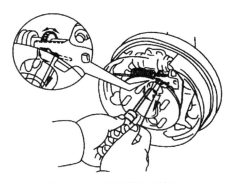

图 4.49　制动蹄摩擦衬层的厚度检测　　　　图 4.50　制动鼓的拆卸

（3）拆下回位弹簧、压紧弹簧、支承弹簧，拆下前、后制动蹄片，如图 4.51 所示。

（4）从制动分泵上拆下制动器油管，用容器接住制动液，如图 4.52 所示。

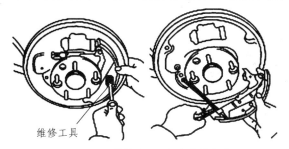

图 4.51　弹簧和制动蹄片的拆卸　　　　　图 4.52　制动器油管的拆卸

（5）拆卸并分解制动分泵，制动分泵组成零件有：2 个护罩、2 个活塞、2 个皮碗、1 个弹簧，如图 4.53 所示。

图 4.53　制动分泵的组成

2）鼓式车轮制动器的安装

（1）在制动分泵活塞、皮碗上涂一层锂-皂基乙二醇黄油，组装制动分泵，如图 4.54 所示。

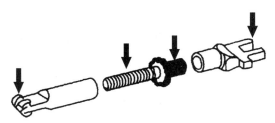

图 4.54　调整装置涂黄油的位置

（2）将制动分泵安装在底板上并连接好制动油管。

（3）在底板与制动蹄片的接触面上以及调紧装置螺栓的螺纹和尾端涂抹高温黄油。

（4）将调整装置装至后制动蹄片上，装上后制动蹄片（同时装好驻车制动装置），然后装上前制动蹄片，装好支承弹簧。

（5）如图 4.55 所示，将后制动蹄的手制动器操纵杆前后拉动，检验调整装置应能回转（即回位），否则应检验后制动蹄的安装是否正确；然后将调整装置的长度尽可能调至最短，装上制动鼓。

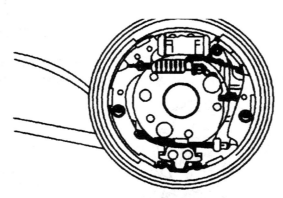

图 4.55　调整装置自动回转的检查

（6）制动蹄片与制动鼓间隙的调整。用螺丝刀从调节孔调节调整螺栓，使制动鼓用手不能转动，再用螺丝刀慢慢拧松至制动鼓可用手转动，但有点阻力为宜。

（7）装配好车轮。

　3）制动器的调整

（1）取下制动鼓上检查孔的盖片，松开支承销的固定螺母和凸轮轴支架、紧固螺栓。

（2）拧转调整臂蜗杆轴使制动蹄张开与制动鼓贴紧至拧不动为止。

（3）分别拧动偏心支承销使下端的间隙改变（经验做法是将偏心支承销放置在其左右所能转动的角度范围内的中间位置）。

（4）再继续拧转蜗杆轴至拧不动后，再按上述方法拧动支承销。这样反复拧动调整臂蜗杆轴和支承销，使蹄鼓间均匀贴合。

（5）在拧紧凸轮轴支架和支承销上的紧固螺母后，将蜗杆轴拧松 1/2 ~ 2/3 转（听声音 3 ~ 4 响），制动鼓应能自由转动而不与摩擦片或其他零件擦碰。

（6）用厚薄规检查蹄鼓间隙，将厚度合适的厚薄规从检查孔内塞入拉动有阻力即为合适。具体间隙值为：EQ1092 型汽车支承端为 0.25 ~ 0.40 mm，凸轮端为 0.4 ~ 0.55 mm。CA1092 型汽车支承端为 0.25 ~ 0.40 mm，凸轮端为 0.40 ~ 0.45 mm，同一端两蹄间隙差应小于 0.1 mm。

（7）当制动蹄摩擦片使用磨损后，一般进行局部调整，局部调整时不要转支承销，仅转动调整臂就可以了。前桥顺时针拧动蜗杆轴间隙减小，后桥逆时针拧动蜗杆轴间隙减少。

（8）当汽车制动发生前轮跑偏时，可以减小跑偏一侧前轮的蹄鼓间隙或加大跑偏另一侧的间隙。

2. 盘式制动器的拆装与检调（制动器摩擦衬块的更换）

盘式制动器组成元件如图 4.56 所示。

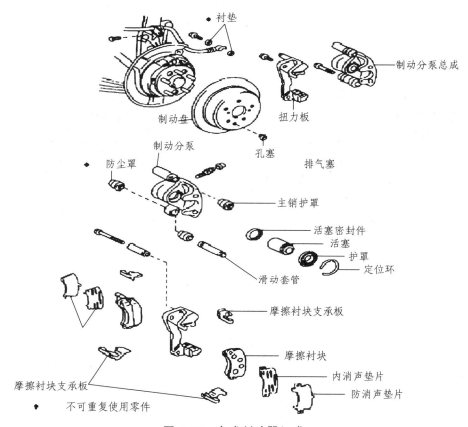

图 4.56　盘式制动器组成

（1）通过泵体上的检测孔，检查摩擦衬块衬层的厚度，如图 4.57 所示。如厚度不符合要求，应更换。衬层最小厚度为 1.0 mm。

（2）拧松制动分泵下部装配螺栓，吊起制动分泵，如图 4.58 所示。

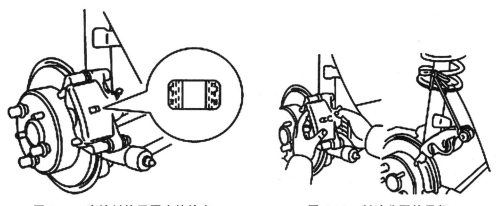

图 4.57　摩擦衬块层厚度的检查　　　**图 4.58　制动分泵的吊起**

（3）拆出以下零件：2 块制动器摩擦衬块、4 块消音垫片、1 块摩擦衬块磨损指示板、4 块摩擦衬块支承板，如图 4.59 所示。

（4）装配新的摩擦衬块，如图 4.60 所示。装配时应注意：磨损指示板应装在内摩擦衬块上，且安装时，摩擦衬块磨损指示板应面朝上，另外在内消音垫片的两面，抹上盘式制动器黄油。

图 4.59　制动器一组零件的拆卸

图 4.60　装配新的摩擦衬块

三、工　单

根据实训情况填写表 4.5 所示的工单。

表 4.5　工　单

编　号	任务内容	任务实施记录	时间（min）	评　价
1	制动器的构造与工作原理分析		30	
2	制动器总成的拆装		60	
3	鼓式制动器支承销端间隙的检调		20	
4	凸轮端间隙的检调		20	
5	制动气室推杆长度调整		20	

四、作业与考核

（1）制动系统的功能和作用是什么？
（2）盘式制动器的特点是什么？制动原理是什么？
（3）鼓式制动器的特点是什么？制动原理是什么？
（4）简述汽车制动系的制动工作原理。
（5）汽车制动系由哪几部分组成？制动系有哪些类型？
（6）简述鼓式制动器的结构组成与检调方法。
（7）简述盘式制动器的结构组成与检调方法。
（8）汽车制动系统中为什么要有防抱死装置？

项目五

汽车电器设备的结构、检查与维修

任务一 车用铅酸蓄电池的认识与使用

一、知识点和技能准备

1. 蓄电池的结构特征（见图 5.1）

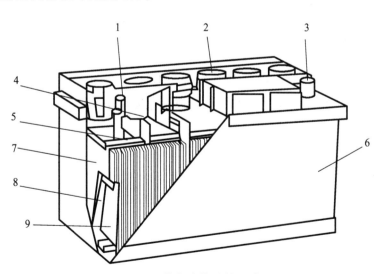

图 5.1　蓄电池的结构组成

1—负极柱；2—加液孔盖；3—正极柱；4—穿壁连接；5—汇流条；
6—外壳；7—负极板；8—隔板；9—正极板

2. 蓄电池正、负极的区分方法

（1）在桩头或池壳上标有"＋"号的为正极，标有"－"号的为负极。

（2）桩头呈褐色的为正极，浅灰色的为负极。

（3）桩头细一些的为正极，粗一些的为负极。

（4）将指针式万用表调到电压挡，用红表笔和黑表笔分别接蓄电池的两个桩头，观察表头指针若顺转，接红表笔的为正极，接黑表笔的为负极；若指针反转，则桩头的极性与表笔相反。

3. 蓄电池从车上拆装操作的注意事项

若该车是电控汽车，在拆卸蓄电池之前，应先读取系统故障码，以免造成 ECU 中的信息丢失；点火开关未关闭，禁止拆卸蓄电池；在拆卸蓄电池连线时，应先拆负极线，后拆正极线，安装时相反。

4. 蓄电池技术状态检查

1）蓄电池液面高度检查

蓄电池液面一般应高出极板 10~15 mm，也可通过蓄电池外壳上的液面刻线观察，电解液面应保持在上（max）、下（min）刻线之间，不足时加注蒸馏水。

2）蓄电池相对密度检测

电解液的相对密度检测，用吸式密度计测定，将实际测得的电解液密度换算成温度为25 ℃时的电解液密度，即

$$\rho_{25℃} = \rho_t + \beta(T - 25)$$

式中　ρ_t——实测电解液密度值；

　　　β——密度温度系数（0.000 75 g/cm³·℃）；

　　　T——实测电解液温度。

蓄电池在充足电时，电解液相对密度应保持在 1.24~1.30 g/cm³。

表 5.1　不同地区和气候条件下电解液的相对密度

使用地区最低温度	充足电的蓄电池在 25 ℃时的电解液相对密度（g/cm³）	
	冬　季	夏　季
<-40 ℃	1.30	1.26
-30~-40 ℃	1.28	1.24
-20~-30 ℃	1.27	1.24
0~-20 ℃	1.26	1.23
>0 ℃	1.23	1.23

根据计算判断，密度每下降 0.01 g/cm³，相当于蓄电池容量减少 6%，因此通过测得电解液相对密度值，可估算出蓄电池的存、放电程度。蓄电池冬季放电超过额定容量的 25%，夏季放电超过额定容量的 50%，应及时进行补充充电（见表 5.2）。

表 5.2　蓄电池电解液密度、放电程度和冰点温度的关系

放电 程度	充足电		放电 25%		放电 50%		放电 75%		放电 100%	
	密度 （g/cm³） 25 ℃	冰点 （℃）	密度 （g/cm³） 25 ℃	冰点 （℃）	密度 （g/cm³） 25 ℃	冰点 （℃）	密度 （g/cm³） 25 ℃	冰点 （℃）	密度 （g/cm³） 25 ℃	冰点 （℃）
电解液 的密度 和冰点	1.31	−66	1.27	−58	1.23	−36	1.19	−22	1.15	−14
	1.29	−70	1.25	−50	1.21	−28	1.17	−18	1.13	−10
	1.28	−69	1.24	−42	1.20	−25	1.16	−16	1.12	−9
	1.27	−58	1.23	−36	1.19	−22	1.15	−14	1.11	−8
	1.25	−50	1.21	−28	1.17	−18	1.13	−10	1.09	−6

3）蓄电池端电压检测

用高率放电计测量蓄电池端电压，单格电压应在 1.5 V 以上，并在 5 s 内保持不变（12 V 的蓄电池所测电压应在 9 V 以上）。若电压迅速下降，说明蓄电池有故障。

5. 蓄电池充电

1）蓄电池补充充电

使用中的蓄电池出现下列情况应进行补充充电：

（1）电解液相对密度降至 1.15 g/cm³ 以下。

（2）冬季放电超过额定容量的 25%，夏季放电超过额定容量的 50%。

（3）单格电压降到 1.70 V 以下。

（4）前照灯灯光暗淡，起动无力，喇叭沙哑。

2）蓄电池充电方法

（1）定电流充电法。

在充电过程中，保持充电电流恒定不变的充电方法叫定电流充电。

新蓄电池初充电：第一阶段电流为额定容量 1/15（$I_c = Q_e/15$），充至单格电压至 2.4 V 进入第二阶段，电流减半，充至单格电压 2.7 V，电解液相对密度达到最大值，在 2～3 h 内保持不变，即充足。

补充充电：第一阶段充电电流为额定容量的 1/10（$I_c = Q_e/10$），充至单格电压上升到 2.4 V，进入第二阶段，电流减半，至充足，充电时间为 13～17 h。

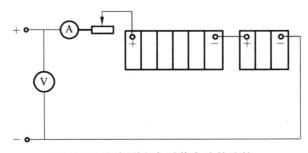

图 5.2　定电流充电时蓄电池的连接

（2）定电压充电法。

在充电过程中，保持充电电压恒定不变的充电方法叫定电压充电。

充电电压以每单格选择 2.5 V 为基准，即 12 V 蓄电池充电电压为 15 V（6×2.5 V = 15 V），6 V 蓄电池充电电压为 7.5 V（3×2.5 V = 7.5 V）。

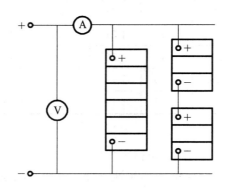

图 5.3　定电压充电时蓄电池的连接

3）蓄电池充足电的标志

（1）电解液相对密度和蓄电池端电压上升到最大值，且在 2~3 h 内保持不变。

（2）加液孔中有大量气泡冒出，呈"沸腾"状态。

6. 蓄电池的保养、维护

（1）保持蓄电池外表面的清洁干燥，及时清除极柱和卡子上的氧化物。

（2）保持加液孔中的通气孔畅通。

（3）定期检查电解液液面高度，不足时应补加蒸馏水。

（4）定期用密度计和高率放电计检查蓄电池的放电程度，必要时进行补充充电。

（5）根据季节和温度变化及时调整电解液密度。

（6）冬季蓄电池应保持在充足电的状态下，以防电解液密度降低而结冰、冻裂外壳。长期存放的蓄电池每隔一个月应补充充电一次。

二、任务导向

（1）了解蓄电池的类型及结构特点。

（2）了解蓄电池的充放电特性。

（3）掌握检查蓄电池存放电程度及充电的方法。

（4）掌握从车上拆装蓄电池的方法及注意事项。

（5）掌握蓄电池的保养、维护方法。

三、工 单

根据实训情况填写表 5.3 所示的工单。

表 5.3 工 单

编 号	任务内容	任务实施记录	时间（min）	评 价
1	蓄电池测试前的准备		5	
2	蓄电池液面高度、电解液密度的检查		15	
3	从车上正确拆装蓄电池		15	
4	正确保养、维护蓄电池		15	
5	蓄电池充电操作方法		30	
6	现场整理		5	

四、作业与考核

（1）铅酸蓄电池由哪些零件组成？
（2）解释蓄电池的型号含义。
（3）通过端电压、电解液密度高低如何估算蓄电池存、放电程度？
（4）简述蓄电池充电作业的步骤与方法。
（5）试述蓄电池的正常使用维护方法。

任务二 车用发电机的拆装、检测与维修

一、知识点和技能准备

（1）发电机的结构组成，以及各元、器件的安装关系如图 5.4 所示。

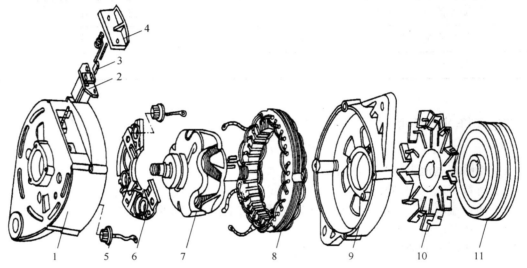

图 5.4 JF132 型发电机的结构组成

1—后端盖；2—电刷架；3—电刷；4—电刷弹簧压盖；5—硅二极管；6—元件板（散热板）；
7—转子总成；8—定子总成；9—前端盖；10—风扇；11—V 带轮

（2）发电机分解步骤。

以 JF132 型为例，先拆下发电机刷架→后轴承盖→后轴承固定螺帽→前、后端盖连接螺钉→分解前、后端盖→带轮固定螺母→带轮、风扇叶轮→前轴承盖→转子总成→整流器总成等。

（3）正确使用万用表，利用万用表检测发电机主要元件的性能。

① 发电机整体观察，有无明显损坏、异响、烧损等故障；

② 发电机主要元、器件检测（三相绕组、励磁绕组、整流器、电刷、前后轴承、皮带轮、风扇叶轮等检查）。

（4）转子总成检查。

用万用表测量励磁绕组的电阻，应符合标准。每个滑环与转子轴之间的阻值都应是无穷大，如图 5.5（a）（b）所示。

转子轴和滑环的检修：转子轴的弯曲会造成转子与定子之间间隙过小而摩擦或碰撞，如发现发电机运转时阻力过大或有异响，应检查转子轴是否有弯曲。滑环表面应光滑，无烧蚀，

厚度应大于 1.5 mm，如图 5.5（c）所示。

轴承的检修：若发现发电机运转时有异响，应仔细检查是否因轴承的损坏而造成。

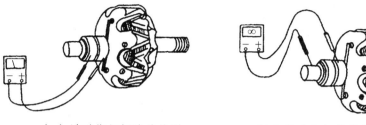

（a）励磁绕组短路的检测　　　　　　（b）励磁绕组搭铁的检测

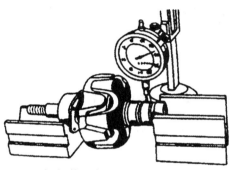

（c）转子轴径向摆差的检测

图 5.5　转子的检测

（5）三相绕组检查。

三相绕组的检查包括断路故障检测，短路和搭铁故障检测，如图 5.6 所示。

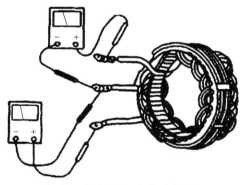
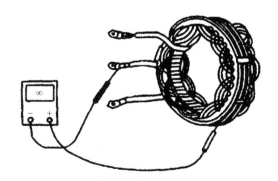

（a）三相绕组断路故障检测　　　　　　（b）三相绕组短路和搭铁故障检测

图 5.6　三相绕组检测

（6）整流器的检查。

将二极管的引线与其他连接分离，用指针式万用表的两个表笔分别接到二极管的中心引线与壳体上，测二极管的正向与反向电阻。二极管的正向电阻应在 8～10 Ω，反向电阻应在 10 kΩ 以上，如图 5.7 所示。

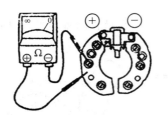

（a）检测正二极管的正向电阻

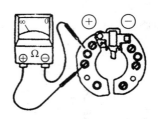

（b）检测正二极管的反向电阻

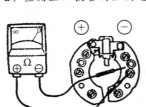

（c）检测负二极管的正向电阻

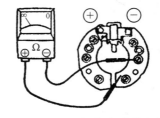

（d）检测负二极管的反向电阻

图 5.7　整流二极管的检测

电刷组件的检修：电刷和电刷架应无破损或裂纹，电刷在电刷架中应活动自如，不得出现卡滞现象。电刷露出电刷架部分的长度叫电刷长度，电刷长度不应超出磨损极限（原长的 1/2），否则应更换，如图 5.8（a）所示。

电刷弹簧压力应符合标准，一般为 2～3 N，将电刷压入电刷架使之露出部分约 2 mm，弹簧压力过小应更换。电刷表面不得有油污，电刷与滑环接触面积应达到 75% 以上，否则，应进行修磨，如图 5.8（b）所示。当电刷需要修磨时，为了确保其工作面与滑环的接触面积，可将 500# 砂纸裁成与两滑环宽度相等的长方形，按发电机旋转方向将其缠绕在两滑环表面上，并用细铁丝在两端紧固，再将发电机装复，然后按发电机旋转方向转动发电机皮带轮，这样可使电刷均匀磨合，最后拆下电刷总成，用尖嘴钳取出铁丝与砂纸，用压缩空气吹净发电机内部的电刷粉尘，再将电刷总成装到发电机上即可。

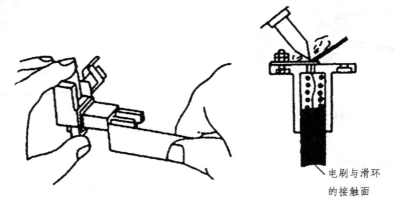

（a）电刷长度检测　　　　　　（b）电刷与滑环的接触面检测

图 5.8　电刷组件检测

（7）发电机总装与整体检测方法。

发电机总装方法：按照先拆的后装，后拆的先装原则进行组装。

① 发电机外观检查、有无异响等。

② 发电机各接线柱之间电阻检测（见图 5.9），电阻值检查（见表 5.3）。

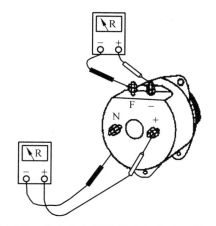

图 5.9　发电机各接线柱之间的电阻检测

表 5.4　发电机各接线柱之间电阻值

发电机型号	"F"与"E"之间电阻（Ω）	"B"与"E"之间电阻（Ω）		"N"与"E"之间电阻（Ω）	
		正向	反向	正向	反向
JF11 JF13 JF15 JF21	5～6	40～50	>10 k	10	>10 k
JF12 JF22 JF23 JF25	19.5～21	40～50	>10 k	10	>10 k

③ 做发电机手动发电测试。

二、任务导向

（1）了解和观察发电机的结构及组成。

（2）掌握发电机拆装的正确方法。

（3）掌握发电机整体及元件检测方法。

（4）掌握发电机的维修方法。

三、工　单

根据实训情况填写表 5.5 所示的工单。

表 5.5　工　单

编 号	任务内容	任务实施记录	时间（min）	评 价
1	发电机拆装测试前的准备		5	
2	发电机结构与类型观察		10	
3	发电机分解		15	
4	发电机主要元、器件检测		20	
5	发电机维修		10	
6	发电机总装与整体检测		20	
7	整理现场		5	

四、作业与考核

（1）试述万用表的正确使用方法。
（2）如何用万用表等工量、具检测发电机主要元件的性能？
（3）试述发电机的组装与维修方法。
（4）试述发电机整体测试的内容及操作方法。
（5）根据测试结果，试分析发电机故障部位。

任务三　调节器的检测

一、知识点和技能准备

1. 调节器在充电系中的作用

调节器在充电系中的作用是：根据发电机的转速变化，自动调节发电机励磁电流的大小，以保持发电机输出电压的稳定。调节器的结构类型如图 5.10、6.11 所示。

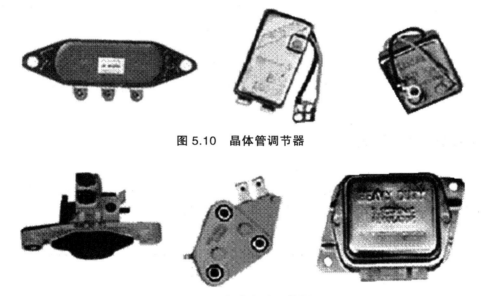

图 5.10　晶体管调节器

图 5.11　集成电路调节器

2. 晶体管调节器的接线与电路分析

晶体调节器工作原理以外搭铁型电压调节器为例，如图 5.12 所示。

（1）点火开关 SW 刚接通时，发动机不转。发电机不发电，蓄电池电压加在分压器 R_1、R_2 上，此时因 U_{R1} 较低不能使稳压管 VS 的反向击穿，VT_1 截止，VT_1 截止使得 VT_2 导通，发电机磁场电路接通，此时由蓄电池供给磁场电流。随着发动机的起动，发电机转速升高，发电机他励发电，电压上升。

（2）当发电机电压升高到大于蓄电池电压时，发电机自励发电并开始对外蓄电池充电，如果此时发电机输出电压 U_B 小于调节器调节电压的上限 U_{B2}，VT_1 继续截止，VT_2 继续导通，但此时的磁场电流由发电机供给，发电机电压随转速升高迅速升高。

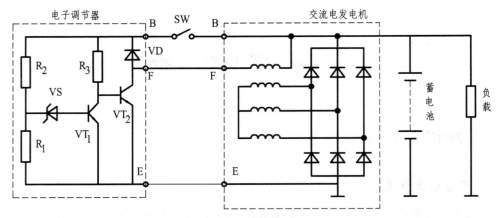

图 5.12　外搭铁型电压调节器原理图

（3）当发电机电压升高到等于调节电压上限 U_{B2} 时，调节器对电压的调节开始。此时 VS 导通，VT_1 导通，VT_2 截止，发电机磁场电路被切断，由于磁场被断路，磁通下降，发电机输出电压下降。

（4）当发电机电压下降到等于调节下限 U_{B1} 时，VS 截止，VT_1 截止，VT_2 重新导通，磁场电路重新被接通，发电机电压上升。周而复始，发电机输出电压 U_B 被控制在一定范围内。

3.晶体管调节器的检测

1）晶体管调节器搭铁形式的判断

将稳压电源（或一个 12 V 的蓄电池）和一只 12 V、2 W 的小灯泡按图 5.13 所示连接，即可判断出调节器搭铁形式；试灯"F"与"−"连接灯亮为内搭铁，试灯"F"与"+"连接灯亮为外搭铁。

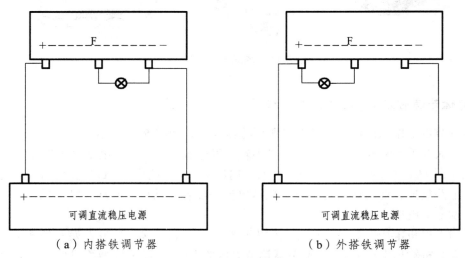

（a）内搭铁调节器　　　　　　　　　（b）外搭铁调节器

图 5.13　利用可调直流电源检测晶体管调节器

2）晶体管调节器性能测试

按图示 6.13 连接电路。调节稳压电源，电压逐渐增高时，灯泡应随电压升高而发亮，当电压升高到调节器的最高限制电压时，灯泡应立即熄灭（12 V 的为 14.5 V，24 V 的为 29 V），再将电压逐渐降低时，灯泡应立即点亮，亮度应随电压降低而变暗，则说明调节器性能良好。稳压器在电压调整过程中灯泡一直不亮或一直亮不能熄灭，都说明调节器损坏。

4. 调节器使用注意事项

（1）调节器与发电机的电压等级必须一致，否则充电系不能正常工作。

（2）调节器与发电机的搭铁形式必须一致，当调节器与发电机的搭铁形式不匹配而又急需使用时，可通过改变发电机磁场绕组的搭铁形式来解决。

（3）调节器必须受点火开关控制。

（4）调节器与发电机之间的线路连接必须完全、正确，否则充电系不能正常工作，甚至还会损坏调节器。

二、任务导向

（1）了解调节器的类型与结构。

（2）掌握调节器的工作原理及电路分析。

（3）掌握调节器性能的检测方法。

（4）掌握调节器的正确使用方法。

三、工 单

根据实训情况填写表 5.6 所示的工单。

表 5.6 工 单

编 号	任务内容	任务实施记录	时间（min）	评 价
1	实训准备		5	
2	调节器的结构、类型、工作原理认识		5	
3	检测调节器性能		15	
4	调节器的正确使用		5	

四、作业与考核

（1）试述调节器在汽车上的作用。

（2）试分析晶体管调节器的电压调节原理。

（3）画图并结合实物测试调节器的性能及搭铁形式。

（4）如何正确匹配调节器与发电机？在使用中应注意哪几个方面的问题？

任务四　起动机的拆装与检修

一、知识点与技能准备

（1）起动机的结构组成以及各组件的安装关系如图 5.14 所示。

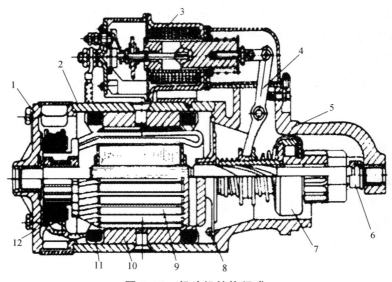

图 5.14　起动机结构组成

1—前端盖；2—机壳；3—电磁开关；4—拨叉；5—后端盖；6—限位螺母；7—单向离合器；
8—中间支撑板；9—电枢；10—磁极；11—磁场绕组；12—电刷

（2）起动机分解操作方法如图 5.15 所示。

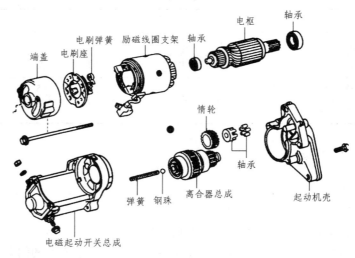

图 5.15　平行轴式减速起动机

（3）用万用表检测电磁开关以及吸拉线圈、保持线圈性能、电动机转子总成、定子总成、电刷总成的性能。

（4）检查换向器、电刷端面磨损。

（5）检查轴承磨损及间隙配合。

（6）检查单向离合器性能。

（7）鉴定、维修。按照检查、鉴定结果分析，做出对损坏件进行换件或修复结论。

修复件主要有：

① 电磁开关静、动触点的修复。

② 换向器、电刷工作面修复。

③ 轴承衬套更换、铰削修复。

④ 单向离合器与拨叉修复。

⑤ 内部电路连接、焊点的修复等。

（8）起动机装复与性能测试。

① 按装配要求，正确操作装复起动机。

② 起动机调整，包括：起动机驱动齿轮端面与端盖突缘间距的调整；电磁开关接通时刻检查调整；换向器端面与刷架端面间距的调整。

③ 起动机性能测试。

起动机的技术性能测试是通过对起动机的空载试验和全制动试验的结果与其标准相对照，从而判断起动机性能。

a. 空载试验。

空载试验是检测起动机空转时所消耗的电流、电压和空转转速，判断起动机的机械状况和电路技术状况。其方法步骤如下：

将待试起动机夹紧在万能试验台的专用夹具上，注意其位置应使接线柱便于接线，同时还要保证起动端与制动连杆的正确位置。

将附件 F1 一端插入 54 插孔，另一端与起动机主接柱相连接；附件 F2 插入 53 和 51 号插孔（12 V），其连接方法如图 5.16 所示。

按下按钮 56，起动机空载运转，可读出试验台上的电流表 15 和电压表 14 的空载电流和电压值，同时用转速表测量空载转速，一并填入表中。将测得的结果与标准值进行比较，即可判断出起动机有无机械故障和电路故障。

b. 全制动试验（转矩或扭矩试验）。

全制动试验就是检测起动机全制动时，输出的扭矩和消耗的电流、电压之间的关系，进一步检测起动机内部电路的基本技术状况。另外还可以检验单向离合器是否打滑。其方法步骤如下：

全制动试验时，必须是先进行空载试验，并证明起动机在良好的情况下进行。

用制动连杆上的夹头夹紧驱动齿轮上的三个轮齿，如图 5.17 所示，万能试验台的接线与空载测试相同。

按下试验台上的按钮 56（按住 5 s 以内），起动机被制动，迅速从电压表 14 和电流表 15 上分别读出电压值和电流值。同时从弹簧秤上读出转矩值，将测得的电压、电流和转矩与标准值进行比较，通过分析即可判断出起动机是否有故障。

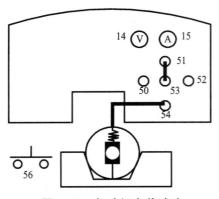

图 5.16　起动机空载试验

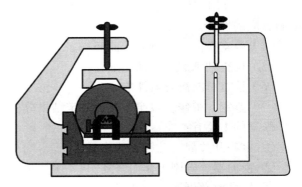

图 5.17　起动机全制动试验

　　c. 起动机空载简易测试。

　　首先将起动机固定好，再按图 5.18 所示连接导线，起动机运转应平稳，同时驱动齿轮应移出。读取安培表的数值，应符合标准值。断开端子 50 后，起动机应立即停止转动，同时驱动齿轮缩回。

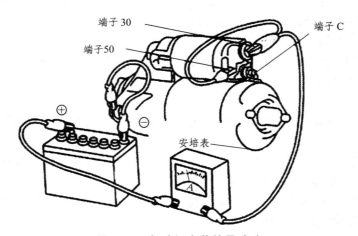

图 5.18　起动机空载简易试验

二、任务导向

　　（1）观察了解起动机的结构组成。

　　（2）掌握起动机拆装的方法与步骤。

　　（3）将分解后的零件进行清洗、观察。

　　（4）掌握起动机部件的性能检测方法。

　　① 起动机电磁开关总成检查。

　　② 起动机直流电动机性能检查。

　　③ 起动机传动机构及轴承检查。

　　（5）掌握起动机维修及试运转方法。

三、工 单

根据实训情况填写表 5.7 所示的工单。

表 5.7 工 单

编 号	任务内容	任务实施记录	时间（min）	评 价
1	实训前准备		5	
2	起动机检查		5	
3	起动机分解		15	
4	起动机主要元件的检修： （1）电磁开关； （2）电动机主要元件； （3）传动机构； （4）轴承间隙		15	
5	起动机维修		20	
6	起动机装配		15	
7	起动机性能测试		10	
8	整理现场		5	

四、作业与考核

（1）叙述起动机的类型与组成。
（2）如何正确测试起动机主要元器件，如何判断其性能？
（3）试述起动机装配与调整方法。
（4）试述起动机装复后的简易测试方法。

任务五 点火系主要元件性能测试与检修

一、知识点和技能准备

点火系是汽油发动机所特有的装置，它是将电源提供的低压电（6 V 或 12 V）转变为高压电（15 ~ 25 kV），并按照发动机做功顺序，适时地产生足够能量的电火花，点燃气缸内的可燃混合气，使发动机做功。点火系组成如图5.19所示。电子点火系组成如图5.20所示。

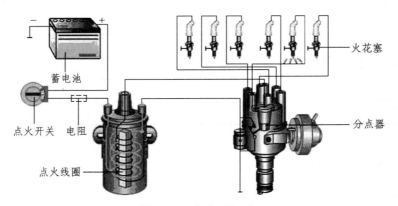

图5.19 点火系组成

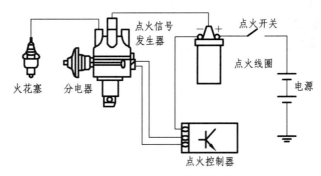

图5.20 电子点火系组成

1. 触点式分电器的结构组成及技术要求

（1）分电器主要由配电器（分电器盖、分火头）、断电器、托盘（断电器底板）、凸轮、传动轴、电容器、离心式提前点火机构、真空式提前点火机构、分电器外壳、接线柱等组成。

（2）电容器容量为 0.15 ~ 0.35 μF，断电器间隙为 0.35 ~ 0.45 mm，分火头导电片与旁电极间隙为 0.2 ~ 0.80 mm，分电器轴与轴承间隙为 0.02 ~ 0.04 mm。

2. 磁感应式点火信号发生器的检查

磁感应式点火信号发生器的结构如图 5.21 所示。用万用表电阻挡检查发生器传感线圈的电阻值应符合表 5.8 相关参数要求，如果阻值过小，说明发生器传感线圈短路，若阻值无穷大，说明线圈断路。

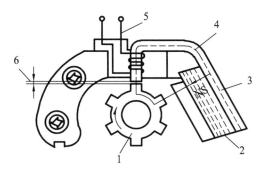

图 5.21　磁感应式点火信号发生器结构

1—信号转子；2—永久磁铁；3—铁心；4—磁通；5—传感线圈；6—空气隙

表 5.8　几种常见车型传感线圈的电阻值

车型或分电器型号	JFD667 型分电器	解放 CA1092 型汽车	北京切诺基
传感线圈电阻（Ω）	500 ~ 600	600 ~ 800	400 ~ 800
车型或分电器型号	二汽富康	日本丰田	日本三菱
传感线圈电阻（Ω）	300 左右	140 ~ 180	500 ~ 700

如不符合规定值，可松开固定螺钉进行调整，直至规定值。

3. 点火控制器的检测

（1）用 1.5 V 干电池作为点火信号装置进行检测。

拔下分电器上的插接器，用 1.5 V 的干电池将它的正负极分别接到两根点火信号输入线上检查、调整信号转子凸齿与线圈铁芯之间的间隙，其值为 0.2 ~ 0.4 mm，用万用表电压挡检查点火线圈"－"接线柱与搭铁之间的电压（也可用一只 12 V 的试灯代替万用表，并观察试灯的亮灭），然后将干电池的极性颠倒反接，再测量点火线圈"－"接线柱与搭铁之间的电压（观察试灯的亮灭），两次测量结果应分别为 1 ~ 2 V（试灯灭）和 12 V（试灯亮），否则，说明点火控制器有故障（见图 5.22）。

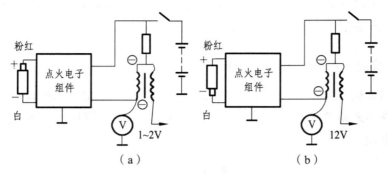

图 5.22 点火控制器的检测

（2）对比法。

对比法，即用同型号的点火控制器接入电路进行对比，如果故障排除，说明点火控制器损坏；如果故障未排除，则说明原点火控制器良好。

4. 点火线圈的类型及性能要求

点火线圈初级绕组 $R = 1.2 \sim 1.4\ \Omega$（20 ℃），次级绕组 $R = 6 \sim 8\ k\Omega$（20 ℃），附加电阻 $R = 1.25 \sim 1.80\ \Omega$（20 ℃）。

5. 火花塞的结构及正确选型使用

（1）根据火花塞的热特性正确选型使用，以火花塞热值代号表示：1 ~ 3 为热型火花塞；4 ~ 6 为中型火花塞；7 ~ 11 为冷型火花塞。热型火花塞适用于低转速、低压缩比、小功率发动机；冷型火花塞适用于高转速、高压缩比、大功率发动机。

（2）火花塞电极间隙，传统点火系为 0.7 ~ 0.9 mm，电子点火系为 0.9 ~ 1.1 mm，电阻型火花塞电阻为 3 ~ 15 kΩ。

6. 普通高压线和阻尼电阻高压线的性能

例如：桑塔纳分火头阻尼电阻为（1 ± 0.4）kΩ，火花塞电阻为（1 ± 0.4）kΩ，中心高压线电阻为 0 ~ 2.8 kΩ，分缸高压线电阻为 0.6 ~ 7.4 kΩ。

7. 分电器故障检查与维修

（1）分电器外部裂纹、松旷、缺损检查。

（2）分火头检查、维修；断电器触点平面修磨、检查、间隙调整及总成更换。

（3）电容器检查、维修、更换。

（4）分电器轴与轴承间隙检查、润滑保养等。

（5）真空式提前点火机构检查。

（6）离心式提前点火机构检查。

二、任务导向

（1）观察了解点火系组成和主要元件的作用。
（2）了解触点式分电器和无触点分电器的结构特点和各元件的功用。
（3）了解点火线圈的结构类型及性能参数。
（4）了解火花塞的结构、特性。
（5）掌握普通高压线和阻尼高压线的特点。

三、工　单

根据实训情况填写表 5.9 所示的工单。

表 5.9　工　单

编　号	任务内容	任务实施记录	时间（min）	评　价
1	实训前准备		5	
2	触点式、电子式分电器的组成、分解、检修等		30	
3	开磁路和闭磁路点火线圈的相关技术参数、结构特点		15	
4	火花塞的使用情况，判断火花塞选型、使用是否合理正确		20	
5	高压线、火花塞插头、分火头等技术状态检查		15	
6	整理现场		5	

四、作业与考核

（1）电子点火系主要由哪些部件组成？
（2）试述点火系各部件的作用。
（3）如何正确拆装、维护分电器？
（4）根据火花塞热特性，如何正确选型使用？
（5）简述如何用万用表测试点火系主要元件的相关参数并会分析技术状态。
（6）如何检查、诊断点火信号发生器和点火控制器的故障？

任务六 汽油机点火正时的检查与调整

一、知识点和技能准备

发动机点火时间出现过早、过晚，换装分电器或更换汽油牌号时，必须要重新检查、安装分电器，调整点火时间，使发动机达到较理想的点火提前角。

1. 东风 EQ1092 型汽车点火正时安装检查

（1）掌握该车型点火系的类型、结构、组成，重点掌握分电器的结构特点。

（2）检查调整断电器间隙：0.35 ~ 0.45 mm，要求触点端面光滑、平整，如不符合标准值，需进行修磨或更换。

（3）确定一缸压缩上止点，拆下一缸的火花塞，在其孔中塞一纸团，缓慢摇转曲轴，将纸团吹出，再将飞轮上的钢球和飞轮壳上的刻线对准，即为一缸压缩上止点，如图 5.23 所示。

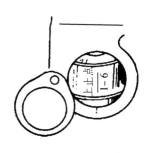
解放牌汽车
$\dfrac{上止点}{1-6}$ 与飞轮壳上刻线对准

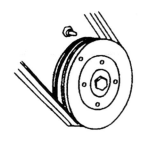
北京BJ212
曲轴皮带盘一个孔与正时
齿轮室盖上的指针对准

东风EQ1090
飞轮上的钢球与检视孔上的刻线
对准，同时曲轴皮带轮上缺口对准
正时齿轮室盖的凸起标记

图 5.23　发动机正时记号

（4）将分电器插入座孔中，用手转动分电器轴，听到"咔哒"声响后，分电器轴再不能自由转动，则表示已装入偏心联轴器内，随之预紧固定板。

（5）装好低压电路，打开点火开关，将点火线圈的高压线离缸体 3 ~ 5 mm，反转分电器外壳，高压线端头有"跳火"为止，随之固定分电器。（一般点火提前角为 10° ~ 15°）

2. 插装分缸高压线的要点

（1）确定一缸高压线插孔的位置。
（2）确定分火头旋向（EQ1092 型为顺时针）。
（3）确定发动机的点火顺序（1、5、3、6、2、4）。
依上述要点插好分缸高压线并与各缸的火花塞相对应，再插好中心高压线。

3. 复查、路试

起动发动机，待温度达到 70 ~ 90 ℃ 时，在不同的工况下测试点火时间。如点火时间不准确，可适当转动（顺或逆转）分电器外壳一定角度，（顺转推迟，逆转提前）直到点火时间合适为止。

二、任务导向

（1）了解被检查车型点火系的结构特点。
（2）掌握分电器的结构、原理。
（3）观察点火时刻标记与分电器安装关系。
（4）了解发动机点火顺序与点火提前角。
（5）点火正时调整的操作步骤。

三、工 单

根据实训情况填写表 5.10 所示的工单。

表 5.10 工 单

编 号	任务内容	任务实施记录	时间（min）	评 价
1	点火正时检查安装，调试准备		10	
2	被测试车辆点火系的类型、结构组成		15	
3	断电器检查、调整、维修		15	
4	查找一缸压缩上止点		15	
5	观察了解分电器的结构，掌握分电器安装方式、旋向、标记等		15	
6	掌握高压线的布局，按要求接好高压线		10	
7	起动发动机进行复查、路试，测试点火正时是否符合发动机实际工况		30	
8	整理现场		5	

四、作业与考核

（1）点火系主要元件的作用是什么？

（2）如何用万用表测试点火线圈、阻尼高压线、分火头，分析并判断性能？

（3）如何利用火花塞热特性不同，正确选择使用火花塞？

（4）正确掌握传统分电器的拆装、检修方法。

（5）叙述点火正时的安装、操作方法与步骤。

任务七　前照灯的拆装与调整

一、知识点和技能准备

1. 对前照灯的基本要求

（1）前照灯应保证夜间车前有明亮而均匀的照明，使驾驶员能看清 100 m 以内道路上的任何物体。随着汽车行驶速度不断提高，对前照灯的要求也越来越高，现代高速汽车的前照灯照射距离能达到 200 ~ 250 m。

（2）前照灯应具有防炫目装置，以避免夜间两车相会时，造成对方驾驶员炫目而发生交通事故。

2. 前照灯的结构组成

前照灯主要由灯泡、反射镜和配光镜三部分组成，如图 5.24 所示。

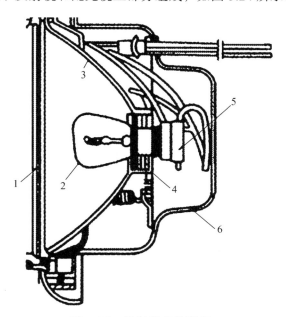

图 5.24　半封闭式前照灯

1—配光镜；2—灯泡；3—反光镜；4—插座；5—接线器；6—灯壳

3. 掌握前照灯的类型及防眩目措施

（1）前照灯可分为：可拆式、半封闭式、封闭式、投射式、氙灯。

（2）防眩目措施。

① 对称形配光方式（SAE）：其远光灯丝位于反射镜的焦点上，而近光灯丝位于焦点的上方并稍向右偏移。

② 非对称形配光方式（ECE）：其远光灯丝位于反射镜的焦点处，近光灯丝位于焦点上方稍高出光学轴线，并在灯丝下方装有金属配光屏。

4．前照灯的拆装、检查方法

（1）前照灯光学组件的拆装注意事项。

（2）灯泡检查与故障原因分析。

（3）前照灯总成更换与电路连接。

5．前照灯的测试与调整方法

在调整前照灯之前，应进行以下检查，确保汽车处于水平状态。

（1）轮胎底部不得沾有很厚的积雪、冰和泥土。

（2）保证油箱油量为半油箱，这是汽车唯一允许负荷。

（3）检查弹簧或减振器的状态及悬架部件无损坏，否则也会影响前照灯调整效果。

（4）检查所有轮胎气压，达到标准值。

前照灯的调整必须在前照灯测试仪上完成。

目前，装有氙气前照灯的车，部分具有前照灯自动调整功能系统，这种系统能保持前照灯的照明范围不变。

二、任务导向

（1）了解观察前照灯的组成、结构特点。

（2）了解前照灯的类型及工作原理。

（3）了解前照灯的拆装、检查步骤。

（4）了解前照灯的测试与调整。

三、工　单

根据实训情况填写表 5.11 所示的工单。

表 5.11　工　单

编　号	任务内容	任务实施记录	时间（min）	评　价
1	根据前照灯的类型，做拆装、检查、准备		5	
2	观察认识前照灯的类型、结构、特点		15	
3	根据前照灯的结构，了解拆装、分解、检查、测试内容等		20	
4	前照灯的测试与调整		15	
5	整理现场		5	

四、作业与考核

（1）前照灯的基本要求有哪些？

（2）前照灯的结构及光学组件的作用有哪些？

（3）前照灯的防眩目措施有哪几种？各有什么特点？

（4）前照灯在拆装、分解过程中应注意哪些方面？

（5）前照灯在调整之前应做哪些检查？

任务八 电喇叭的检查与调整

一、知识点和技能准备

电喇叭是利用电磁控制，通过电路断续振动金属膜片而发声的装置。按外形不同有筒形、蜗形和盆形电喇叭。

1. 电喇叭的结构组成

以盆形电喇叭为例，其结构组成如图 5.25 所示。

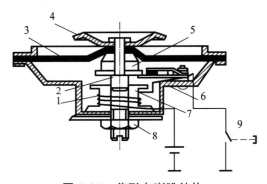

图 5.25　盆形电喇叭结构

1—磁化线圈；2—活动铁心；3—膜片；4—共鸣片；5—振动盘；6—外壳；7—铁心；8—螺母；9—按钮

2. 电喇叭的工作原理

以盆形电喇叭为例，其工作时电流路径为：按下喇叭按钮，电流经蓄电池"＋"极→磁化线圈→活动触点→固定触点（闭合）→按钮→搭铁→蓄电池"－"极。

线圈通电后产生磁力、吸动上铁芯及衔铁下移，使膜片下拱，衔铁下移中将触点顶开，线圈电路被切断，磁力消失，上铁芯、衔铁及膜片又在触点臂和膜片自身弹力作用下复位，触点又重新闭合。如此循环，触点按一定的频率打开、闭合，膜片不断振动发出声响，通过共鸣盘产生共鸣发出声音。

3. 电喇叭的检查与调整

1）电喇叭检查

（1）磁化线圈断、短路检查。

（2）动、静触点平面烧蚀状况检查。

（3）内部电路连接点有无松动、脱焊等检查。

（4）发音器件有无明显的变形、裂缝等。

2）电喇叭的调整

（1）铁芯间隙调整：电喇叭音调的高低与铁芯间隙有关，铁芯间隙小时，膜片振动频率高，则音调高，反之则音调低。铁芯间隙一般为 0.7～1.5 mm。

（2）触点压力调整：电喇叭声音的大小与通过喇叭线圈的电流大小有关。当触点压力大时，流入线圈的电流增大，反之音量减小。

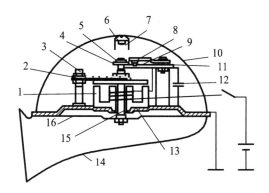

图 5.26　蜗形电喇叭

1—铁心；2—衔铁；3—弹片；4—调整螺母；5—锁紧螺母；6—螺钉；7—支架；8—活动触点；
9—固定触点；10—防护罩；1—绝缘片；12—灭弧电容；13—磁化线圈；
14—传话筒；15—中心螺杆；16—膜片

4. 喇叭继电器的原理与性能测试

（1）继电器线圈通、断检查。

（2）检查继电器内各连接点是否牢固，有无松动，脱焊等。

（3）检查触点接触情况：有无烧蚀，上、下触点是否平整、相互应重合，接触面应不小于 75% 以上，否则应进行修磨、校正。

（4）分别测试继电器线圈和触点的性能，可按图 5.27 所示进行测试。

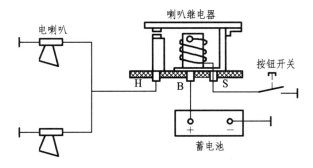

图 5.27　电喇叭继电器测试电路连接

二、任务导向

（1）了解和认识电喇叭的结构及组成。
（2）了解不同类型电喇叭的工作原理及电路分析。
（3）掌握电喇叭的拆装、检查方法。
（4）掌握电喇叭的检查与调整。
（5）掌握喇叭继电器的结构与测试方法。

三、工　单

根据实训情况填写表 5.12 所示的工单。

表 5.12　工　单

编　号	任务内容	任务实施记录	时间（min）	评　价
1	做电喇叭、继电器检查测试前的准备		5	
2	观察认识电喇叭的类型、结构及各元件的作用		10	
3	了解分析电喇叭的工作原理、电路分析		15	
4	电喇叭的故障检查与调整		10	
5	电喇叭继电器的结构、原理与检测		5	
6	整理现场		5	

四、作业考核

（1）电喇叭由哪些元件组成？
（2）试分析电喇叭电路，写出电喇叭工作时的电流路径。
（3）试述电喇叭故障的检查与调整方法。
（4）试述电喇叭继电器故障检查与性能测试方法。

任务九　汽车全车电路的组成与结构特点

一、知识点和技能准备

全车电路就是将汽车所有的电器、电子设备，按照它们各自相互之间的工作特性，用导线连接组成一个整体。

1. 汽车全车电路的组成

全车电路包括电源电路、起动电路、点火电路、照明、信号电路、仪表、报警电路、辅助电器设备电路、电子燃油喷射系统和底盘电子控制系统电路等。

2. 全车电路的特点

（1）两个电源：汽车上设有两个电源，一是蓄电池，二是发电机。蓄电池主要用于发动机起动时，给发动机提供较大的起动电流；发电机工作时，可将多余的电能输给蓄电池充电（储存电能）。发电机是在发动机正常运转时，给汽车上所有用电设备供电（除起动机之外），并担负着向蓄电池充电的作用。

（2）低压、直流：汽车电器系统的额定电压有 6 V、12 V、24 V 三种，汽油车多采用 12 V，重型柴油车采用 24 V，目前研究有向 12 V/42 V 双电压方向发展。

由于汽车发动机靠起动机起动，起动机由蓄电池供电，而向蓄电池充电又必须用直流电源，所以汽车电器系统为直流电系。

（3）单线、并联连接：单线连接是从电源的正极到用电设备只用一根导线连接，汽车上所有的金属机体，作为另一根公用导线与电源负极连接，即搭铁。

由于汽车用电设备较多，采用并联电路能确保各支路的电器设备相互独立控制，互不影响正常工作。电源和电源以及用电设备之间，都是正极接正极、负极接负极，采用并联连接。

（4）负极搭铁：采用单线制时，蓄电池的一个电极接至车架或车身上，俗称"搭铁"。蓄电池的负极接车架称为负极搭铁。为减少电缆铜端子对车身连接处的化学腐蚀，提高搭铁可靠性，为了统一标准，我国标准规定汽车电路统一采用负极搭铁。

（5）线路具有颜色和编号特征。

为了便于区别各线路，防止误接，汽车所有低压导线，采用不同颜色并在导线端子上设有编号。

3. 全车电路连接所遵循的原则

由于各种车辆的结构形式不同，其电器设备的数量、安装位置、接线及线路走径也各不相同，但全车电路都应遵循以下基本原则：

（1）电源电路，用电设备与用电设备除个别子系统外均采用并联连接。各电路的接通、断开，各用电设备工作互不干扰，能限制电路故障的范围，便于电器设备的独立拆装、故障判断、排除及维修保养。

（2）统一采用单线制，负极搭铁后，每一条电路的电流回路都是由：电源正极→导线→用电设备→车身或车架搭铁→电源负极构成回路。

（3）电源和设备之间的连接导线有颜色和编号特征。电路图中，导线上一般都标注符号，用来表示导线的截面面积和颜色。

例如，2.5RW，其中：2.5 表示截面面积为 2.5 mm^2；R 表示导线的主色为红色；W 表示导线的辅色为白色。

（4）电路中装有电路保护装置，以防止短路而烧坏线束和用电设备。

（5）汽车电路按其用途不同，可分解成电源、起动、点火、照明与灯光信号、仪表电路、警报电路、辅助装置电路及电控系统电路等。

（6）在现代汽车上均设置由中央配线盒，将熔断丝、继电器集中安装在中央配线盒内，以便及时检查和更换。

（7）进口汽车导线标记颜色的字母因母语不同而有所区别，国际标准以英文规定，日本与美国均采用英文字母，德国则采用德国字母。

4. 汽车导线和插接器的结构特性

1）导　线

汽车导线有低压线和高压线两种。

（1）低压导线的截面面积，主要根据用电设备的电流进行选择。导线截面面积至少不得小于 0.5 mm^2，蓄电池至起动机电缆线，截面面积有 25 mm^2、35 mm^2、50 mm^2、70 mm^2 等多种规格，蓄电池搭铁线是由多股铜丝编织而成的扁铜带裸线，其长度有 300 mm、450 mm、600 mm、760 mm 四种。各种低压导线标称截面面积所允许载流值见表 5.13。

表 5.13　各种低压导线标称截面面积所允许载流值

铜芯导线截面面积（mm^2）	1.0	1.5	2.5	3.0	4.0	6.0	10	13
导线允许截流量（A）	11	14	20	22	25	35	50	60

导线标称截面面积是根据规定换算方法得到的截面面积值，它既不是线芯的几何面积，也不是各股铜线几何面积之和。12 V 车辆主要线路导线的标称截面面积推荐值见表 5.14。

表 5.14　12 V 车辆主要线路导线的标称截面面积

标称截面面积（mm²）	适用的电路
0.5	尾灯、顶灯、仪表灯、指示灯、牌照灯、燃油表等
0.8	转向灯、制动灯、停车灯、点火线圈初级绕组等
1.0	前照灯、电喇叭等（3 A 以下）
1.5	前照灯、电喇叭等（3 A 以上）
1.5～4.0	其他 5 A 以上电路
4.0～6.0	柴油车电热塞电路
6.0～25	电源电路
16～95	起动电路

（2）导线的颜色。为了便于识别和维修，电线束中的低压电线都采用了不同颜色。电线的各种颜色均用字母表示，其代号规定见表 5.15。

表 5.15　导线的各种颜色代号

颜色	黑	白	红	绿	黄	棕	蓝	灰	紫	橙
代号	B	W	R	G	Y	Br	BL	Gr	V	O

低压导线的选择主色规定见表 5.16。

表 5.16　低压导线的选择主色规定

系统名称	主色代号	系统名称	主色代号
电器装置搭铁线	B	仪表及报警指示和喇叭系统	Br
点火起动系统	W	前照灯、雾灯等外部照明系统	BL
电源系统	R	各种辅助电动机及电器操纵系统	Gr
灯光信号系统	G	收音机、点烟器等辅助装置系统	V
防雾灯及车身内部照明系统	Y		

（3）高压线用于高压点火电路中，高压线因其工作电压高，通过电流小的特点。阻尼高压线电阻一般在 6～25 kΩ/m，阻尼高压线具有低电磁辐射的特点，可减小点火系统产生的高频电磁振荡波对周围无线电设备的干扰。

2）导线端子与连接器

导线端子即导线端头的连接件，用于电器连接。

为了提高接线速度和线路连接可靠度，现代汽车上大量采用了连接器。连接器大致可分为四类，第一类是连接线束和电器元件；第二类是连接线束与线束；第三类是连接线束与车身；第四类称为过渡连接器，是将连接器中需要输出的导线用短接端子连接起来。

4. 汽车电路控制和保护装置的作用

1）点火开关

点火开关是汽车电路中最重要的开关，它是各分支电路的控制中心，是一种多挡旋转式开关。一般分为三挡四接柱式和四挡五接柱式。三挡四接柱式点火开关挡位与接线柱通断位置见表 5.17。

表 5.17　三挡四接柱式点火开关挡位与接线柱通断位置

代号\n挡位	1	2	3	4
	B	ON 或 IG	ACC	ST
0（OFF）	○	○	○	○
Ⅰ（IG）	○———○		○———○	
Ⅱ（ST）	○———○		○	———○
Ⅲ（ACC）	○———○		○	

2）组合开关

多功能组合开关将照明开关（前照灯开关、变光开关）、信号开关（转向、危险报警、超车）、刮水器/清洗器开关等组合为一体，便于驾驶员操作。

3）继电器

继电器在电路中，是以小电流控制大功率的用电设备，主要用于保护开关触点，提高用电设备的可靠性。

汽车上的继电器常见的有 3 类：动合继电器、动断继电器和混合型继电器。继电器及其工作状态如图 5.28 所示。

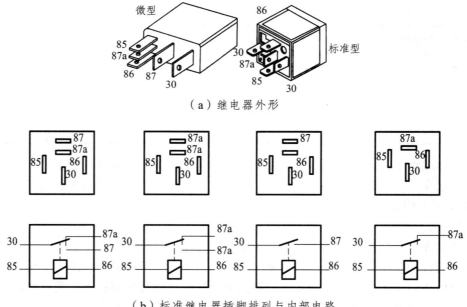

（a）继电器外形

（b）标准继电器插脚排列与内部电路

132

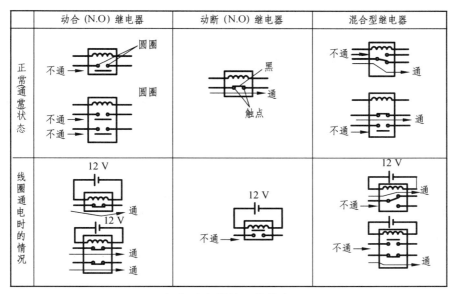

（c）继电器的工作状态

图 5.28　继电器插脚排列与工作状态

4）电路保护装置

（1）熔断器：熔断器连接在电源与用电设备之间，当电路中发生短路或过载时，切断电路，保护用电设备的安全。

（2）熔线：熔线用于保护线路以防搭铁短路。

（3）断路器（双金属保险）：断路器是防止电路过载而引起的过热和起火等电路事故的发生。

（4）易熔线：易熔线是一种熔断器，由特殊的不着火的绝缘层和一短截标准铜导线构成。除起动机之外，所有的电流都经过易熔线，再进入各支路。

易熔线一般都安装在靠近蓄电池附近，用以保护与蓄电池直接连接的电器设备。现代汽车上电器设备越来越多，各种继电器和熔断器也越来越多，为了便于装配和在使用中排出故障，将各种继电器和熔断器组合装在一起，称为中央接线盒。

二、任务导向

（1）了解全车电路的组成。

（2）了解汽车全车电路的特点。

（3）掌握全车电路连接原则。

（4）掌握电路器件的性能和使用方法。

三、工　单

根据实训情况填写表 5.18 所示的工单。

表 5.18　工　单

编　号	任务内容	任务实施记录	时间（min）	评　价
1	分析全车电路		5	
2	电路检查（电源电路、起动电路、点火电路、灯光照明电路等）		30	
3	检查继电器、熔断器		15	
4	整理现场		5	

四、作业与考核

（1）全车电路由哪几个系统和装置组成？
（2）试述汽车电路的特点。
（3）汽车电路在连接中应遵循哪些基本原则？
（4）汽车电路控制和保护装置在使用中应注意些什么？
（5）继电器的作用是什么？如何区分继电器插脚？

任务十 汽车电路图的识读与分析

一、知识点和技能准备

要读懂汽车电路图，首先要储备电工学的基本知识，在此基础上要掌握汽车构造、电器设备的结构、原理及工作特性，更重要的是要识别、熟记电路图中各种图形符号所表达的含义，只有掌握了这些基础知识后，才有可能读懂电路图。

1. 电路图类型

汽车电路图分为：电路原理图、电器位置图、线束图、插接器图等。

1）电路原理图

电路原理图是用国家统一规定的图形符号，按电路原理将汽车上的每个电器系统有机的组合在一起绘制的电路图。当前国内外汽车电路原理图，均采用"纵向排列式画法"。电路从左至右，一般接电源、起动点火、指示灯和仪表、照明、雾灯、报警闪光灯、信号灯、刮水器和洗涤器、喇叭顺序编排。这种图图面清晰、简单明了，线路无交叉，通俗易懂，便于理顺电路原理，能迅速分析查找故障。

2）电器位置图

电器位置图是用来表示汽车电器部件的安装位置，便于维修时查找故障器件。位置图有发动机舱内零件图、驾驶室内零件图和车身零件位置图等。

3）线束图

线束图是用来表示线束在车上的安装位置，搭铁点和线束插接器的基本情况。

4）插接器图

电路图中的插接器一般都有编号，插接器大致可分为4种，前面已介绍，如图5.29所示。

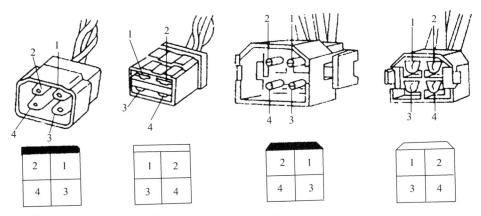

（a）片状插脚的插头（b）片状插脚的插座（c）柱状插脚的插头（d）柱状插脚的插座

图 5.29　插接器符号示例

2. 电路图的分析识读方法

现代汽车电器设备数量日趋增多，电子化程度也越来越高，对于电路图来讲，线路更密集、繁杂，给读图者带来了一定的难度，但对汽车电路图的识读仍有一定的通用规律和经验技巧可循。

（1）浏览全图，先易后难。

根据不同车型电路图的特点，总体分析出该车型电路的共同点和特殊性，把你最熟悉或最容易读懂的系统或电路单元先吃透理解，再去分析剩下的那部分，"化整为零"，把复杂的问题简单化。

（2）熟悉图注、标记，记住图形符号。

首先认真阅读图注，掌握电器设备的种类、数量、相互连线等，电路图是通过这些图形符号构成的，所以必须牢记理解图形符号所代表的含义这一点非常重要。

（3）掌握电路特点，牢记回路原则。

电路特点：单线制、负极搭铁、电源与用电设备并联，各系统电路设备的工作特点等，读电路图时，始终要利用这些特点分析思考。

回路原则：即电路中电流的回路是由电源的正极流出，经用电设备后流回到电源的负极构成回路，用电设备才能工作。

（4）熟悉各系统（局部）电路之间的相互关系。

汽车全车电路是由各系统电路组成的，除了共用的电源和一些线路外，各系统相对都是独立的，但它们之间也存在着一些内在联系，相互影响，所以在读图时切记考虑这些因素，且有利于排除故障。

（5）掌握各种开关的作用。

开关是控制电路通断的关键，所以必须要弄清开关的形式、结构、控制方式等。

① 在电路图中开关的画法均处在"0"位，（断开状态）；熟悉开关所控制的电源、用电器有哪些，并熟悉被控制用电器的作用和工作特点。

② 开关有几个挡位，几个接线柱及代号；哪个是电源接柱，哪个挡位、接线柱控制什么电器，特别对于组合开关要结合实物仔细研究识读。

（6）掌握继电器的工作状态。

目前在汽车电路中，使用了各种继电器进行控制，继电器数量也越来越多。

① 继电器在电路图中，都是按初始状态画出来的，也就是说电路接通时，对于动、合触点而言，触点断开；对于动、断触点，触点闭合。

② 继电器有线圈电路和触点工作的主电路两部分构成，只有线圈通电后，主电路才能接通。

（7）掌握电控系统电路的读图方法。

① 首先以电控系统的 ECU 为中心，因为它是整个系统的控制枢纽，被控制的执行器和电气部件都和它有关系。

② 要了解 ECU 插座上各接脚的数量，排列方式，划分的区域，各区域接脚的排列方式等。

③ 找出 ECU 的电源线，了解和掌握各电源线的供电情况（如常火线或某开关控制）和供电能力。

④ 找出该系统的搭铁线，分清哪些是 ECU 内部搭铁，哪些是在车架或机体上搭铁。

⑤ 了解该系统信号传感器输入，各传感器是否需要电源，并找出传感器的电源线、搭铁点等。

⑥ 找出执行器，了解电源供给和搭铁情况，了解控制执行器的方式（属控制搭铁端或电源端）。

综上所述，对电路图的识读，要紧紧与实际电路联系起来，打好基础，循序渐进，积累经验，不断学习新技术，拓展知识面，以便提高读图能力和解决实际问题的能力。

二、任务导向

（1）掌握汽车电路图的分类含义。

（2）掌握电路图图形符号含义。

（3）掌握电路图识读方法。

（4）绘制东风 EQ6100 的全车电路图。

三、工　单

根据实训情况填写表 5.19 所示的工单。

表 5.19　工　单

编　号	任务内容	任务实施记录	时间（min）	评　价
1	识读 2000GSi 整车电路并检测		20	
2	绘制识读东风车全车电路		20	
3	初步判断电路故障并排除		20	
4	整理现场		5	

四、作业与考核

（1）汽车电路图有哪几种？各有什么特点？

（2）你是如何分析电路图的？试述你识读电路图的思路和方法。

（3）试分析一种典型汽车的全车电路图。

（4）通过识读电路图，掌握分析排除故障的方法。

项目六

汽车电子控制系统的原理与检测

任务一　发动机电子控制系统总体结构认识

一、知识点和技能准备

电喷汽车的发动机控制，是由发动机电子控制系统（Engine Electronic Control System，EECS 或 EEC）来完成的，其主要功能是控制空燃比、喷油时刻与点火时刻。除此之外，还控制发动机的冷热车起动、怠速转速、最大转速、废气再循环、二次空气喷射、爆震、故障自诊断以及给其他电控系统发送状态信号等功能。其工作性质是采集发动机各部位的工况信号，根据采集到的信号确定最佳喷油量、最佳喷油时刻和最佳点火时刻。

1. 汽车电控系统基本组成

汽车电子控制系统主要由传感器、电子控制单元和执行器三部分组成。

1）传感器

传感器是信号检测与转换装置，安装在发动机的各个部位，其功能是：检测发动机运行状态的各种电量参数、物理量和化学量等，并将这些参量转换成计算机能够识别的电量信号输入电控单元。

2）电子控制单元（Electronic Control Unit，ECU）

电子控制单元又称为电子控制器，俗称电脑，简称 ECU，是发动机电子控制系统的核心部件，其功能是：根据各种传感器和控制开关输入的信号参数，运用内部已有的程序进行运算分析，输出执行命令，对喷油量、喷油时刻和点火时刻等进行实时控制。同时向各种传感器提供它们所需要的基准电压（如 2 V、5 V、9 V、12 V 等）。

3）执行器

执行器是控制系统的执行机构，其功能是接收电控单元的控制指令，完成具体的控制动作，从而使发动机处于最佳的运行状态。

桑塔纳 2000GSi 型轿车的 AJR 型发动机采用了德国博士（BOSCH）公司最先进的 Motronic3.8.2 电子控制多点顺序喷射系统。该系统采用热膜式空气流量计检测发动机进气流量，可直接反映发动机负荷，M3.8.2 系统能依据进气流量信号和曲轴转角信号准确地控制发动机混合气空燃比和点火时间，从而极大地降低了汽车排气污染。

发动机具有自我诊断系统，但是必须用专用仪器方可读出控制单元（ECU）中储存的故障代码。发动机也同样具有备用功能，备用功能用于在控制系统、传感器、执行元件发生某些故障时，维持发动机运转，以便汽车开到修理厂。

汽油蒸气控制回收系统采用活性炭罐吸附油箱中挥发的汽油蒸气，在发动机运转的过程中，ECU 根据发动机的转速、负荷、水温等信号，确定一个最佳的排放量，向炭罐控制真空电磁阀输出不同占空比的脉冲信号，以控制排放控制阀上部的真空度，使排放控制阀处于最佳位置，从而使最适量的燃油蒸气被吸入进气歧管进入气缸燃烧，降低排放污染并提高燃油经济性。

AJR 型发动机上装有 2 个爆震传感器，使 ECU 能更有效地识别各个气缸的爆震燃烧，迅速调整点火时间，保护发动机免受强烈爆震引起的损害。采用两个点火线圈，即使用了双火花点火系。

M3.8.2 电子控制汽油喷射系统由空气供给系统、汽油供给系统、控制系统组成，其组件布置如图 6.1 所示。

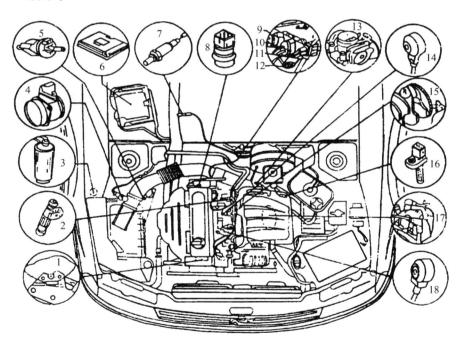

图 6.1 AJR 发动机控制系统的主要组成部件

1—霍尔传感器（G40）；2—喷油器（N30～N33）；3—活性炭罐；4—热膜式空气流量计（G70）；
5—活性炭罐电磁阀（N80）；6—ECU（J220）；7—氧传感器（G39）；8—水温传感器（G62）；
9—转速传感器插接器（灰色）；10—1 号爆震传感器插接器（白色）；11—氧传感器插接器（黑色）；
12—2 号爆震传感器插接器（黑色）；13—节气门控制组件（J338）；14—2 号爆震传感器（G66）；
15—转速传感器（G28）；16—进气温度传感器（G72）；17—点火线圈（N152）；
18—1 号爆震传感器（G61）

2. 汽车电控系统基本原理

如图 6.2 所示，ECU 将接收到的各种传感器和开关信号，转换为微机能处理的数字信号，存储输入的信息，运用内部已有的程序对输入信息进行运算分析，输出执行命令，完成燃油喷射、点火控制、进气控制、排放控制、怠速控制等功能；根据发动机性能的变化，自动修正预置的标准值，将信息与标准值进行比较，确定故障部位，并把故障信息存储在存储器中。

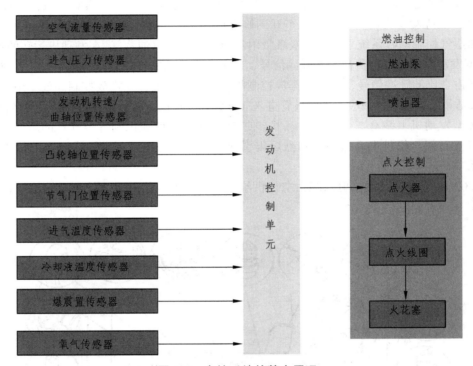

图 6.2 电控系统的基本原理

3. 桑塔纳 2000GSi 主要的传感器和执行

传感器：空气流量计、进气温度传感器、节气门位置传感器、凸轮轴位置传感器、曲轴位置传感器、氧传感器、爆震传感器、冷却液温度传感器。

执行器：喷油器、活性炭罐电磁阀、燃油泵继电器、怠速控制阀、点火控制器。

二、任务导向

（1）认真观察电控发动机实训台，明确各系统的组成及控制路线，并与机械控制式发动机相比较，找出两者的区别。

（2）找出并认识各传感器、执行器的安装位置，并理解其作用。

（3）找出并认识电子控制单元，掌握其与各传感器及执行器的连接。

三、工　单

根据实训情况填写表 6.1 所示的工单。

表 6.1　工　单

编　号	任务内容	任务实施记录	时间（min）	评　价
1	观察 2000GSi 发动机，说明其与化油器式发动机的主要区别		10	
2	找出各传感器，并说明其主要作用		10	
3	找出各执行器，并说明其主作用		10	
4	说明桑塔纳 2000GSi 电控发动机有哪些主要的控制功能		10	
5	说明桑塔纳 2000GSi 电控发动机点火系的特点		30	

四、作业与考核

（1）桑塔纳 2000GSi 有哪些主要的传感器和执行器？各起什么作用？

（2）桑塔纳 2000GSi 发动机燃料供给系有何主要的特点？

（3）点火控制是如何实现的？

（4）简述电子控制发动机的基本控制原理。

任务二　空气流量计的检测

一、知识点和技能准备

空气流量计（Air Flow Meter，AFM）是进气歧管空气流量计（Manifold Air Flow Meter，MAFM）的简称，又称为空气流量传感器（Air Flow Sensor，AFS），其功用是检测发动机进气量大小，并将进气量信息转换成电信号输入电控单元（ECU）以供计算确定喷油量。进气量信号是电控单元精确计算喷油量的主要依据。

1. 进气系统的基本组成

进气系统的基本组成如图 6.3 所示。

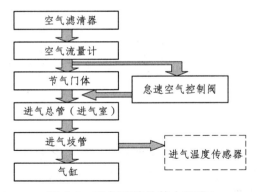

图 6.3　进气系统的基本组成

2. 空气流量计类型

多点燃油喷射系统中，根据检测进气量的方式不同，空气流量计又分为"D"型（即压力型）和"L"型（即空气流量型）两种类型。图 6.4 所示为两种类型发动机的示意图，字母"D"是德文"Druck（压力）"的第一个字母，是利用压力传感器检测进气歧管内的绝对压力，测量方法属于间接测量法。控制系统利用检测到的绝对压力与发动机的转速来计算吸入气缸的空气量，又称为速度/密度型燃油喷射控制系统。由于空气在进气歧管内流动时会产生压力波动，汽车加速（节气门全开）时发动机的进气量是怠速（节气门关闭）时的进气量的 40 倍及以上，进气气流的最大流速可达 80 m/s，因此，"D"型燃油喷射系统的测量精度不高，但控制系统的制造成本较低。字母"L"是德文"Luftmengen（空气）"的第一个字母，是利用流量传感器直接测量吸入进气管的空气流量。由于采用直接测量的方法，因此进气量的测量精度较高，控制效果优于"D"型燃油喷射系统。当前各车型采用的"L"型传感器分为体积流量型（如翼板式、量芯式、涡流式）传感器和质量流量型（如热线式和热膜式）传感器。质量流量型传感器工作性能稳定、测量精度高、使用效果好，但制造成本相对"D"型要高。由于热膜式空气流量传感器内没有运动部件，因此没有流动阻力，而且使用寿命远远高于热线式流量传感器。

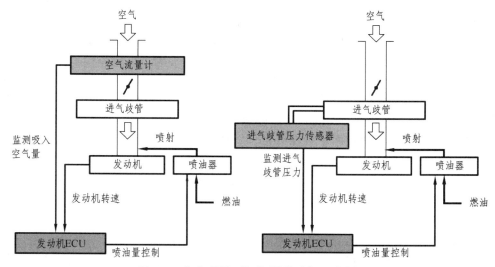

图 6.4　"L"型和"D"型发动机示意图

本次实训任务选用的是桑塔纳 2000GSi 轿车使用的空气流量计，属"L"型热膜式空气流量计（Air Flow Meter），安装在空气滤清器壳体与进气软管之间。其核心部件是流量传感元件和热电阻（均为铂膜式电阻）组合在一起构成热膜电阻。在传感器内部的进气通道上设有一个矩形护套，相当于取样管，热膜电阻设在护套中。为了防止污物沉积到热膜电阻上而影响测量精度，在护套的空气入口一侧设有空气过滤层，用以过滤空气中的污物。为了防止进气温度变化使测量精度受到影响，在护套内还设有一个铂膜式温度补偿电阻，温补电阻设置在热膜电阻前面靠近空气入口一侧。温度补偿电阻和热膜电阻与传感器内部控制电路连接，控制电路与线束连接器插座连接，线束插座设在传感器壳体中部，如图 6.5 所示。

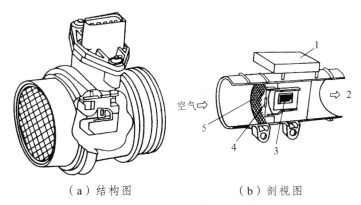

（a）结构图　　　　　（b）剖视图

图 6.5　温补电阻安装位置示意图

1—控制电路；2—通往发动机；3—热膜；4—上流温度传感器；5—金属护网

143

3. 空气流量测量原理

热膜式空气流量计进行空气流量测量的原理是：空气流量计内部电路连接成惠斯登电桥电路如图 6.6 所示。热膜电阻 R_h 和温度补偿电阻 R_t 分别连接到电桥的一个臂上，电桥各个臂的电流由控制电路 A 控制。电桥电压平衡时，控制电路供给热膜电阻的电流 I_h（$I_h = 50 \sim 120\ mA$）使其温度 T_h 保持恒定（$T_h \approx 120\ ℃$），供给温度补偿电阻的电流使热膜电阻的温度与温度补偿电阻的温度 T_r 之差保持恒定（$\Delta = T = T_h - T_r \approx 100\ ℃$）。

当空气流经温度补偿电阻和热膜电阻时，热膜电阻和温度补偿电阻受到冷却，温度降低，阻值减小。当热膜电阻的阻值减小时，电桥电压就会失去平衡，控制电路将增大供给热膜电阻的电流，使其温度保持恒定（120 ℃）。电流增加值的大小，取决于热膜电阻受到冷却的程度，即取决于流过流量传感器的空气量。当电桥电流增大时，取样电阻 R_s 上的电压就会升高，从而将空气流量的变化转换为信号电压 U_s 的变化。由于电阻为线性元件，因此取样电阻上信号电压 U_s 将随空气流量的变化而呈线性变化，信号电压输入电控单元 ECU 后，ECU 便可根据信号电压的高低计算空气流量的大小。当发动机怠速或空气为热空气时，因为怠速时节气门关闭或接近全闭，所以空气流速低，空气量少，又因空气温度越高，空气密度越小，所以在体积相同的情况下，热空气的质量小，因此热膜电阻受到冷却的程度小，电阻值减小少，保持电桥平衡需要的电流小，故取样电阻上的信号电压低。

电控单元 ECU 根据信号电压即可计算出空气量，桑塔纳 GSI 型轿车怠速时的空气流量标准值为 0.39 g/s 左右。当发动机负荷增大或空气为冷空气时，因为节气门开度增大空气流速加快使空气流量增大；而冷空气密度大，在体积相同的情况下冷空气质量大，所以热膜电阻受到冷却的程度增大，电阻值减小，保持电桥平衡需要的电流增大，因此当发动机负荷增大时，信号电压升高。

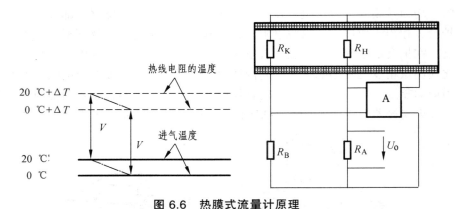

图 6.6　热膜式流量计原理

4. 温度补偿原理

当进气温度变化时，热膜电阻的温度就会发生变化，测量进气量的精度就会受到影响。设置温度补偿电阻后，从电桥电路上可以看出，当进气温度降低使热膜电阻上的电流增大时，为了保持电桥平衡，温度补偿电阻上的电流相应增大，以保证热膜电阻的温度与温度补偿电阻的温度之差保持恒定，使传感器测量精度不受进气温度变化的影响。热膜式与热线

144

式空气流量传感器的响应速度很快，能在几毫秒时间内反映出空气流量的变化，因此其测量精度不会受到进气气流脉动的影响（气流脉动在发动机大负荷、低转速运转时最为明显），此外还具有进气阻力小、无磨损部件等优点。热膜式传感器热膜的面积远比热线大，并与热电阻制作在一起，因此不会因沾染污物而影响测量精度。空气流量计各管脚接线与电压见表 6.2。

表 6.2　空气流量计各管脚和相应的电压

1 脚空	4 脚（ECU 提供 5 V 参考电压）	2 脚～搭铁	12 V
2 脚（12 V）接油泵继电器	5 脚（传感器信号正极）	4 脚～搭铁	5 V
3 脚（与 ECU 内搭铁）	5 脚～搭铁（急加速时 2.8 V）	5 脚～搭铁（怠速时）	1.4 V

5. 空气流量计检测的方法

1）电阻测试

电阻测试主要是检测线束的导通性，以确认线束通畅，无断路短路，插接器牢靠，各信号传递无干扰。测试在汽车微机控制发动机实验台上进行。

（1）线束导通性测试。

将数字万用表设置在电阻 200 Ω 挡，在台架面板上按电路图找到空气流量计图形下面的针脚号与 ECU 信号测试端相应的针脚号，分别测试空气流量计 3、4、5 号针脚对应至电控单元 12、11、13 号针脚的电阻，所有电阻都应低于 0.5 Ω。

（2）线束短路性测试。

将数字万用表设置在电阻 200 kΩ 挡，测量空气流量计针脚 2 与电控单元针脚 11、12、13 之间电阻，应为 ∞。测量空气流量计针脚与电控单元针脚：3—11、13；4—12、13；5—11、12 之间电阻均应为 ∞。

注意：在实际维修中，欲测试各条线束的导通性，应关闭点火开关，拔下传感器插头与电控单元插接器，使用数字万用表分别测量各线束间的电阻，相连导线电阻应当小于 0.5 Ω，不相连导线电阻应 ∞ 为正常。而在汽车微机控制故障检测诊断实验系统的发动机实验台上，进行本项测试不用拔传感器与电控单元插头。在实际测量中，由于测量手法、万用表本身的误差以及被测物体表面的氧化与灰尘等因素，发生几个欧姆的误差属正常现象，不必拘泥于具体数字。

2）电压测试

本项目电压测试有电源电压测试和信号电压测试两部分，其中信号电压测试是确定空气流量计是否失效的主要依据。

（1）电源电压测试。

在汽车微机控制故障检测诊断实验系统的发动机实验台上进行。打开点火开关，将数字万用表设置在直流电压 20 V 挡，红色表针置于空气流量计针脚 2，黑色表针置于电瓶负极或发动机进气歧管壳体，起动时应显示 12 V；红色表针置于空气流量计针脚 4，黑色表针置于电瓶负极或发动机进气歧管壳体，应显示 5 V。

（2）信号电压测试。

分单件测试和就车测试两部分，就车测试在汽车微机控制故障检测诊断实验系统的发动机实验台上进行。

① 单件测试：取一空气流量计总成部件，将 12 V/5 V 变压器 12 V 电压或电瓶电压施加在空气流量计电器插座针脚 2 上，将 5 V 电压施加在空气流量计电器插座针脚 4 上，将数字万用表设置在直流电压 20 V 挡，测量空气流量计电器插座针脚 3 和针脚 5，应有 1.5 V 左右电压；使用吹风机从空气流量计隔栅一端向空气流量计吹入冷空气或加热的空气，测量空气流量计电器插座针脚 3 和针脚 5，电压应瞬时上升至 2.8 V 回落。不能满足上述条件，可以判定空气流量计有故障。

② 就车测试：起动发动机并使其达到工作温度，将数字万用表设置在直流电压 20 V 挡，测量汽车微机控制故障检测诊断实验系统的发动机实验台上的空气流量计针脚 5 的反馈信号，红色表针置于空气流量计针脚 5，黑色表针置于空气流量计针脚 3、电瓶负极或进气歧管壳体，急速时应显示电压 1.5 V 左右；急踩加速踏板应显示 2.8 V 变化。若不符合上述变化，或电压反而下降，在电源电压与参考电压完好的前提下，可以断定空气流量计损坏，必须更换。

注意：在实际维修中，反馈信号电压的就车测试应在传感器插头尾部，挑开防水胶堵或刺破导线外皮，接万用表后踩动油门踏板，观察电压变化。而在汽车微机控制故障检测诊断实验系统的发动机实验台上，进行本项测试不用挑开防水胶堵或刺破导线外皮，可直接在 ECU 的 13 和 12 端子间测信号电压，如图 6.7 所示。

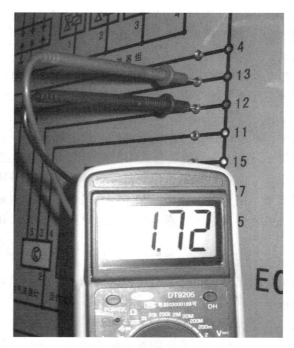

图 6.7　空气流量计信号测试

3）数据流测试

本项目的数据流测试是使用进口或国产的汽车故障诊断仪，登录发动机控制单元直接读取空气流量计的各项参数，测试条件是发动机在运行中并达到工作温度。数据流的检测方法简便易行，数据直观准确，并能够随时观察到数据的动态变化，是当代汽车电子控制系统故障检测诊断的重要方法，也是当前汽车维修一线急缺的技术。

读取测量数据流第二组第四项数据应显示为在怠速下应为 2.0～4.0 g/s，如果小于 2.0 g/s 说明进气系统有泄漏，如果大于 4.0 g/s 说明发动机负荷过大。

二、任务导向

（1）认真观察空气流量计在车上的安装位置及连接情况，并掌握空气流量计的结构原理。
（2）掌握空气流量传感器的检测方法步骤。
（3）掌握空气流量传感器的故障检测的方法。
（4）总结空气流量传感器有故障时，发动机所表现的现象。
（5）学会利用数据流分析判断故障。

三、工 单

根据实训情况填写表 6.3 所示的工单。

表 6.3 工 单

编　号	任务内容	任务实施记录	时间（min）	评　价
1	电阻测试		10	
2	电源电压		10	
3	信号电压		10	
4	模拟空气流量故障并排除		10	
5	空气流量计检测的一般步骤		30	

四、作业与考核

（1）电控发动机的空气供给系统由哪几部分组成？与传统的发动机有什么不同？
（2）检测进气量的方式有哪些？空气流量计有哪些类型？说明其工作原理。
（3）空气流量计检测的一般步骤是什么？检测过程中要注意哪些问题？

任务三　节气门位置传感器的检测

一、知识点和技能准备

1. 作用及类型

节气门位置传感器（TPS）安装在节气门体上节气门轴的一端，由驾驶员通过加速踏板来操纵，其作用是将节气门的开度大小转变为电信号输入 ECU，以便 ECU 判断发动机的怠速工况，部分负荷工况等信息，并根据不同的工况来控制喷油和点火以及其他辅助功能。

类型：开关量输出型（触点式）和线性可变电阻型。

2. 结构原理

桑塔纳 2000GSi 轿车采用的线性可变电阻型节气门位置传感器，它是一种滑动线性电位计，由两个电刷、电阻器和输出端子等组成。两个电刷是与节气门不联动的，一个是节气门开度电刷，另一个是怠速电刷。

当节气门全关闭时，怠速电刷与怠速触点接触，由传感器插接器上的相应端子将怠速信号输入 ECU。在节气门打开的不同开度下，怠速电刷与怠速触点断开，此时节气门的开度靠节气门开度电刷在电阻器上的滑动而产生不同的电位计电阻，如图 6.8 所示，从而引起 V_{TA} 和 E_2 两端子的电压不同来检测节气门开度，将此信号输送给 ECU。ECU 通过节气门位置传感器可以获得表示节气门由全闭到全开的所有开启角度的、连续变化的电压信号，以判断气门开度的变化速率，从面更精确地判定发动机的运行工况。

图 6.8　节气门位置传感器原理示意图

3. 桑塔纳 2000GSi 节气门控制组件

桑塔纳 2000GSi 的节气门控制组件电路如图 6.9 所示。

（1）节气门电位计（G69）和节气门定位电位计（G88），这两个部件起着确定节气门开度的作用，我们通常说的节气门位置传感器是指节气门电位计。

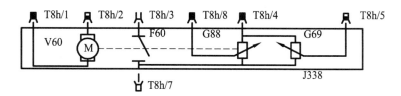

图 6.9　节气门控制组件电路

节气门控制组件有两个与节气门联动的可动电刷触点，一个触点在节气门全闭时与怠速触点接触，另一个触点为在电阻体上滑动的可动触点，节气门开度的大小与电阻的变化成比例。将节气门开度对应的线性输出电压送给 ECU，计算机就会感知节气门的位置。

（2）节气门定位器（V60）起着控制怠速的作用，能适当开大或关小节气门，所以本机没有怠速控制阀。

（3）怠速开关（F60）用以向发动机 ECU 提供怠速位置信号。怠速开关闭合时，由节气门定位器来决定怠速时节气门的开度。

4. 节气门控制组件与发动机 ECU 的匹配

发动机 ECU 具有基本怠速设定功能，它能记录点火开关断开时节气门控制组件的停止位置。如果拆装或更换了新的节气门控制组件或者发动机 ECU 出了故障，都必须重新进行基本怠速设定，即完成发动机 ECU 与节气门控制组件的匹配工作。这一匹配工作要用故障诊断仪来完成。下列情况会使节气门控制组件基本设定产生问题：

（1）节气门转动不灵活，如因油泥沉积；

（2）节气门拉索调整不当；

（3）蓄电池电压过低；

（4）节气门控制组件线束或插接器接触不良。

5. 测量节气门控制组件供电电压

测量节气门控制组件供电电压即是测量节气门定位电位计和节气门电位计的电源电压。打开点火开关，测量节气门控制组件插头，端子 4 和 7 间电压应为 5 V（用 20 V 量程挡）左右。

6. 检测的方法

1）电阻测试

本项目电阻测试为辅助性测试，主要是检测线束的导通性，以确认线束通畅，无断路短路，插接器牢靠，各信号传递无干扰。测试在汽车微机控制故障检测诊断实验系统的发动机实验台上进行。

（1）线束导通性测试。

将数字万用表设置在电阻 200 Ω 挡，在面板上按电路图找到节气门控制组件图形下面的针脚号与 ECU 信号测试端口图相应的针脚号，分别测试节气门控制组件针脚对应至电控单元针脚的电阻见表 6.4。

表 6.4　节气门控制组件针脚对应至电控单元针脚的电阻值

节气门控制部件（J338）	至节气门定位器（V60）	66	1 号端	<1 Ω
		59	2 号端	<1 Ω
	至急速开关（F60）	69	3 号端	<0.5 Ω
	至节气门电位计（G69）	62	4 号端	<0.5 Ω
	至急速开关（F60）	75	5 号端	<0.5 Ω
		67	7 号端	<0.5 Ω
	至节气门定位电位计（G88）	74	8 号端	<0.5 Ω
	急速开关闭合	67 与 69		<1 Ω
	急速开关打开	67 与 69		∞

（2）线束短路性测试。

将数字万用表设置在电阻 200 kΩ 挡，测量节气门控制组件针脚与其不相对应的电控单元针脚之间电阻，应为 ∞ 。

注意：在实际维修中，欲测试各条线束的导通性，应关闭点火开关，拔下传感器插头与电控单元插接器，使用数字万用表分别测量各线束间的电阻，相连导线电阻应当小于 0.5 Ω，不相连导线电阻应 ∞ 为正常。而在汽车微机控制故障检测诊断实验系统的发动机实验台上，进行本项测试不用拔传感器与电控单元插头。在实际测量中，由于测量手法、万用表本身的误差以及被测物体表面的氧化与灰尘等因素，出现几个欧姆的误差属正常现象，不必拘泥于具体数字。

2）电压测试

本项目电压测试有电源电压测试和信号电压测试两部分，其中信号电压测试是确定节气门控制组件是否失效的主要依据。

（1）电源电压测试。

在汽车微机控制故障检测诊断实验系统的发动机实验台上进行。打开点火开关，将数字万用表设置在直流电压 20 V 挡，红色表针置于节气门控制组件针脚 2，黑色表针置于电瓶负极或发动机进气歧管壳体，起动时应显示 12 V；红色表针置于节气门控制组件针脚 4，黑色表针置于电瓶负极或发动机进气歧管壳体，应显示 5 V。

注意：在实际维修中，应拔下传感器插头，打开点火开关，测量 2 号端子与接地间电压，起动机应显示 12 V。此时电控单元会记录节气门控制组件的故障码，测试完毕后要使用诊断仪清除故障码。而在汽车微机控制故障检测诊断实验系统的发动机实验台上，进行本项测试不用拔传感器插头。

（2）信号电压测试。

信号电压测试为静态测试。

在汽车微机控制故障检测诊断实验系统的发动机实验台上进行。

就车测试：起动发动机至工作温度，将数字万用表设置在直流电压 20 V 挡，测量汽车微机控制故障检测诊断实验系统的发动机实验台上节气门控制组件针脚 3、5、8 的反馈信号，红色表针置于节气门控制组件针脚 5，黑色表针置于节气门控制组件针脚 7、电瓶负极或进气歧管壳体，急速时应显示电压 1.5 V 左右；急踩加速踏板应显示 2.8 V 变化。若不符合上述变化，或电压反而下降，在电源电压与参考电压完好的前提下，可以断定节气门控制组件损坏，必须更换。节气门位置传感器的检测如图 6.10 所示。

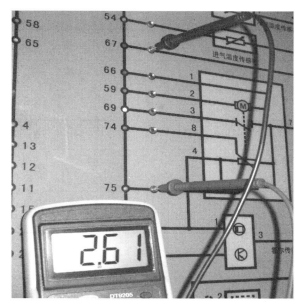

图 6.10　节气门位置传感器的检测

3）数据流测试

本项目的数据流测试是使用汽车故障诊断仪，登录发动机控制单元直接读取节气门控制组件的各项参数，测试条件是发动机在运行中并达到工作温度。数据流的检测方法简便易行，数据直观准确，并能够随时观察到数据的动态变化，是当代汽车电子控制系统故障检测诊断的重要方法，也是当前汽车维修一线急缺的技术。

数据分析：在急速时，节气门数据应显示数据 < 5；如果 > 5，说明：① 节气门没有做基本设定；② 节气门拉索太紧；③ 节气门控制部件损坏。

二、任务导向

（1）认真观察节气门位置传感器在车上的安装位置及连接情况，并掌握节气门位置传感器的结构原理。

（2）掌握节气门位置传感器的检测方法及步骤。

（3）掌握节气门位置传感器故障检测的方法。

（4）总结节气门位置传感器发生故障时，发动机所表现的现象。

（5）学会利用数据流分析判断故障。

三、工 单

根据实训情况填写表 6.5 所示的工单。

表 6.5 工 单

编　号	任务内容	任务实施记录	时间（min）	评　价
1	电阻测试		10	
2	电源电压测试		10	
3	信号电压测试		10	
4	模拟节气门位置传感器故障并排除		10	
5	节气门位置传感器检测的一般步骤		30	

四、作业与考核

（1）节气门位置传感器有什么作用？有哪些类型？

（2）桑塔纳 2000GSi 电控发动机的节气门位置传感器由哪些部分组成？说明工作原理。

（3）节气门位置传感器发生故障时对发动机有什么影响？维护过程中应注意哪些问题？

（4）节气门位置传感器检测的一般步骤是什么？

（5）检测过程中要注意哪些问题？

任务四　进气温度传感器的检测

一、知识点和技能准备

1. 作用原理

温度是反映发动机热负荷状态的重要参数，为了保证电控单元能够精确地控制发动机正常运行，必须随时监测发动机的进气温度，以便修正各个控制参数，准确计算吸入气缸空气的质量流量以及进行排气净化处理等。空气质量大小与进气温度（密度）和大气（进气）压力高低密切相关。当进气温度低时空气密度大，相同体积气体的质量增大；反之，当进气温度升高时，相同体积气体的质量将减小。在采用各种歧管压力式或空气流量式传感器的燃油喷射系统中，都需要加装进气温度传感器，有些还需要加装大气压力传感器，以便随时监测周围环境温度和大气压力的变化，修正喷油量，使电控单元自动适应外部环境温度以及不同海拔高度大气压力的变化情况。

1）功　用

进气温度传感器（Intake Air Temperature Sensor，IATS）的功能是检测进气温度，并将温度信号转换为电信号输入发动机电控单元。进气温度信号是多种控制功能的修正信号，包括燃油脉宽、点火正时、怠速控制和尾气排放等，若进气温度传感器信号中断，将导致发动机热起动困难，燃油脉宽增加，尾气排放恶化。

2）类　型

温度传感器的种类很多，常用的有热敏电阻式、金属热电阻式、绕线电阻式、半导体晶体管式等。热敏电阻又可分为正温度系数（PTC）型热敏电阻、负温度系数（NTC）型热敏电阻、临界温度型热敏电阻和线性热敏电阻。

汽车上常用的是负温度系数型热敏电阻式温度传感器，如进气温度传感器、冷却液温度传感器、排气温度传感器和润滑油温度传感器等。热敏电阻是利用陶瓷半导体材料的电阻随温度变化而变化的特性制成的，其突出优点是灵敏度高、响应及时、结构简单、制造方便、成本低廉。其结构主要由热敏电阻、金属或塑料壳体、接线插座与连接导线组成。

桑塔纳 2000GSi 轿车使用的负温度系数热敏电阻进气温度传感器，如图 6.11 所示。传感器壳体上制有螺纹，安装在进气系统的动力腔上。当进气温度传感器发生故障时，电控单元能够检测到，将设置 P00527 号故障码，同时电控单元起动备用模式，将进气温度恒定在 19.5 ℃，使发动机进入故障应急状态下运行。利用故障诊断仪，通过连接 16 端子诊断插座可以读取此故障的有关信息。

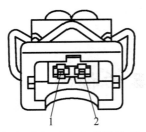

（a）进气温度传感器端子　　　　　　（b）进气温度传感器外形

图 6.11　进气温度传感器

2. 检测方法

利用负温度系数热敏电阻的特性，可以对进气温度传感器进行电阻测试、电压测试和数据流测试，以确定进气温度系统工作是否正常。进气温度传感器的阻值可直接用万用表电阻挡进行测试。检测时，断开点火开关，拔下进气温度传感器插头，检测传感器插座上端子"1"与"2"间的电阻值，应当符合规定值。如阻值过大、过小或为无穷大，说明传感器失效，应予更换新品。检修温度传感器时，可用万用表就车检测传感器的电源电压和信号输出电压，拔下传感器插头，接通点火开关，检测传感器一侧插头上端子"2"与"1"间的电压应为 5 V 左右。关闭点火开关插上传感器插头，接通点火开关，检测传感器端子"2"与"1"间的信号电压应为 0.5～3.0 V。如电压值不符合规定，说明传感器失效，应予更换。

二、任务导向

（1）观察进气温度传感器的结构、安装位置。
（2）观察温度传感器与 ECU 的连接及控制电路。
（3）理解进气温度传感器的作用。
（4）掌握进气温度传感器的检测方法及故障排除方法。
（5）总结进气温度传感器有故障时对发动机的影响。

三、工　单

根据实训情况填写表 6.6 所示的工单。

表 6.6　工　单

编　号	任务内容	任务实施记录	时间（min）	评　价
1	电阻测试		5	
2	电源电压测试		5	
3	信号电压测试		5	
4	模拟进气温度传感器故障并排除		10	
5	进气温度传感器检测的一般步骤		10	

四、作业与考核

（1）进气温度传感器有什么作用？有哪些类型？

（2）桑塔纳 2000GSi 电控发动机的进气温度传感器安装在什么部位？说明工作原理。

（3）进气温度传感器故障时对发动机有什么影响？维护过程中应注意哪些问题？

（4）进气温度传感器检测的一般步骤是什么？检测过程中要注意哪些问题？

任务五　冷却液温度传感器的检测

一、知识点和技能准备

1. 作用原理

冷却液温度传感器（Coolant Temperature Sensor，CTS）通常又称为水温传感器，属负温度系数型热敏电阻式温度传感器，安装在发动机冷却液出水管上，其功能是检测发动机冷却液的温度，并将温度信号转换为电信号传送给发动机电控单元，电控单元根据该信号修正喷油时间和点火时间，使发动机工况处于最佳运行状态。冷却液温度传感器信号是许多控制功能的修正信号，如喷油量修正、点火提前角修正、活性炭罐电磁阀控制等。冷却液温度信号也是汽车上其他电控系统的重要参考信号，如电控自动变速器系统、自动空调系统。在一些车型的电控自动变速器系统中，若检测到发动机冷却液温度低于 60 ℃，为保护行驶装置，自动变速器控制单元将进入"安全运行模式"，不会允许车辆升入超速挡，汽车只能在 90 km/h 以下速度行驶。如果冷却液温度传感器故障或信号中断，发动机电控单元将起动备用模式，把水温值设定在 80 ℃ 左右，同时记录故障代码。此时车辆虽然能够正常行驶，但发动机冷、热车均起动困难、油耗增加、怠速稳定性降低、废气排放量升高等。虽然各型汽车采用的温度传感器的阻值各不相同，但是其检修方法基本相同。桑塔纳 3000 型轿车的冷却液温度传感器 G62 位于发动机冷却液出水管上。当冷却液温度传感器出现故障时，发动机电控单元 ECU 能够检测到，并能使发动机进入故障应急状态下运行。利用故障诊断仪，通过诊断插座可以读取有关的故障信息。

2. 检测方法

检修冷却液温度传感器时，可用万用表就车检测传感器的电源电压和信号电压。拔下冷却液温度传感器插头，接通点火开关，检测传感器 ECU 一侧插头上两个端子之间的电压应为 5 V 左右。插上传感器插头，接通点火开关，检测传感器插头上两个端子间的信号电压应为 0.5～3.0 V，具体阻值与温度有关。如电压值不符合规定，说明传感器失效，应予更换。

冷却液温度传感器的阻值可用万用表电阻挡进行检测。检测时，断开点火开关，拔下温度传感器插头，拆下温度传感器，将传感器和温度表放入烧杯或加热容器中。在不同温度下，检测传感器两端子间的电阻值，应当符合规定。阻值偏差过大、过小或为无穷大，说明传感器失效，应予更换。水温传感器的阻值可用万用表电阻挡进行检测，传感器上各端子的排列位置如图 6.12 所示。

检测电阻值时，将万用表的两只表笔分别连接传感器插座上的端子"1"与"3"。当冷却液温度为 30 ℃ 时，阻值应为 1 500～2 000 Ω；当温度为 80 ℃ 时，阻值应为 275～375 Ω。如阻值偏差过大、过小或为无穷大，说明传感器失效，应予更换新品。

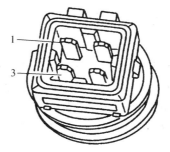

（a）冷却液温度传感器外形图　　　　　（b）冷却液温度传感器端子

图 6.12　冷却液温度传感器

检测条件与标准参数见表 6.7。

表 6.7　检测条件与标准参数

水温（℃）	电阻值（Ω）	水温（℃）	电阻值（Ω）	水温（℃）	电阻值（Ω）
50	740～900	70	390～480	90	210～270
60	540～650	80	290～360	100	160～200

线路电压应为 5 V，动态值为 0.5～2.5 V。

二、任务导向

（1）观察冷却液温度传感器的结构、安装位置。
（2）观察冷却液温度传感器与 ECU 的连接及控制电路。
（3）理解冷却液温度传感器的作用。
（4）掌握冷却液温度传感器的检测方法及故障排除方法。
（5）总结冷却液温度传感器有故障时对发动机的影响。

三、工　单

根据实训情况填写表 6.8 所示的工单。

表 6.8　工　单

编　号	任务内容	任务实施记录	时间（min）	评　价
1	电阻测试		5	
2	电源电压测试		5	
3	信号电压测试		5	
4	模拟冷却液温度传感器故障并排除		10	
5	冷却温度传感器检测的一般步骤		10	

四、作业与考核

（1）冷却液温度传感器有什么作用？给发动机提供哪些信号？有哪些类型？

（2）桑塔纳 2000GSi 电控发动机的冷却液温度传感器安装在什么部位？说明工作原理。

（3）冷却液温度传感器故障时对发动机有什么影响？维护过程中应注意哪些问题？

（4）冷却液温度传感器检测的一般步骤是什么？检测过程中要注意哪些问题？

任务六 曲轴位置传感器的检测

一、知识点和技能准备

1. 曲轴位置传感器的作用与类型

曲轴位置传感器（Crankshaft Position Sensor，CPS）又称为发动机转速传感器或曲轴转角传感器，其功用是采集曲轴转过的角度与速度（发动机转速）信号，并将信号直接输入电控单元，以便确定点火时刻与喷油时刻。曲轴位置传感器信号是电控单元控制点火与喷油的主要信号，如果电控单元收不到该信号或信号超出规定的范围，发动机都不能运行，也没有"备用模式"可替代，但故障指示灯会常亮，电控单元会记录相应的故障码，指明应立即直接检修的部位。

一般车上常用的曲轴位置传感器有光电式和磁感应式和霍尔式等类型。美国车、德国车和一些使用直接点火装置的车型，大多采用磁感应式曲轴位置传感器，传感器以固定位置安装在发动机壳体上。日本车系特别是丰田、本田车大多采用光电式曲轴位置传感器，传感器安装在分电器壳体内。

2. 桑塔纳 2000GSi 曲轴位置传感器

1）结构与安装

本次实训采用的是桑塔纳 2000GSi 型轿车发动机 AJR 使用的磁感应式曲轴位置传感器，在大众车系的电路原理图上被标注为 G28 元件，安装在曲轴箱内靠近离合器一侧的缸体上，主要由磁感应式传感器和信号转子组成。磁感应式传感器用螺钉固定在发动机缸体上，由永久磁铁、传感线圈和线束插头组成。传感线圈又称为信号线圈，永久磁铁上带有一个磁头，磁头正对安装在曲轴上的齿盘式信号转子，磁头与磁轭（导磁板）连接而构成导磁回路。在齿盘式信号转子的圆周上间隔均匀地制有 58 个凸齿、57 个小齿缺和一个大齿缺，大齿缺输出基准信号，对应于 1 缸或 4 缸上止点前一定角度。大齿缺所占的弧度相当于 2 个凸齿和 3 个小齿缺所占的弧度，因为每个凸齿和小齿缺所占的曲轴转角均为 3°，所以大齿缺所占的曲轴转角为 15°。端子"3"为转速与转角信号正极，与控制单元"56"端子连接；端子"2"为转速与转角信号负极，与控制单元"63"端子连接，如图 6.13 所示。

图 6.13 转速传感器与 ECU 连接

2）基本原理

磁感应式传感器的基本原理是：当信号转子的凸齿接近磁头时，凸齿与磁头间的间隙减小，磁路磁阻减小，磁通量 Φ 增多，磁通变化率增大（$d\Phi/dt>0$），所以感应电动势 E 为正（$E>0$）。

当信号转子凸齿的中心线与磁头的中心线对齐时，虽然凸齿与磁头间的间隙最小，磁路的磁阻最小，磁通量Φ最多，但是由于磁通量不可能继续增加，因此磁通变化率为零，感应电动势E为零。当信号转子的凸齿离开磁头时，凸齿与磁头间的间隙增大，磁路磁阻增大，磁通量Φ减少（$d\Phi/dt<0$），所以感应电动势E为负值。由此可见，信号转子每转过一个凸齿，传感线圈中就会产生一个周期的交变电动势（即电动势出现一次最大值和一次最小值），传感线圈相应地输出一个交变电压信号。因为信号转子上有一个大齿缺，所以当大齿缺转过磁头时，信号电压所占的时间较长，即输出信号为一宽脉冲信号，该信号对应于1缸或4缸上止点前一定角度。电控单元ECU接收到宽脉冲信号时，便可知道1缸或4缸上止点位置即将到来，至于即将到来的是1缸还是4缸则需根据凸轮轴位置传感器输入的信号来确定。由于信号转子上有58个凸齿，因此信号转子每转一圈（发动机曲轴转一转），传感线圈就会产生58个交变电压信号，并输入电控单元ECU。

磁感应式传感器的突出优点是不需要外加电源，永久磁铁起着将机械能变换为电能的作用，其磁能不会损失。当发动机转速变化时，转子凸齿转动的速度将发生变化，铁芯中的磁通变化率也将随之发生变化。转速越高，磁通变化率就越大，传感线圈中的感应电动势也就越高。每当信号转子随发动机曲轴转动一转，传感线圈就会向电控单元ECU输入58个脉冲信号。因此，ECU每接收到曲轴位置传感器58个信号，就可知道发动机曲轴旋转了一转。如在1 min内ECU接收到曲轴位置传感器116 000个信号，ECU便可计算出曲轴转速为2 000 r/min（$n = 116\ 000/58$），如ECU每分钟接收到曲轴位置传感器290 000个信号，ECU便可计信号的数量，能迅速计算出发动机曲轴旋转的转速。发动机转速信号和负荷信号是电控系统最重要、最基本的控制信号，ECU根据这两个信号就能计算出以下三个基本控制参数：基本喷油时间，基本点火提前角和点火导通角（闭合角）。

磁感应式曲轴位置传感器（CPS）信号转子上的大齿缺对应的信号为基准信号，所以电控单元ECU控制喷油时间和点火时间是以大齿缺对应的信号为基准。信号转子上每个凸齿和每个小齿缺所占的曲轴转角均为3°，大齿缺所占的曲轴转角为15°，所以电控单元ECU接收到大齿缺对应的信号后，其内部分频电路将凸齿信号和小齿缺信号进行分频处理，便可得到曲轴转角信号。如将3°分成3等份，则每等份所占曲轴转角即为1°。从而便可精确控制点火时间、喷油时间和点火线圈初级绕组导通角。

在电控系统中，电控单元ECU控制喷油时间、点火提前角和点火线圈初级绕组导通角等参数都是通过控制时间进行控制，因此需要说明曲轴转角与时间的对应关系。曲轴每转一圈ECU能收到58个凸齿、57个小齿缺信号和一个大齿缺信号。一个大齿缺相当于2个凸齿和3个小齿缺，所以曲轴转一圈相当于ECU收到60个凸齿和60个齿缺信号。例如，当发动机工作在2 000 r/min时，曲轴每转一圈所占的时间为60 000 ms/2 000 = 30 ms，1个凸齿或小齿缺所占的时间为30 ms/120 = 0.25 ms，因为一个凸齿或一个小齿缺信号所占曲轴转角为3°，所以每1°曲轴转角所占时间为$0.25 \times 1°/3° \approx 0.083$ ms。

设大齿缺信号后第一个凸齿信号对应于上止点前60°（相当于提前$0.083 \times 60 = 5.0$ ms），1缸点火提前角为上止点前20°（相当于提前$0.083 \times 20 = 1.67$ ms），那么电控单元ECU接收到1缸上止点前的基准信号（大齿缺信号）后3.33 ms（5.0 ms – 1.67 ms = 3.33 ms）时，向点火控制器发出指令，切断初级绕组电流，使次级绕组产生高压电在火花塞电极之间跳火点着可燃混合气，从而实现提前20°点火。

3. 检测方法

在发动机运行过程中，当磁感应式传感器出现故障导致信号中断时，发动机将立刻熄火而无法运转，电控单元 ECU 能够检测到此信号，利用车博士 WU-2002、V.A.G1551 或 V.A.G1552 故障阅读仪，通过故障诊断插座可以读取此故障的有关信息。当用万用表电阻 OHM × 2 kΩ 挡检测传感器信号线圈电阻时，断开点火开关，拔下传感器引线插头，检测传感器插座上端子"1"与"2"之间信号线圈的电阻应为 450～1 000 Ω，如图 6.14 所示。如阻值为无穷大，说明信号线圈断路，应予更换传感器。检测传感器端子"1"或"2"与屏蔽线端与"3"之间电阻时，阻值应为无穷大，如阻值不是无穷大则需更换传感器。检测传感器与电控单元 ECU 之间的线束时，分别检测传感器线束插头端子"1"与电控单元线束插孔"56"、传感器线束插头端子"2"与电控单元线束插孔"63"、传感器线束插头端子"3"与电控单元线束插孔"67"之间的电阻值，其值最大不超过 1.5 Ω，如阻值为无穷大，说明导线断路，需要修理或更换线束。信号转子凸齿与磁头间的间隙直接影响磁路的磁阻和传感线圈输出电压的高低，因此在使用中，转子凸齿与磁头间的气隙是不能随意变动的。曲轴位置传感器把曲轴精确的转角位置和发动机转速信号输送给电控单元，供其判别点火正时和计算基本喷油量。

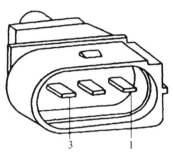

图 6.14 转速传感器插头端子

检测条件与标准参数见表 6.9。

表 6.9 检测条件与标准参数

	电脑接线端子侧	转速传感器端子侧	导通性
至发动机转速传感器（G28）	发动机搭铁点	1	<0.5
	63	2	<0.5
	56	3	<0.5

二、任务导向

（1）观察曲轴位置传感器的结构、安装位置，理解曲轴位置传感器的作用。

（2）观察曲轴位置传感器与 ECU 的连接及控制电路。

（3）学会用示波器，并会分析曲轴位置传感器的波形。

（4）掌握曲轴位置传感器的检测方法及故障排除方法。

（5）说明曲轴位置传感器有故障时对发动机的影响。

三、工 单

根据实训情况填写表 6.10 所示的工单。

表 6.10 工 单

编 号	任务内容	任务实施记录	时间（min）	评 价
1	电阻测试		5	
2	波形测试		10	
3	波形分析		10	
4	模拟传感器故障并排除		15	

四、作业与考核

（1）曲轴位置传感器有什么作用？给发动机提供哪些信号？有哪些类型？

（2）桑塔纳 2000GSi 电控发动机的曲轴位置传感器安装在什么部位？说明工作原理。

（3）曲轴位置传感器故障时对发动机有什么影响？维护过程中应注意哪些问题？

（4）曲轴位置传感器检测的一般步骤是什么？

（5）如何根据曲轴位置传感器的波形分析其性能？

任务七　凸轮轴位置传感器的检测

一、知识点和技能准备

1. 凸轮轴位置传感器的作用与类型

凸轮轴位置传感器（Camshaft Position Sensor，CPS）又称为判缸传感器，为了区别于曲轴位置传感器 CPS，凸轮轴位置传感器一般使用缩写 CIS 来表示，在形式上分为光电式、磁感应式和霍尔式三种。凸轮轴位置传感器的功用是采集配气机构凸轮轴的位置信号并输入电控单元，以便电控单元识别一缸压缩上止点位置，从而精确计算顺序喷油控制、点火正时控制和燃烧爆震控制。此外，凸轮轴位置信号还用于发动机刚起动时识别出第一次点火时刻。

2. 桑塔纳 2000GSi 凸轮轴位置传感器

本次实训采用的是桑塔纳 2000GSi 型轿车 AJR 发动机使用的是霍尔式凸轮轴位置传感器（CIS），在大众车系的电路原理图上标注为 G40 元件，其接线插座上有三个引线端子，端子"1"为传感器电源正极端子，与电控单元 62"端子连接；端子"2"为传感器信号输出端子，与电控单元"76"端子连接，端子"3"为传感器电源负极端子，与电控单元"67"端子连接，连接电路如图 6.15 所示。凸轮轴位置传感器安装在发动机气门室盖靠近传动带的一端，主要由霍尔式传感器 2 和信号转子 5 组成。

信号转子又称为触发叶轮，安装在凸轮轴上，用定位螺栓定位固定。信号转子的隔板又称为叶片，在隔板上制有一个缺口，缺口对应产生的信号为低电平信号，隔板（叶片）对应产生信号为高电平信号。凸轮轴位置传感器输出的信号电压与曲轴位置传感器输出的信号电压之间的关系为发动机曲轴每转两转（720°），霍尔传感器信号转子就转

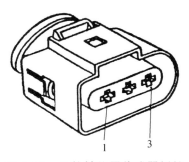

图 6.15　凸轮轴位置传感器插接

一转（360°），对应产生一个低电平信号和一个高电平信号，其中低电平信号对应于 1 缸压缩上止点前一定角度。发动机工作时，磁感应式曲轴位置传感器（CPS）和霍尔式凸轮轴位置传感器（CIS）产生的信号电压不断输入电控单元 ECU。当 ECU 同时接收到曲轴位置传感器大齿缺对应的低电平（15°）信号和凸轮轴位置传感器缺口对应的低电平信号时，便可识别出此时为 1 缸活塞处于压缩行程、4 缸活塞处于排气行程，并根据曲轴位置传感器小齿缺对应输出的信号控制点火提前角。控制单元识别出 1 缸压缩上止点位置后，便可进行顺序喷油控制和各缸点火时刻控制。如果发动机产生了爆震，控制单元还能根据爆震传感器输入的信号判别出是哪一缸产生了爆震，从而减小点火提前角，以消除爆震。

当霍尔传感器出现故障而导致信号中断时，发动机会继续运转，也能再次起动。但是，喷油不是在进气门打开时完成，而是在进气门关闭之前完成，由此对混合气品质产生的影响不大，也不会过于影响发动机的总体性能。与此同时。由于电控单元不能判别即将到达压缩上止点的是哪一缸，因此爆震调节将停止，而为了防止发动机产生爆震，电控单元将自动推迟点火提前角。

当霍尔传感器信号中断时，电控单元 ECU 能够检测到故障信息，用故障诊断仪可以读取传感器故障的有关信息。如故障代码显示霍尔传感器有故障，可用万用表检测传感器电源电压和导线电阻进行判断与排除。

3. 检测传感器

电阻测试：按检测标准测量导线之间的阻值，应符合规定值。

检测条件与标准参数见表 6.11。

表 6.11　检测条件与标准参数

至霍尔传感器（G40）	62	1	<0.5
	76	2	<0.5
	67	3	<0.5

电压测试：拔下霍尔传感器插头，打开点火开关，测量插头端子 1 和 3 的电压（量程为 20 V 电压挡），标准值应为约 5 V；测量插头端子 2 和 3 的电压，标准应接近蓄电池电压。

波形测试：使用电脑进入大众车系检测系统，观看霍尔传感器的波形，判断霍尔传感器的好坏及其电路故障。

二、任务导向

（1）观察凸轮轴位置传感器的结构、安装位置，理解凸轮轴位置传感器的作用。

（2）观察凸轮轴位置传感器与 ECU 的连接及控制电路。

（3）学会用示波器，并会分析凸轮轴位置传感器的波形。

（4）掌握凸轮轴位置传感器的检测方法及故障排除方法。

（5）说明凸轮轴位置传感器有故障时对发动机的影响。

三、工　单

根据实训情况填写表 6.12 所示的工单。

表 6.12　工　单

编　号	任务内容	任务实施记录	时间（min）	评　价
1	电阻测试		5	
2	波形测试		10	
3	波形分析		10	
4	模拟传感器故障并排除		15	

四、作业与考核

（1）凸轮轴位置传感器有什么作用？给发动机提供哪些信号？有哪些类型？

（2）桑塔纳 2000GSi 电控发动机的凸轮轴位置传感器安装在什么部位？说明其工作原理。

（3）凸轮轴位置传感器有故障时对发动机有什么影响？维护过程中应注意哪些问题？

（4）凸轮轴位置传感器检测的一般步骤是什么？

（5）如何根据凸轮轴位置传感器的波形分析其性能？

任务八 电动燃油泵的检测

一、知识点和技能准备

1. 电动燃油泵的类型

电动燃油泵是一种由小型直流电动机驱动的燃油泵，其作用是给电控燃油喷射系统提供具有一定压力的燃油。电动燃油泵的电动机和燃油泵连成一体，密封在同一壳体内。

电动燃油泵按安装位置不同，可分为内置式和外置式两种。内置式电动燃油泵安装在油箱中，具有噪声小、不易产生气阻、不易泄漏、安装管路较简单等优点，应用更为广泛。有些车型在油箱内还设有一个小油箱，并将燃油泵置于小油箱中，这样可防止在油箱燃油不足时，因汽车转弯或倾斜引起燃油泵周围燃油的移动，使燃油泵吸入空气而产生气阻。外置式电动燃油泵串接在油箱外部的输油管路中，优点是容易布置，安装自由度大，但噪声大，且燃油供给系统易产生气阻，所以只有少数车型上应用。目前，各车型装用的电动燃油泵按其结构不同，有涡轮式、滚柱式、转子式和侧槽式。内置式电动燃油泵多采用涡轮式，外置式电动燃油泵则多数为滚柱式。

2. 电动燃油泵的构造

1）涡轮式电动燃油泵

如图 6.16 所示，涡轮式电动燃油泵主要由燃油泵电动机、涡轮泵、出油阀、卸压阀等组成。油箱内燃油进入燃油泵内的进油口前，首先经过滤网进行初步过滤。涡轮泵主要由叶轮、叶片、泵壳体和泵盖组成，叶轮安装在燃油泵电动机的转子轴上。

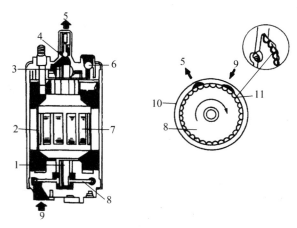

图 6.16 涡轮式电动燃油泵

1—前轴承；2—电动机定子；3—后轴承；4—单向阀；5—出油口；6—卸压阀；
7—电动机转子；8—叶轮；9—进油口 ；10—泵壳体；11—叶片

油泵电动机通电时，燃油泵电动机驱动涡轮泵叶轮旋转，由于离心力的作用。使叶轮周围小槽内的叶片贴紧泵壳，并将燃油从进油室带往出油室。由于进油室燃油不断被带走，所以形成一定的真空度，将油箱内的燃油经进油口吸入；而出油室燃油不断增多，燃油压力升高，当油压达到一定值时，则顶开出油阀经出油口输出。出油阀还可在燃油泵不工作时，阻止燃油倒流回油箱，这样可保持油路中有一定的残余压力，便于下次起动。燃油泵工作中燃油流经燃油泵内腔，对燃油泵电动机起到冷却和润滑的作用。燃油泵不工作时，出油阀关闭，使油管内保持一定的残余压力，以便于发动机起动和防止气阻产生。卸压阀安装在进油室和出油室之间，当燃油泵输出油压达到 0.4 MPa 时，卸压阀开启，使油泵内的进、出油室连通，燃油泵工作只能使燃油在其内部循环，以防止燃油压力过高。涡轮式电动燃油泵具有泵油量大、泵油压力较高（可达 600 kPa 以上）、供油压力稳定、运转噪声小、使用寿命长等优点，所以应用最为广泛。

2）滚柱式电动燃油泵

如图 6.17 所示，滚柱式电动燃油泵主要由燃油泵电动机、滚柱式燃油泵、出油阀、卸压阀等组成。滚柱式电动燃油泵的输油压力波动较大，在出油端必须安装阻尼减振器，这使燃油泵的体积增大，所以一般都安装在油箱外面，即属外置式。阻尼减振器主要由膜片和弹簧组成，它可吸收燃油压力波的能量，降低压力波动，以便提高喷油控制精度。

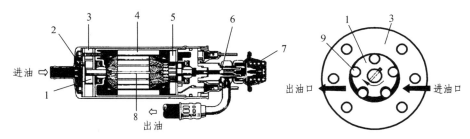

图 6.17　滚柱式电动燃油泵

1—转子；2—卸压阀；3—泵体；4—电机磁铁；5—电机电刷；6—单向阀；
7—阻尼稳压器；8—电枢；9—滚柱

滚柱泵的工作原理为：装有滚柱的转子呈偏心状，置于泵壳内，由直流电动机驱动，当转子旋转时，位于转子槽内的滚柱在离心力的作用下，紧压在泵体内表面上，对周围起密封作用，在相邻两个滚柱之间形成了工作腔。在燃油泵运转过程中，工作腔转过出油口后，其容积不断增大，形成一定的真空度。当转到与进油口连通时，将燃油吸入；而吸满燃油的工作腔转过进油口后，其容积又不断减小，使燃油压力提高，受压燃油流过电动机，从出油口输出。出油阀和卸压阀的作用与涡轮式电动燃油泵相同。

3. 桑塔纳 2000GSi 电动燃油泵的检测

1）汽油泵工作状况的测试

测试汽油泵工作状况时应保证蓄电池电压正常、汽油泵保险丝正常、汽油滤清器正常。

（1）接通点火开关，应该能够听到汽油泵起动的声音。

（2）如果汽油泵没有起动，应关闭点火开关，从中央线路板上拔下汽油泵继电器，使用接头导线将汽油泵继电器的触点插孔和蓄电池正极端接通，起动发动机。如果汽油泵工作，应检查汽油泵继电器。

（3）汽油泵继电器（J17）在中央电器继电器板2号位，汽油泵继电器保险丝在保险丝盒5号位，S5=10 A。汽油泵继电器控制着汽油泵、喷油器、空气质量计、活性炭罐电磁阀和加热氧传感器的电压供应。检查前应确保蓄电池电压正常，汽油泵继电器保险丝正常。给油泵继电器的85和86两端子加上电池电压，汽油泵继电器必须有动作声，否应更换汽油泵继电器；其次再检查汽油泵继电器控制线路。

（4）如果汽油泵继电器良好，汽油泵仍然不工作，打开行李箱饰板，从密封凸缘拔下3个端子的导线插头。起动发动机，用万用表测量导线上端子1和3端子之间的电压，电压的额定值约为蓄电池的电压（12 V左右）。

如果电压没有达到额定值，则根据电路图查找并清除电路中的断路故障；如果达到了额定值，旋下密封凸缘紧固大螺母，检查密封凸缘和汽油泵之间的导线是否有断路故障，如果没有发现断路情况，说明汽油泵有故障，应更换汽油泵。

2）测量汽油泵供油量

测试汽油泵供油量时应保证蓄电池电压正常，汽油泵保险丝正常和汽油滤清器工作正常。

（1）关闭点火开关。

（2）使用接头导线接到汽油泵继电器的触点和蓄电池正极端子上。

（3）从汽油分配管上拔下输油管。汽油系统是有压力的，在打开系统之前先在开口处放置抹布，然后小心地松开接头以释放压力。

（4）将压力表连接到输油管上。

（5）将软管伸到量杯内。

（6）打开压力表的截止阀（使其接通）。

（7）缓慢关上截止阀，直到压力表上显示0.3 MPa的压力，然后保持这一位置。

（8）排空量杯，将油泵接通30 s。

（9）将排出的油量与额定值相比较。额定值应大于0.58 L/30 s。

如果没有达到最低的输油量，故障原因可能为输油管弯曲或阻塞、汽油滤清器阻塞、汽油泵故障等。

注意：在发动机停止工作后，供油管路保持有压力，在修理燃油系统之前，这个压力必须被释放。

二、任务导向

（1）学生实操：按指导教师示范的方法步骤进行实际练习，每人至少一次。

（2）掌握电动燃油泵的结构和工作原理。

（3）掌握电动燃油泵的检测方法和检测项目。

三、工 单

根据实训情况填写表 6.13 所示的工单。

表 6.13 工 单

编 号	任务内容	任务实施记录	时间（min）	评 价
1	油泵工作情况演示		10	
2	油泵继电器的检查		10	
3	油泵供油量的检查		10	
4	模拟故障并排除		15	

四、作业与考核

（1）说明电动燃油泵结构类型及安装位置。
（2）画出桑塔纳 2000GSi 电控发动机电动燃油泵的控制原理电路图。
（3）如何检查油泵的工作情况？
（4）如何排除电动燃油泵的故障？

任务九　喷油器的检测

一、知识点和技能准备

电控燃油喷射系统的执行元件是喷油器。喷油器的功用是根据 ECU 的指令，控制燃油喷射量。电控燃油喷射系统全部采用电磁式喷油器，单点喷射系统的喷油器安装在节气门体空气入口处，多点喷射系统的喷油器安装在各缸进气歧管或气缸盖上的各缸进气道处。

1. 喷油器的构造与工作原理

按喷油口的结构不同，喷油器可分为孔式和轴针式两种，如图 6.18 所示。喷油器主要由滤网、线束连接器、电磁线圈、回位弹簧、衔铁和针阀等组成，针阀与衔铁制成一体。轴针式喷油器的针阀下部有轴针伸入喷口。喷油器不喷油时，回位弹簧通过衔铁使针阀紧压在阀座上，防止滴油。当电磁线圈通电时，产生电磁吸力，将衔铁吸起并带动针阀离开阀座，同时回位弹簧被压缩，燃油经过针阀并由轴针与喷口的环隙或喷孔中喷出。当电磁线圈断电时，电磁吸力消失。回位弹簧迅速使针阀关闭，喷油器停止喷油。在喷油器的结构和喷油压力一定时，喷油器的喷油量取决于针阀的开启时间，即电磁线圈的通电时间。回位弹簧弹力对针阀密封性和喷油器断油的干脆程度会产生影响。各车型装用的喷油器，按其线圈的电阻值可分为高阻（电阻为 13～16 Ω）和低阻（电阻为 2～3 Ω）两种类型。

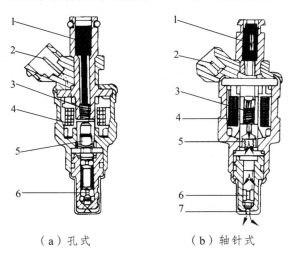

（a）孔式　　　　　　（b）轴针式

图 6.18　喷油器的结构

1—燃油滤网；2—接线端子；3—弹簧；4—电磁线圈；5—磁芯；6—针阀；7—轴针

2. 喷油器的驱动方式

喷油器的驱动方式可分为电流驱动和电压驱动两种方式，电流驱动方式只适用于低阻值喷油器，电压驱动方式对高阻值和低阻值喷油器均可使用。

1）电流驱动方式

在采用电流驱动方式的喷油器控制电路中，不需附加电阻，低阻喷油器直接与蓄电池连接，通过 ECU 中的晶体三极管对流过喷油器线圈的电流进行控制。

蓄电池通过点火开关和主继电器（或熔丝）直接给喷油器和 ECU 供电，ECU 控制喷油器和主继电器线圈的搭铁回路。点火开关接通时，继电器触点闭合，ECU 中的喷油器驱动电路使晶体三极管导通或截止来控制喷油器的喷油。

在喷油器电流驱动回路中，由于无附加电阻，回路的阻抗小，ECU 向喷油器发出指令时，流过喷油器线圈的电流增加迅速，电磁线圈产生磁力使针阀开启快，喷油器喷油迟滞时间缩短，响应性更好。喷油器针阀的开启时刻总是比 ECU 向喷油器发出指令的时刻晚，此时间即称为喷油器喷油迟滞时间（或无效喷油时间）。此外，采用电流驱动方式，保持针阀开启使喷油器喷油时的电流较小，喷油器线圈不易发热，也可减少功率损耗。

2）电压驱动方式

低阻喷油器采用电压驱动方式时，必须加入附加电阻。因为低阻喷油器线圈的匝数较少，加入附加电阻，可减小工作时流过线圈的电流，以防止线圈发热而损坏。附加电阻与喷油器的连接方式有三种。

电压驱动方式中的喷油器驱动电路较简单，但因其回路中的阻抗大，喷油器的喷油滞后时间长。其中，电压驱动高阻喷油器的喷油滞后时间最长，电压驱动低阻喷油器次之，电流驱动的喷油器最短。

3. 喷油器的检测

（1）发动机运转时，用手指接触喷油器，应可察觉到喷油脉动。

（2）检查喷油器电阻值，高电阻型喷油器的电阻值应为 13～16 Ω，低电阻型喷油器应为 2～3 Ω。

（3）喷油器拆下后，通 12 V 电压时，应可听到接通和断开的声音。此项试验，通电时间应不大于 4 s，再次试验应间隔 30 s，以防喷油器发热损坏。

（4）测量喷油器供电电压。打开点火开关时，正极端子 1 对地电压应等于蓄电池电压。如果不符合要求，则应检查端子 1 到附加保险丝 S 间的线路有无断路或接触不良。

（5）线束电阻的检查。

（6）用示波器检查喷油波形，并进行波形分析。

（7）检查喷油器的滴漏。拔下汽油压力调节器上的真空管和喷油器的插头及霍尔传感器的插头，从进气歧管上拆下汽油分配管连带 4 个喷油器，将 4 个喷油器接在喷油器试验器上进行喷油量的检查，在 30 s 时间内，每个喷油器规定的喷油量为 70～80 mL。如果不符合要求，检查汽油压力或喷油器。测试喷射速率的同时，可检查喷射形状，所有喷射形状应相同。每个喷油器在 1 min 内允许滴油 1～2 滴，否则应更换喷油器。

注意事项：

（1）安装喷油器时，一定要用新的垫片和 O 形圈，用过的垫片和 O 形圈绝不能使用。

（2）装 O 形圈的时候要小心操作，不能有损伤，同时要给 O 形圈抹一点润滑脂或者燃油，绝不能用机油、齿轮油或刹车油代替。

（3）将喷油器装到燃油总管上后，喷油器应能够平稳转动。

二、任务导向

（1）学生实操：按指导教师示范的方法步骤进行实训练习，每人至少一次。

（2）掌握喷油器的结构和工作原理。

（3）掌握喷油器的检测方法和检测项目。

（4）掌握喷油器的波形分析方法。

三、工　单

根据实训情况填写表 6.14 所示的工单。

表 6.14　工　单

编　号	任务内容	任务实施记录	时间（min）	评　价
1	喷油器工作情况及电阻检查		10	
2	喷油器供电电压及线束电阻检查		10	
3	喷油器波形测试		10	
4	模拟故障并排除		15	

四、作业与考核

（1）说明喷油器的结构类型及安装位置。

（2）画出桑塔纳 2000GSi 电控发动机喷油器的控制原理电路图。

（3）如何检查喷油器的工作情况？

（4）如何检测喷油器的波形，并进行波形分析？

（5）如何排除喷油器的故障？

任务十　电控燃油系统的检测

一、知识点和技能准备

电控燃油喷射系统形式多样，但其组成相同。都是由三个子系统组成：空气供给系统、燃油供给系统和电子控制系统。

1. 空气供给系统

空气供给系统的功用是为发动机提供清洁的空气并控制发动机正常工作时的进气量。系统工作原理如图 6.19 所示。发动机工作时，空气经空气滤清器过滤后，通过空气流量计（L型）、节气门体进入进气总管，再通过进气歧管分配给各缸。节气门体中设有节气门，用以控制进入发动机的空气量，从而控制发动机的输出功率（负荷）。在节气门体的外部或内部设有与主进气道并联的旁通怠速进气通道，并由怠速控制阀控制怠速时的进气量。在 L 型电控燃油喷射系统中[见图 6.19（a）]，流经怠速控制阀的空气首先经过空气流量计测量。而在 D 型喷射系统中[见图 6.19（b）]，绝对压力传感器测量的是进气管内的绝对压力，流经怠速控制阀的空气也在检测范围内。怠速控制阀由 ECU 直接控制。

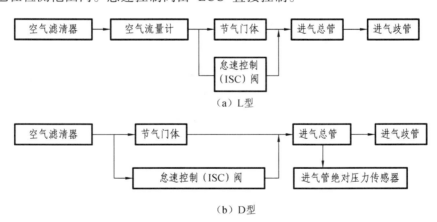

（a）L型

（b）D型

图 6.19　空气供给系统原理图

2. 燃油供给系统

燃油供给系统的功用是供给喷油器一定压力的燃油，喷油器则根据计算机指令喷油。燃油供给系统原理如图 6.20 所示。电动燃油泵将汽油自油箱内吸出，经滤清器过滤后，由压力调节器调压，通过油管输送给喷油器，喷油器根据计算机指令向进气管喷油。燃油泵供给的多余汽油经回油管流回油箱，燃油泵一般装在油箱内。喷油器由计算机控制，有些发动机上还装有冷起动喷油器。冷起动喷油器安装在进气总管上，仅在发动机低温起动时喷油，以改善发动机的低温起动性能。

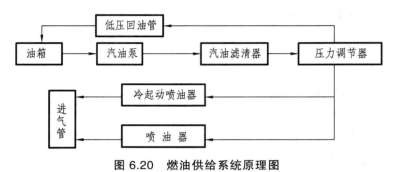

图 6.20　燃油供给系统原理图

3. 电子控制系统

在电控燃油喷射系统中，喷油量控制是最基本的也是最重要的控制内容，其控制原理如图 6.21 所示。ECU 根据空气流量信号和发动机转速信号确定基本的喷油时间（喷油量），再根据其他传感器（如冷却液温度传感器、节气门位置传感器等）对喷油时间进行修正，并按最后确定的总喷油时间向喷油器发出指令，使喷油器喷油（通电）或断油（断电）。

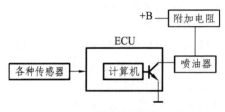

图 6.21　控制系统原理图

4. 燃油系统的检测

1）燃油系统的压力释放

汽油喷射发动机为便于再次起动，在发动机熄火后，燃油系统内仍保持有较高的残余压力。在拆卸燃油系统内任何元件时，都必须首先释放燃油系统压力，以免系统内的压力油喷出，造成人身伤害或火灾。燃油系统压力的释放方法如下：

（1）起动发动机，维持怠速运转。

（2）在发动机运转时，拔下油泵继电器或电动燃油泵电源接线，使发动机自行熄火。

（3）再使发动机起动 2～3 次，即可完全释放燃油系统压力。

（4）关闭点火开关，装上油泵继电器或电动燃油泵电源接线。

2）燃油系统压力预置

在拆开燃油系统进行维修之后，为避免首次起动发动机时，因系统内无压力而导致起动时间过长，应预置燃油系统残余压力。燃油系统压力预置可通过反复打开和关闭点火开关数次来完成，也可按下述方法进行：

（1）检查燃油系统所有元件和油管接头是否安装良好。

（2）用专用导线将诊断座上的燃油泵测试端子跨接到 12 V 电源上，如日本丰田车系直接将诊断座上的电源端子"＋B"与燃油泵测试端子"FP"跨接。

（3）将点火开关转至"ON"位置，使电动燃油泵工作约 10 s。

（4）关闭点火开关，拆下诊断座上的专用导线。

3）燃油系统压力测试

通过测试燃油系统压力，可诊断燃油系统是否有故障，进而根据测试结果确定故障性质和部位。测试时需使用专用油压表和管接头，测试方法如下：

（1）检查油箱内燃油应足够，释放燃油系统压力。

（2）检查蓄电池电压应在 12 V 左右（电压高低直接影响燃油泵的供油压力），拆开蓄电池负极电缆线。

（3）将专用油压表连接到燃油系统中。不同车型测试压力表的连接方式有所不同，主要有两种连接方式：一种是日本丰田等车型，用专用接头将油压表连接在输油管的进油管接头处。另一种是韩国大宇和美国通用等车型，用专用接头将油压表连接在燃油滤清器与输油管之间安装脉动阻尼器的位置（进行压力测试时拆下脉动阻尼器）。

（4）将溅出的汽油擦净，重新接好蓄电池负极电缆线，起动发动机并维持怠速运转。

（5）拆开燃油压力调节器上的真空软管，并用手指堵住进气管一侧的管口。

检查油压表指示压力应符合标准：一般多点喷射系统压力应为 0.25 ~ 0.35 MPa，单点喷射系统压力应为 0.07 ~ 0.10 MPa。若燃油系统压力过低，可夹住回油软管以切断回油管路，再检查油压表指示压力，若压力恢复正常，说明燃油压力调节器有故障，应更换；若仍压力过低，应检查燃油系统有无泄漏，燃油泵滤网、燃油滤清器和油管路是否堵塞，若无泄漏和堵塞故障，应更换燃油泵。若油压表指示压力过高，应检查回油管路是否堵塞；若回油管路正常，说明燃油压力调节器有故障，应更换。

（6）如果测试燃油系统压力符合标准，使发动机运转至正常工作温度后，重新接上燃油压力调节器上的真空软管，检查燃油压力表指示压力应略有下降（约 0.05 MPa），否则应检查真空管路是否堵塞或漏气；若真空管路正常，说明燃油压力调节器有故障，应更换。

（7）使发动机熄火，燃油泵停止工作，等待 10 min 后，观察燃油压力表压力（即燃油系统残余压力）；多点喷射系统压力应不低于 0.20 MPa，单点喷射系统压力应不低于 0.05 MPa。若压力过低，应检查燃油系统是否有泄漏，若无泄漏，说明燃油泵出油阀、燃油压力调节器回油阀或喷油器密封不良。

（8）检查完毕后，释放燃油系统压力，并拆下油压表，装复燃油系统。然后，预置燃油系统压力，并起动发动机检查有无泄漏。

4）燃油系统的故障诊断

（1）检查油箱是否有油、燃油泵是否工作。

（2）检查喷油器是否喷油。

（3）检查油泵继电器是否正常。

（4）检查燃油系统控制电路。

二、任务导向

（1）学生实操：按指导教师示范的方法步骤进行实际练习，每人至少一次。

（2）掌握燃油控制系统故障排除的方法。

（3）掌握燃油系统压力检测的方法。

三、工　单

根据实训情况填写表 6.15 所示的工单。

表 6.15　工　单

编　号	任务内容	任务实施记录	时间（min）	评　价
1	燃油压力检测		10	
2	喷油器检查		5	
3	喷油器波形测试		10	
4	电动油泵检查		5	
5	油泵继电器检查		5	
6	模拟故障并排除		15	

四、作业与考核

（1）说明桑塔纳 2000GSi 电控发动机燃油喷射系统的控制原理。

（2）如何排除燃油系统的故障？

任务十一　爆震传感器的检测

一、知识点和技能准备

汽油发动机获得最大功率和最佳燃油经济性的有效方法之一是增大点火提前角，但是点火提前角过大又会引起发动机爆震。

发动机爆震是燃烧室内混合气异常燃烧导致气缸压力骤然上升，而引起发动机缸体产生震动。在采用闭环控制的发动机电子控制系统中，当发动机产生爆震时，电控系统就能够通过调整点火时刻（点火提前角）来有效地抑制和消除发动机爆震。爆震传感器（Detonation Sensor，DS）是发动机闭环控制系统中的重要部件，其功能是将发动机爆震信号转换为电信号传递给电控单元，电控单元根据爆震信号随时对点火时刻进行修正，使点火提前角保持在最佳状态。

1. 检测爆震的方法

检测发动机爆震的方法有 3 种：一是检测发动机燃烧室的压力变化；二是检测发动机缸体的振动频率；三是检测混合气燃烧的噪声。通过直接检测燃烧室压力变化来检测发动机振动的测量精度高，但传感器安装复杂且耐久性差，一般用于测量仪器。测量混合气燃烧噪声的方法为非接触式检测，其耐久性好但测量精度与灵敏度较低，实际应用很少。实际应用的压力检测传感器均为间接测量式，通过检测发动机缸体振动频率来检测爆震的优点是测量灵敏度高、传感器安装方便且输出电压变化大，因此现代汽车广泛采用该种检测方法。

2. 爆震传感器

爆震传感器是发动机电子控制系统中必不可少的重要部件，它的功用是检测发动机有无爆震现象，并将信号送入发动机 ECU。

爆震传感器一般都安装在发动机缸体两侧，按发动机缸体振动频率的检测方法不同，爆震传感器分为共振型与非共振型 2 种；按爆震传感器结构不同，分为压电式和磁致伸缩式 2 种。磁致伸缩式爆震传感器的外形与结构如图 6.22、图 6.23 所示，其内部有永久磁铁、靠永久磁铁激磁的强磁性铁芯以及铁芯周围的线圈。其工作原理是：当发动机的气缸体出现振动时，该传感器在 7 kHz 左右处与发动机产生共振，强磁性材料铁芯的导磁率发生变化，致使永久磁铁穿心的磁通密度也变化，从而在铁芯周围的绕组中产生感应电动势，并将这一电信号输入 ECU。

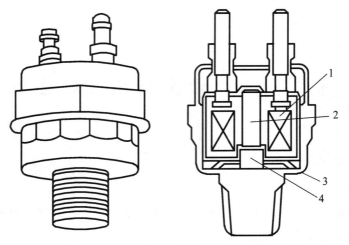

图 6.22　磁致伸缩式爆震传感器的外形与结构

1—绕组；2—铁芯；3—外壳；4—永久磁铁

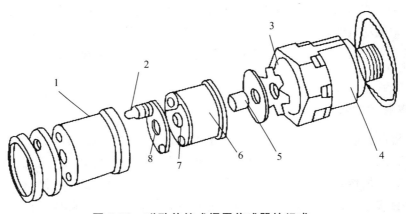

图 6.23　磁致伸缩式爆震传感器的组成

1—软磁套；2—端子；3—弹簧；4—外壳；5—永久磁铁；
6—绕组；7—磁致伸缩杆；8—电绝缘体

目前大多数汽车都采用了压电式爆震传感器，这种传感器利用结晶或陶瓷多晶体的压电效应而工作，也有利用掺杂硅的压电电阻效应的。其结构都大同小异，特点是灵敏度好、响应及时、制造工艺简便、结构简单、坚固耐用。本次实训采用的是在桑塔纳 2000GSi 等许多轿车广泛使用的压电式爆震传感器，其结构如图 6.24 所示，该传感器的外壳内装有压电元件、配重块及导线等。其工作原理是：当发动机的气缸体出现振动传递到传感器外壳上时，外壳与配重块之间产生相对运动，夹在这两者之间的压电元件所受的压力发生变化，从而产生电压。ECU 检测出该电压，并根据其值的大小判断爆震强度。

桑塔纳 AJR 发动机有两个爆震传感器，分别安装

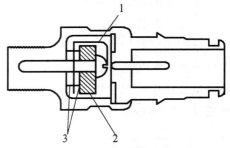

图 6.24　压电式爆震传感器的结构

1—引线；2—配重块；3—压电元件

在进气歧管下面，1/2 缸与 3/4 缸之间，传感器插座上有 3 根引线，其中两根为信号线，一根为屏蔽线。

3. 爆震传感器的检测

丰田皇冠 3.0 轿车 2JZ-GE 型发动机爆震传感器与 ECU 的连接如图 6.25 所示。

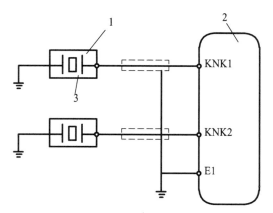

图 6.25　爆震传感器的电路

1—1 号爆震传感器；2—发动机 ECU；3—2 号爆震传感器

当爆震传感器发生故障时，发动机电控单元能够检测到，将设置 00527（1 号爆震传感器）或 00540（2 号爆震传感器）号故障码，并将各缸点火提前角推迟约 15°运行，利用进口或国产的故障诊断仪，通过连接诊断插座可以读取此故障的有关信息。

爆震传感器插头与插座上接线端子的位置如图 6.26、图 6.27 所示，检修时用万用表电阻 OHM × 100 kΩ或 R × 10 kΩ挡检测传感器电阻。检测时，断开点火开关，拔下传感器线束插头，检测结果应当符合规定。

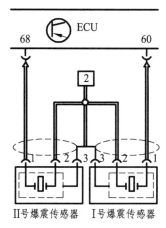

图 6.26　爆震传感器连接电路图

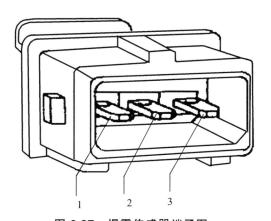

图 6.27　爆震传感器端子图

当用万用表电阻 OHM × 200 Ω 或 R × 1 Ω 挡检测线束电阻时，断开点火开关，拔下控制器线束插头和传感器线束插头，检测两插头上各端子之间导线电阻应当符合规定。如阻值过大或为无穷大，说明线束与端子接触不良或断路，应修理。

检测条件与标准参数见表 6.16。

表 6.16　检测条件与标准参数

爆震传感器输出电压	发动机运转	插座端子 1 和 2	0.3～1.4 V

4. 爆震传感器的检测步骤

（1）讲解：由辅导教师结合爆震传感器实物、教学挂图、桑塔纳 AJR 发动机故障实验台、实车等讲解爆震传感器的结构与工作原理、检测方法（电阻测试、电压测试、波形测试、数据流测试）、工艺流程、技术规范（按照实物和实车进行）。

（2）演示：由辅导教师演示爆震传感器实测。

1）电阻测试

本项目电阻测试为辅助性测试，主要是检测线束的导通性，以确认线束通畅，无断路短路，插接器牢靠，各信号传递无干扰。测试在桑塔纳 AJR 发动机故障检测诊断台架上进行。

（1）线束导通性测试。

如图 6.28 所示，将数字万用表设置在电阻 200 Ω 挡，在面板上按电路图找到爆震传感器的针脚号与 ECU 信号测试端口图相应的针脚号，分别测试点爆震传感器针脚对应至电控单元针脚的电阻，所有电阻都应低于 0.5 Ω，见表 6.17。

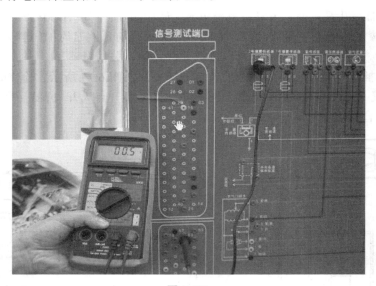

图 6.28

表 6.17　至爆震传感器电阻测试

	计算机接脚	爆震传感器接脚	导通性
至爆震传感器	60	1	<0.5
	67	2	<1
	2	3	<0.5

（2）线束短路性测试。

将数字万用表设置在电阻 200 kΩ 挡,测量点火线圈针脚与其不相对应的电控单元针脚之间电阻,应为∞。

注意:存实际维修中,欲测试各条线束的导通性,应关闭点火开关,拔下传感器插头与电控单元插接器,使用数字万用表分别测量各线束间的电阻,相连导线电阻应当小于 0.5 Ω,不相连导线电阻应∞为正常。而在汽车微机控制故障检测诊断实验系统的发动机实验台上,进行本项测试不用拔传感器与电控单元插头。在实际测量中,由于测量手法、万用表本身的误差以及被测物体表面的氧化与灰尘等因素,发生几个欧姆的误差属正常现象,不必拘泥于具体数字。

2）电压测试

（1）信号电压测试:就车测试在汽车微机控制故障检测诊断实验系统的发动机实验台上进行。

（2）就车测试:起动发动机至工作温度,用万用表连接电路图中插头上端子 1 和 2 脚,如图 6.29 所示。

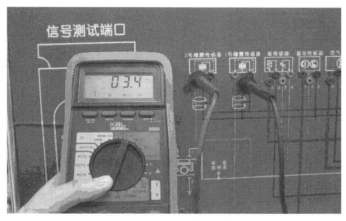

图 6.29 爆震传感器电压测试

3）波形测试

用示波器或 AJR 实验台,观测爆震传感器的波形,与标准波形进行比较,判断所测爆震传感器是否正常。

4）数据流测试

读取测量数据流第 16 组第 1 至 4 项。

1 项显示的是 1 号爆震传感器传到计算机的电压信号。

2 项显示的是 2 号爆震传感器传到计算机的电压信号。

3 项显示的是 3 号爆震传感器传到计算机的电压信号。

4 项显示的是 4 号爆震传感器传到计算机的电压信号。

各项信号电压应在 0.3～1.4 V 变化。

二、任务导向

（1）按指导教师示范的方法步骤进行实训练习，每人至少一次。
（2）掌握爆震传感器的检测方法。
（3）掌握爆震传感器的故障排除方法。

三、工　单

根据实训情况填写表 6.18 所示的工单。

表 6.18　工　单

编　号	任务内容	任务实施记录	时间（min）	评　价
1	电阻测试		5	
2	电压测试		10	
3	波形及数据流分析		15	
4	模拟传感器故障并排除		15	

四、作业与考核

（1）检测爆震的方法有哪些？
（2）爆震传感器的类型及工作原理是什么？
（3）简述爆震控制的原理。
（4）试述爆震传感器检测的一般方法及步骤。

任务十二　点火开关性能检测

一、知识点和技能准备

1. 点火开关的基本知识

点火开关是汽车电器中一个重要的组成部分，它起着总电源开关的作用和防盗的作用。防盗有两方面，一是机械防盗，二是电子防盗。机械防盗方面它只有相同齿形的钥匙才能打开点火开关和方向盘锁。现代汽车已广泛使用电子钥匙，中、高档汽车多采用有齿的普通钥匙加上防盗芯片，通过防盗芯片与防盗电脑相连，用防盗电脑控制发动机电脑，当有钥匙插入点火开关并打开点火开关时，防盗电脑识别钥匙上的电子信息是不是与防盗器所储存的信息一样，也就是打开点火开关的钥匙是不是合法的钥匙，如果不是，发动机在起动数秒后，会自动熄火，防止汽车被盗。还有一种就是纯电子钥匙，钥匙通过红外线接口与车上的钥匙口相连，用来识别钥匙的合法性，比如在奔驰 S320 上就采用了这种钥匙。

桑塔纳 2000GSi 采用的是大众第二代禁止起动防盗系统（Immobilizer Ⅱ），是在普通齿形的钥匙上加装了电子芯片。点火开关就在方向盘下面，靠右手的地方。点火开关上共有红、黑、红/黑、黑/黄、灰等几个接线，其中红色的线接的是由保险盒 P_2 过来的 30 号常火线，线径为 6.0 mm^2，它是点火开关的总供电电源。灰色的线接到停车灯开关上，线径为 2.5 mm^2，它是为停车灯提供电源的，是点火开关的打开一挡时有电，电压为 l4 V 左右；黑/黄线为二挡火，它连接着灯光开关及 J59-X 接触继电器，给全车附件提供电源，其线径为 4.0 mm^2；黑色有两根同时接在一起，一根线径为 0.5 mm^2，连接的至仪表板 T26/11，是为仪表系统提供电源的，一根线径为 2.5 mm^2，连接到保险盒内的第 15 号线上，是向发动机电脑等提供电源；红/黑线为起动火线，连接到保险盒 B 插头的第 8 脚，转到 C 插头的第 18 脚后，直接接到了起动机上，给起动机提供起动火，其线径为 6.0 mm^2。

2. 点火开关的测试

1）电阻测试

根据点火开关的接通与断开相应导线的原理，用万用表的电阻导通挡测点火开关的导通性，测试方法如下：

（1）拔下点火开关的线束，用万用表的两个表笔分别测量相应的端脚。

（2）在关闭点火开关时，测量 30 脚，50 脚，X 脚，P 脚，15 脚都应不通，电阻为无穷大。

（3）打开点火开关一挡，测量 30 脚与 P 脚相通，阻值<0.5 Ω，其他各脚电阻为无穷大。

（4）打开点火开关二挡，测量 30 脚与 X 脚，与 15 脚相通，阻值<0.5 Ω，其他各脚电阻为无穷大。

（5）打开点火开关三挡，也就是起动挡，测量 30 脚与 15 脚，30 脚与 50 脚相通，阻值 <0.5 Ω，其他各脚电阻为无穷大。

图 6.30 所示为桑塔纳 2000GSi 型轿车交流发电机、蓄电池、起动机、点火开关电路示意图。

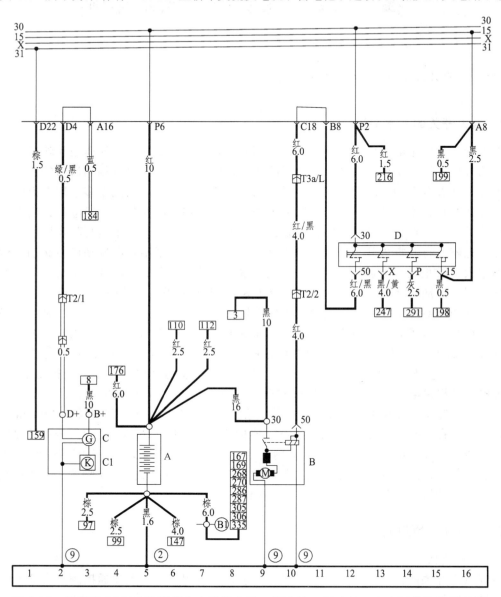

图 6.30 桑塔纳 2000GSi 型轿车交流发电机、蓄电池、起动机、点火开关电路示意图

A—蓄电池；B—起动机；C—交流发电机；C1—调压器；D—点火开关
T2—发动机线束与发电机线束插头连接（2 针，在发动机舱中间支架上）；T3a—发动机线束与前大灯线束插头连接（3 针，在中央线路板后面）；②—接地点（在蓄电池支架上）；⑨—自身接地（在前大灯线束内）

2）电压测试

电压测试就车进行，选择万用表合适的量程，直流电压挡量程为 20 V，以万用表黑色表笔搭铁，用万用表红色表笔分别去测各接线端子电压，测量方法如下：

（1）不断开点火开关线束，用万用表红表笔在点火开关关闭时测 30 脚，电压约为 12 ~ 14 V，其他各脚电压均为 0 V。

（2）打开点火开关一挡，30 脚，P 脚，电压约为 l2 ~ 14 V，其他各脚电压均为 0 V。

（3）打开点火开关二挡，30 脚，X 脚，15 脚，电压约为 12 ~ 14 V，其他各脚电压均为 0 V。

（4）打开点火开关三挡，30 脚，l5 脚，50 脚，电压约为 l2 ~ 14 V，其他各脚电压均为 0 V。

二、任务导向

（1）根据老师所做的示范，每位学生用万用表分别测量点火开关的电阻，电压，区分点火开关的好坏，并在不连接线束的情况下，判断出哪一脚为 30 脚，50 脚，X 脚，P 脚及 15 脚。并能向老师说明各脚的名称及其功用。

（2）根据测量点火开关所掌握的方法，能区分出各种车型的点火开关的各脚，并与线束相连接，以能正常的完成打开点火开关，起动发动机工作。发动机电控系统除接收发动机各传感器的电信号以外，还接收如空调电压信号，转向助力信号等，通过本次实训，学生能根据电路图，检测其他各信号传感器的好坏。

三、工 单

根据实训情况填写表 6.19 所示的工单。

表 6.19 工 单

编　号	任务内容	任务实施记录	时间（min）	评　价
1	点火开关控制电路认识		10	
2	电阻测试		10	
3	电压测试		10	
4	模拟故障并排除		15	

注意事项：

（1）在检测电阻过程中，防止点火开关人为损坏，不可用过大的力量以免接脚发生弯曲变形。

（2）在检测电阻的过程中，注意不能使正极直接搭铁，以免发生危险和意外。

（3）检测过程中，根据所要检测的项目，及时更换万用表的量程，以免损坏万用表。

四、作业与考核

（1）汽车电子控制系统有哪些主要的开关信号？

（2）简述电子点火开关的结构与工作原理。

（3）掌握电子点火开关的检测方法（电阻测试、电压测试），工艺流程，技术规范。

任务十三　点火模块的检测

一、知识点和技能准备

直接点火系统主要由点火器、点火线圈、火花塞及高压线等组成。点火线圈上的高压线直接与火花塞相连，系统不再配置分电器。发动机工作时，电脑根据曲轴位置传感器、凸轮轴位置传感器、节气门位置传感器和水温传感器等检测的发动机转速、转角、负荷和温度等工况信号，计算点火时刻和初级线圈通电时间，并将计算结果指令送到点火器，由点火器直接控制点火线圈初级电流的接通与切断。点火线圈产生的高压电直接送到各缸火花塞跳火点着可燃混合气，故称为直接点火系统。由于系统从外观上看不到分电器，故又称为无分电器点火系统。

直接点火系统的点火方式可分为同时点火和单独点火两种类型。在同时点火系统中，发动机两个气缸共用一个点火线圈，在点火线圈上有两个高压插孔，用两根高压线分别与两个气缸的火花塞相连，点火时两个气缸同时点火，如桑塔纳 2000GSi、捷达 GTX 等型轿车点火系统。在单独点火系统中，每个气缸的火花塞上配有一个点火线圈，仅对该缸进行点火，如奥迪 Audi100 型轿车五缸发动机微机控制点火系统。直接点火系统具有以下优点：

（1）由于没有分电器，不存在分火头和旁电极间跳火问题，同时减少了高压导线，特别是单独点火系统已不设高压导线，因此不仅能量损失减少，而且无线电干扰减弱。

（2）由于取消了分电器，因此节省了安装空间。特别是单独点火系统将点火线圈安装在双凸轮轴之间，充分利用了有限的空间，对小轿车发动机室的合理布置有着特别重要的意义。

（3）单独点火系统采用了与气缸数相等的特制点火线圈，由于该点火线圈充电时间常数小，初级电流上升快（即充电时间短），因此能在发动机转速高达 9 000 r/min 的转速范围内提供足够的点火能量和高电压。

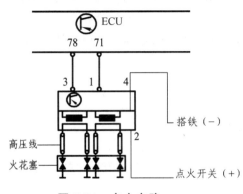

图 6.31　点火电路

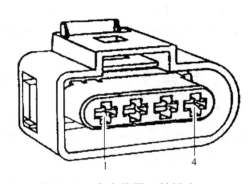

图 6.32　点火线圈 4 针插头

AJR 型发动机点火系统采用无分电器双火花塞直接点火系统。点火线圈发生故障时，发动机立即熄火或不能起动，ECU 能检测到该故障信息。如果一个火花塞由于开路使这个点火回路断开，那么和它共用一个点火线圈的火花塞也因电气线路故障而不能跳火，如果一个火花塞由于短路而不能跳火，但电气回路没有断开，那么和它共用一个点火线圈的火花塞仍然能够跳火。如图 6.31 为 AJR 型发动机点火系电路接线图。

1. 点火模块的测试

拔下点火线圈 4 针插头，如图 6.32 所示，用发光二极管测试灯连接蓄电池正极和插头上端子 4，发光二极管测试灯应亮。如果测试灯不亮，检查端子 4 和接地点的线路是否断路。

1）测试点火线圈的供电电压

拔下点火线圈的 4 针插头，用发光二极管测试灯连接在发动机接地点和插头上端子 2 之间，打开点火开关，发光二极管测试灯应亮。如果测试灯不亮，检查中央电器 D 插头 23 端子与 4 针插座端子 2 之间线路是否断路。

2）测试点火线圈工作

拔下 4 个喷油器的插头和点火线圈的 4 针插头，打开点火开关，用发光二极管测试灯连接发动机接地点和插头上端子 1，接通起动机数秒，测试灯应闪亮，然后用测试灯连接发动机接地点和端子 3，接通起动电动机数秒，测试灯应闪亮。如果测试灯不闪，检查点火线圈插头上端子和发动机控制单元线束的插头间导线是否开路或短路，如果线路正常，应更换发动机 ECU。

3）电阻测试

本项目电阻测试为辅助性测试，主要是检测线束的导通性，以确认线束通畅，无断路短路，插接器牢靠，各信号传递无干扰。测试在汽车微机控制故障检测诊断实验系统的发动机实验台上进行，如图 6.33 所示。

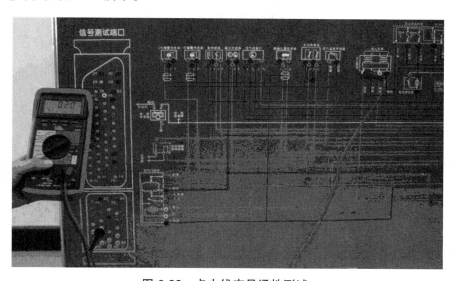

图 6.33　点火线束导通性测试

（1）线束导通性测试。

将数字万用表设置在电阻 200 Ω 挡，在面板上按电路图找到点火线圈图形下面的针脚号与 ECU 信号测试端口图相应的针脚号，分别测试点火线圈针脚对应至电控单元针脚的电阻，所有电阻都应低于 5 Ω，见表 6.20。

表 6.20　点火线圈（N152）线路电阻的测量

点火线圈（N152）线路电阻的测量	电脑针脚	点火线圈针脚	导通性
	搭铁点	4	通
		2 与 D23	通
	78	3	<0.5
	71	1	<0.5

（2）线束短路性测试。

将数字万用表设置在电阻 200 kΩ 挡，如图 6.34 所示，测量点火线圈针脚与其不相对应的电控单元针脚之间电阻，应为 ∞ 。

注意：在实际维修中，欲测试各条线束的导通性，应关闭点火开关，拔下传感器插头与电控单元插接器，使用数字万用表分别测量各线束间的电阻，相连导线电阻应当小于 0.5 Ω，不相连导线电阻应为 ∞ 则正常。而在汽车微机控制故障检测诊断实验系统的发动机实验台上，进行本项测试不用拔传感器与电控单元插头。在实际测量中，由于测量方法、万用表本身的误差以及被测物体表面的氧化与灰尘等因素，发生几个欧姆的误差属正常现象，不必拘泥于具体数字。

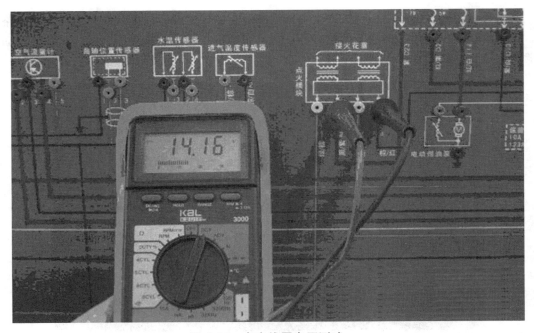

图 6.34　点火线圈电压测试

2．电压测试

本项目电压测试有电源电压测试和信号电压测试两部分，其中信号电压测试是确定点火线圈是否失效的主要依据。

（1）电源电压测试。

电源电压测试在汽车微机控制故障检测诊断实验系统的发动机实验台上进行。打开点火开关，将数字万用表设置在直流电压 20 V 挡，红色表针置于点火线圈针脚 1，黑色表针置于电瓶负极或发动机进气歧管壳体，应显示 12 V。

注意：在实际维修中应拔下传感器插头，打开点火开关，测量 2 号端子与接地间电压，起动时应显示 12 V。此时电控单元会记录点火线圈的故障码，测试完毕后要使用诊断仪清除故障码。而在汽车微机控制故障检测诊断实验系统的发动机实验台上，进行本项测试不用拔传感器插头。

（2）信号电压测试。

就车测试在汽车微机控制故障检测诊断实验系统的发动机实验台上进行。

（3）就车测试。

起动发动机至工作温度，拔下 4 个喷油器的插头和点火线圈的 4 针插头，打开点火开关，用发光二极管测试灯连接发动机接地点和插头上端子 1，接通起动机数秒，测试灯应闪亮，然后用测试灯连接发动机接地点和端子 3，接通起动电动机数秒，测试灯应闪亮。

二、任务导向

（1）按指导教师示范的方法步骤进行实训练习，每人至少一次。

（2）掌握点火模块的检测方法，会检测点火控制器、点火线圈、火花塞，并能根据检测结果分析故障。

（3）掌握点火模块的故障排除方法。初步判断由点火系引起的发动机不能起动故障。

三、工 单

根据实训情况填写表 6.21 所示的工单。

表 6.21　工　单

编　号	任务内容	任务实施记录	时间（min）	评　价
1	点火控制电路认识		5	
2	电阻测试		5	
3	电源及信号电压的测试		5	
4	模拟故障并排除		30	

注意事项：

（1）点火线圈要轻拿轻放，避免点火线圈掉到地上摔坏。

（2）上实验台测试电压信号时，注意操作流程和相对应的测试端子。原则上只做本次实训相关的测试，其他无关的部位不要测试，否则按原理不清或看不懂电路图扣分。

（3）在实物台架上，测试端子与电控单元直接相连，不要将任何电压加在发动机实验台的测试端子上，以免损坏电控单元。

四、作业与考核

（1）理解并掌握点火模块的结构与工作原理。

（2）理解单组或两组点火模块故障对整个电控系统的影响。

（3）掌握点火模块的检测方法、技术规范。

（4）掌握点火模块数据分析的方法。

（5）初步排除由点火系引起的故障。

任务十四 怠速控制阀的检测

一、知识点和技能准备

1. 步进电机的结构原理

步进电动机型怠速控制阀的结构如图 6.35 所示。步进电动机由转子和定子构成，丝杠机构将步进电动机的旋转运动转变为阀杆的直线运动，控制阀与阀杆制成一体。步进电动机型怠速控制阀安装在节气门体上，控制阀伸入到设在怠速空气道内的阀座处，发动机怠速运转时，ECU 根据各传感器的信号，控制步进电动机的正反转和转动量，以调节控制阀与阀座之间的间隙，从而改变怠速空气道的流通截面，控制发动机怠速工况下的空气供给量。

步进电动机的结构如图 6.36 所示，主要由用永久磁铁制成有 16 个（8 对）磁极的转子和两个定子铁芯组成。每个定子都由两个带 16 个爪极的铁芯交错装配在一起，两个定子上分别绕有 1、3 相和 2、4 相两组线圈，每个定子上两线圈的绕制方向相反。ECU 控制步进电动机工作时，给线圈输送的是脉冲电压，4 个线圈的通电顺序（相位）不同，步进电动机的转动方向就不同，当按一定顺序输入一定数量的脉冲时，步进电动机就向某一方向转过一定的角度，步进电动机的转动量取决于输入脉冲的数量。因此，ECU 通过对定子线圈通电顺序和输入脉冲数量的控制，即可改变步进电动机型怠速控制阀的位置（即开度），从而控制怠速空气量。由于给电动机每输入一定量的脉冲转子只转过一定的角度，其转动是不连续的，所以称之为步进电动机。

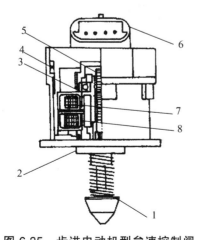

图 6.35 步进电动机型怠速控制阀

1—控制阀；2—前轴承；3—后轴承；4—密封圈；5—丝杠机构；6—线束连接器；7—定子；8—转子

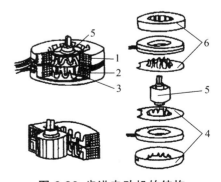

图 6.36 步进电动机的结构

1、2—线圈；3—爪极；4、6—定子；5—转子

191

步进电动机的工作原理如图 6.37 所示。当 ECU 控制使步进电动机的线圈按 1、2、3、4 顺序依次搭铁时，定子磁场顺时针转动，由于与转子磁场间的相互作用（同性相斥，异性相吸），使转子随定子磁场同步转动。同理，步进电动机的线圈按相反的顺序通电时，转子则随定子磁场同步反转。转子每转一步与定子错开一个爪极的位置，由于定有 32 个爪极（上、下两个铁芯各 16 个），所以步进电动机每转一步为 1/32 圈（约 11°转角），步进电动机的工作范围为 0 ~ 125 个步进级。

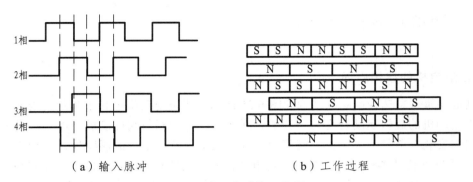

（a）输入脉冲　　　　　　　　（b）工作过程

图 6.37　步进电动机工作原理

步进电动机型怠速控制阀电路（日本丰田皇冠 3.0 轿车）如图 6.38 所示。主继电器触点闭合后，蓄电池电源经主继电器到达怠速控制阀的 B1 和 B2 端子、ECU 的 +B 和 +B1 端子，B1 端子向步进电动机的 1、3 相两个线圈供电，B2 端子向 2、4 相两个线圈供电。4 个线圈分别通过端子 S1、S2、S3 和 S4 与 ECU 端子 ISC1、ISC2、ISC3 和 ISC4 相连，ECU 控制各线圈的搭铁回路，以控制怠速控制阀的工作。

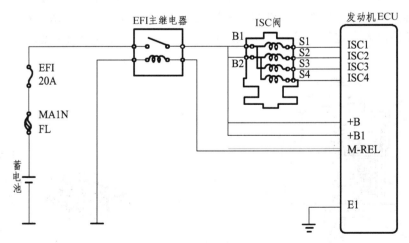

图 6.38　步进电动机型怠速控制阀电路

2. AJR 怠速控制阀的基本设定

基本设定是对发动机控制单元和节气门控制部件进行匹配。如果发动机控制单元被切断电源后，必须进行基本设定。

（1）当发动机不运转时，在"基本设定"功能可以完成节气门控制部件与发动机控制单元匹配。当发动机运转时，在"基本设定"功能可以完成：

① 借助控制功能的开、闭帮助查找故障。

② 点火正时检查。

发动机运转时必须满足下列条件：

a. 冷却液温度不低于 80 ℃；

b. 测试时，散热风扇不允许转；

c. 空调关闭；

d. 其他用电设备关闭；

e. 在故障储存中没有故障存在。

（2）连接故障阅读仪 V.A.G1552 或 V.A.G1551，让发动机怠速运转。选择地址码 01"发动机电子控制系统"。屏幕显示如下：

```
Test of vehicle systems              HELP
Select function    × ×

车辆系统测试   帮助
选择功能    × ×
```

（3）输入 04"基本设定"功能，按 Q 键确认。屏幕显示如下：

```
Introduction of basic setting     HELP
Enter display group number    × ×
引入基本设定   帮助
输入组别号    × ×
```

（4）输入需要显示的组别号，可以参见"读测量数据块"部分。这里用 01 显示组来举例图示过程，输入 01 显示组。屏幕显示如下：

```
Introduction of basic setting Q
Enter display group number 01
引入基本设定       确认
输入组别号     01
```

（5）按 Q 键确认。屏幕显示：

```
System in basic setting 1  →
1          2          3          4

引入基本设定  1  →
1          2          3          4
```

（6）如果全部显示区域都在标准范围内，按→键。屏幕显示：

```
Test of vehicle systems          HELP
Select function    ××
车辆系统测试 帮助
选择功能    ××
```

输入 06 "结束输出" 功能，按 Q 键确认。

3. 怠速控制阀实测

1）讲　解

由辅导教师结合怠速控制阀实物、教学挂图、桑塔纳 AJR 型发动机故障实验台、实车等讲解怠速控制阀的结构与工作原理，检测方法（电阻测试、电压测试、波形测试、数据流测试）。

2）检　修

（1）在检修步进电动机型怠速控制阀时的注意事项。

① 不要用手推或拉控制阀，以免损坏丝杠机构的螺纹。

② 不要将控制阀浸泡在任何清洗液中，以免步进电动机损坏。

③ 安装时，检查密封圈不应有任何损伤，并在密封圈上涂少量的润滑油。

（2）检修步进电动机型怠速控制阀的方法。

① 拆开怠速控制阀线束连接器，将点火开关转至 "ON" 但不起动发动机，在线束侧分别测量 B1 和 B2 端子，与搭铁之间的电压，均应为蓄电池电压（9～14 V），否则说明怠速控制阀电源电路有故障。

② 发动机起动后再熄火时，2～3 s 内在怠速控制阀附近应能听到内部发出的 "嗡嗡" 响声，否则应进一步检查怠速控制阀、控制电路及 ECU。

③ 拆开怠速控制阀线束连接器，在控制阀侧分别测量端子 B1 与 S1 和 S3、B2 与 S2 和 S4 之间的电阻，阻值均应为 10～30 Ω，否则应更换怠速控制阀。

④ 如图 6.39 所示，拆下怠速控制阀后，将蓄电池正极接至 B1 和 B2 端子，负极按顺序依次接通 S1、S2、S3、S4 端子时，随步进电动机的旋转，控制阀应向外伸出；蓄电池负极按相反顺序依次接通 S4、S3、S2、S1 时，则控制阀应向内缩回。若工作情况不符合上述要求，应更换。

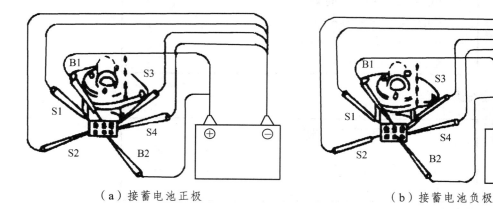

（a）接蓄电池正极　　　　　　　　　　（b）接蓄电池负极

图 6.39　步进电动机型怠速控制阀工作情况检查

194

二、任务导向

（1）理解怠速控制阀的结构与工作原理。

（2）按指导教师示范的方法步骤进行怠速控制阀的检测（电阻测试、电压测试、波形测试、数据流测试），每人至少一次。

（3）掌握怠速控制阀故障对整个电控系统的影响。

（4）掌握怠速控制阀数据分析的方法。

（5）由老师根据情况在实训台架上设置不同的几个故障码，要求同学们能调出故障码，并能解释出故障码的含义及需检查的相关部件，然后排除故障。

三、工　单

根据实训情况填写表6.22所示的工单。

表 6.22　工　单

编　号	任务内容	任务实施记录	时间（min）	评　价
1	怠速控制电路认识		10	
2	怠速控制阀电路检测		10	
3	怠速控制阀信号测试		10	
4	模拟故障并排除		15	

四、作业与考核

（1）简述怠速控制实质及控制原理。

（2）简述怠速控制阀的结构原理。

（3）简述怠速控制阀的检测及故障排除。

任务十五 活性炭罐电磁阀及废气再循环的检测

一、知识点和技能准备

1.燃油蒸发控制系统的检测

1）燃油蒸发控制系统的结构及工作原理

燃油蒸发控制系统的作用是防止汽车油箱内蒸发的汽油蒸气排入大气。它由蒸气回收罐（亦称活性炭罐）、控制电磁阀、蒸气分离阀及相应的蒸气管道和真空软管等组成，如图 6.40 所示。蒸气分离阀安装在油箱的顶部，油箱内的汽油蒸气从该阀出口经管道进入蒸气回收罐，如图 6.41 所示。该阀的作用是防止汽车翻倾时油箱内的燃油从蒸气管道中漏出。蒸气回收罐内充满了活性炭颗粒，故又称为活性炭罐。活性炭可以吸附汽油蒸气中的汽油分子。当油箱内的汽油蒸气经蒸气管道进入蒸气回收罐时，蒸气中的汽油分子被活性炭吸附。

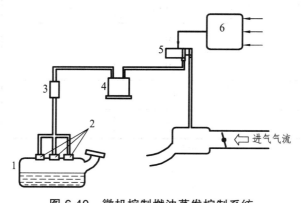

图 6.40 微机控制燃油蒸发控制系统

1—汽油箱；2—蒸气分离阀；3—双向阀；4—蒸气回收罐；
5—控制电磁阀；6—ECU

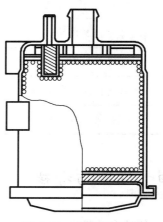

图 6.41 蒸气回收罐

蒸气回收罐上方的另一个出口经真空软管与发动机进气歧管相通。软管中部有一个电磁阀控制管路的通断。当发动机运转时，如果电磁阀开启，则在进气歧管真空吸力的作用下，新鲜空气将从蒸气回收罐下方进入，经过活性炭罐后再从蒸气回收罐的出口软管进入发动机的进气歧管，把吸附在活性炭上的汽油分子（重新蒸发的）送入发动机燃烧，使之得到充分利用；蒸气回收罐内的活性炭则随之恢复吸附能力，不会因使用太久而失效。

进入进气歧管的回收燃油蒸气量必须加以控制，以防破坏正常的混合气成分。这一控制过程由微机根据发动机的水温、转速、节气门开度等运行参数，通过操纵控制电磁阀的开、闭来实现。在发动机停机或怠速运转时，微机使电磁阀关闭，从油箱中逸出的燃油蒸气被蒸气回收罐中的活性炭吸收。当发动机以中、高速运转时，微机使电磁阀开启，储存在蒸气回收罐内的汽油蒸气经过真空软管后被吸入发动机。此时，因为发动机的进气量较大，少量的燃油蒸气不会影响混合气的成分。

2）燃油蒸发控制系统的检测

对燃油蒸发控制系统的故障，微机一般不能自行诊断，只能采用就车检测和单件检测方法来查找。

（1）就车检测。

就车检测可按下述顺序进行：

① 将发动机预热至正常工作温度，并使之怠速运转。

② 拔下蒸气回收罐上的真空软管，检查软管内有无真空吸力。若燃油蒸发控制系统工作正常，在发动机怠速运转中电磁阀应关闭、真空软管内无真空吸力，如图 6.42（a）所示。如果此时真空软管内有真空吸力，则用万用表 V 挡检查电磁阀线束连接器端子上是否有电压。若电磁阀线束连接器端子上有电压，说明微机有故障；若无电压，则说明电磁阀有故障（卡死在开启位置）。

③ 踩下加速踏板，当发动机转速大于 2 000 r/min 时，检查上述真空软管内有无真空吸力。若真空软管内有真空吸力，则说明该系统工作正常；若真空软管内无真空吸力，则用万用表 V 挡检查电磁阀线束连接器端子上是否有电压。若电压正常，说明电磁阀有故障；若电压异常，则说明微机或控制线路有故障。

（2）电磁阀的单件检测。

① 检查电磁阀电磁线圈的电阻值。拔下电磁阀线束连接器，用万用表欧姆挡测量电磁阀电磁线圈的电阻值，电阻值应符合规定，否则应更换电磁阀。

② 检查电磁阀的工作。拆下电磁阀，首先向电磁阀内吹气，电磁阀应不通气；然后将蓄电池电压加到电磁阀连接器的两端子上，如图 6.42（b）所示，并同时向电磁阀内吹气，此时电磁阀应通气。如电磁阀的状态与上述情况不符，则电磁阀有故障，应更换。

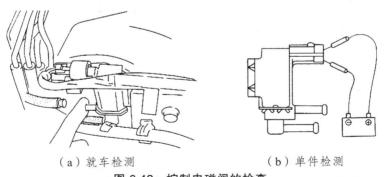

（a）就车检测 （b）单件检测

图 6.42 控制电磁阀的检查

2. 微机控制废气再循环系统的检测

1）微机控制废气再循环系统的结构及工作原理

废气再循环是指发动机废气的一部分再送回到进气管，并与新鲜的混合气混合后一起进入气缸参与燃烧。由于废气中含有的 CO_2 能吸收大量的热，气缸中混合气燃烧的最高温度降低，因此，燃烧过程中 NO_x 的生成量减少，排放污染减轻。但是，新鲜混合气中掺入废气后热值降低，发动机的输出功率会有所下降。为了使废气再循环系统能更有效地发挥作用，达

到既能减少 NO_x 的生成量，又能保证发动机动力性能的目的，必须对参与再循环的废气量加以控制，即根据发动机的进气温度及负荷，适当地控制进入进气系统的废气量。当发动机水温较低或处于怠速及小负荷运转时，NO_x 的生成量很少，通常不需要引入废气；当发动机水温已达到正常工作温度，而且处于大负荷运转工况时，NO_x 的生成量较多，此时，应引入废气，并随发动机负荷的增大相应地增加引入的废气量。

2）普通微机控制废气再循环系统

如图 6.43 所示，普通微机控制废气再循环系统由废气再循环阀、废气调整阀、废气再循环控制电磁阀及相应的废气管道和真空管道组成。废气再循环阀用于控制再循环的废气量。作用在废气再循环阀真空室内的真空度越大，阀的开度就越大，再循环的废气量也越大，如图 6.44 所示。废气调整阀的作用是利用进气管真空度的变化，按节气门开度的大小控制通往废气再循环阀的真空度，使废气再循环阀的开度随节气门的开大而增大，即再循环的废气量随发动机负荷的增大而相应地增加，如图 6.45 所示。废气再循环控制电磁阀由微机控制。微机根据空气流量传感器、节气门位置传感器、水温传感器、发动机转速传感器等输送的信号，在一定条件下断开废气再循环控制电磁阀的电源，切断真空管路，让空气进入废气调整阀，使废气再循环阀关闭（取消废气再循环）。这些条件是：发动机处于起动状态，发动机水温低于 50 ℃，节气门位置传感器的怠速触点接通，发动机低速、小负荷运转（转速低于 1 000 r/min 左右），发动机高速运转（转速高于 4 500 r/min 左右），突然加速或减速。废气再循环控制电磁阀的结构如图 6.46 所示。它主要由阀体、阀芯、弹簧和电磁线圈等组成。在废气再循环控制电磁阀的电磁线圈不通电时，阀芯被弹簧预紧，通大气阀口关闭，进气歧管与废气再循环阀真空室相通。当废气再循环控制电磁阀的电磁线圈通电时，阀芯在磁场力的作用下下移，真空通道被截断，而此时通大气阀口开启，废气再循环阀真空室与大气相通。

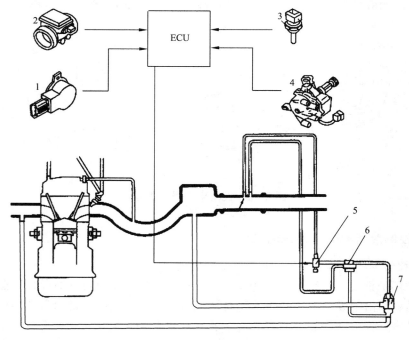

图 6.43　普通微机控制废气再循环系统

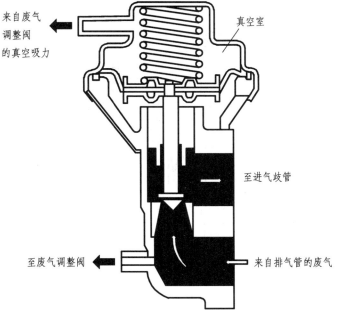

来自废气
调整阀
的真空吸力

真空室

至进气歧管

至废气调整阀

来自排气管的废气

图 6.44 废气再循环阀

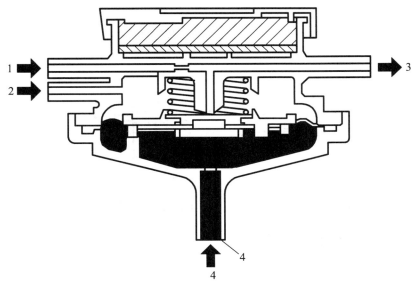

1

2

3

4

4

图 6.45 废气调整阀

1—与节气门体相连的管接口；2—与废气再循环控制电磁阀相连的管接口；
3—与废气再循环阀真空室相连的管接口；4—与排气管相连的管接口

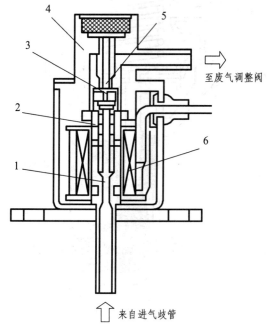

图 6.46　废气再循环控制电磁阀的结构

1—真空通道；2—弹簧；3—阀芯；4—阀体；5—通大气阀口；6—电磁线圈

　　有的废气再循环系统中没有废气调整阀，直接由废气再循环控制电磁阀控制通往废气再循环阀的真空度，其控制方式如图 6.47 所示。该系统在日产车 VG30 型发动机上的布置如图 6.48 所示。

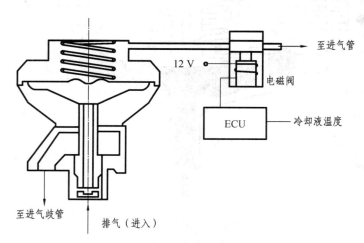

图 6.47　无废气调整阀时废气再循环的控制方式

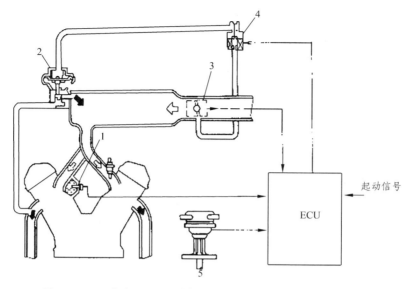

图 6.48 日产车 VG30 型发动机微机控制废气再循环系统

1—水温传感器；2—废气再循环阀；3—节气门位置传感器；
4—废气再循环控制电磁阀；5—曲轴转速和转角传感器

3）可变 EGR 率废气再循环系统

可变 EGR 率废气再循环控制的工作原理是：发动机微机的 ROM 中储存有经试验确定的 EGR 率与发动机转速、进气量相对应的数据。发动机工作时，微机根据各种传感器送来的信号确定发动机的工况，经过查表、计算和修正，然后输出适当的指令控制电磁阀的开闭时间，以调节废气再循环 EGR 率。

图 6.49 所示为开环控制废气循环系统的一个实例。图中 VCM 阀是一个真空调节阀，内

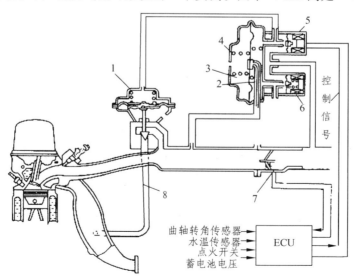

图 6.49 可变 EGR 率废气再循环控制系统

1—废气再循环阀；2—定压阀；3—真空室；4—VCM 阀；6—怠速调节电磁阀；
7—节气门位置传感器；8—废气再循环管路

有两个电磁阀（废气再循环控制电磁阀和怠速调节电磁阀）。发动机工作时，微机根据曲轴位置传感器、节气门位置传感器、水温传感器、点火、开关、蓄电池电压等输送的信号，给废气再循环控制电磁阀提供不同占空比的脉冲电压，以控制开闭时间。脉冲电压的占空比越大，则废气再循环控制电磁阀打开的时间越长，进入 VCM 阀真空室的空气就越多，真空室真空度越小，废气再循环阀开度和 EGR 率也就越小（当 VCM 阀真空室的真空度小至某一值时，废气再循环阀关闭，废气再循环系统停止工作）。反之，脉冲电压的占空比越小，EGR 率越大。

4）闭环控制式废气再循环系统

在开环控制式废气再循环系统中，EGR 率只受微机预先设置好的程序控制，微机不检测发动机各种工况下的 EGR 率，因此，无反馈信号。而在闭环控制式废气再循环系统中，微机以 EGR 率传感器的反馈信号实现闭环控制，其控制框图如图 6.50 所示。发动机排气中的一部分（还流废气）经控制阀进入稳压箱，稳压箱上的 EGR 率传感器对稳压箱中新鲜空气与废气形成混合气不断地进行氧气浓度检测，并将检测结果输入微机。微机对该输入信号进行分析计算后向废气再循环控制阀输出控制信号，不断地调整 EGR 率，使废气再循环的 EGR 率时刻保持在理想值上，从而有效地减少 NO_x 的排放量。

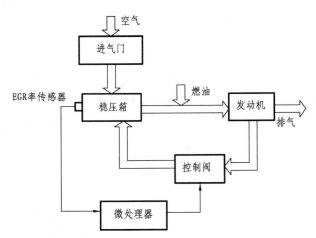

图 6.50　闭环控制式废气再循环系统控制框图

5）具有废气再循环阀位置传感器的废气再循环系统

有些车型（如福特汽车）发动机的废气再循环阀内设置有一个废气再循环阀位置传感器，如图 6.51 所示。在废气再循环阀工作时，其膜片带动废气再循环阀位置传感器的滑动触点移动，将废气再循环阀开度的变化转变为电压的变化。在这种废气再循环控制系统中，微机根据发动机的转速、负荷、水温、节气门位置等信号确定所需的废气再循环阀开度，并把该开度与由废气再循环阀位置传感器提供的废气再循环阀的开度数据进行比较。若不同，微机便调整控制脉冲的占空比，将废气再循环阀调整所需的开度。

此外，微机可以根据废气再循环阀位置传感器的信号检测废气再循环阀是否工作及其开度是否正常，当废气再循环阀工作不正常（开度过大或过小）时，微机可以通过废气再循环控制电磁阀来调整废气再循环阀的开度。若调整无效，微机便使发动机故障指示灯点亮，以表示发动机控制系统出现了故障。

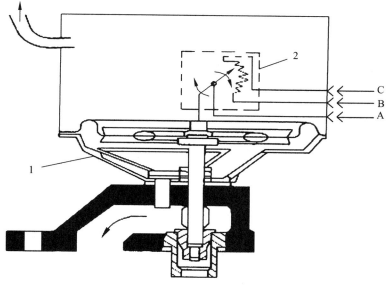

图 6.51　废气再循环位置传感器

1—废气再循环阀；2—废气再循环阀位置传感器

3. 微机控制废气再循环系统的检测

废气再循环控制系统工作不良会造成发动机排气污染增加、功率下降、怠速运转不稳定，甚至熄火。

1）废气再循环控制系统的初步检查

对于废气再循环控制系统，应首先检查其真空软管有无破损，接头处有无松动、漏气等；若无，再作进一步检查。

2）废气再循环控制系统的就车检查

废气再循环控制系统的就车检查可按下列步骤进行：

（1）起动发动机，使发动机怠速运转。

（2）将手指按在废气再循环阀上，如图 6.53 所示，检查废气再循环阀有无动作。

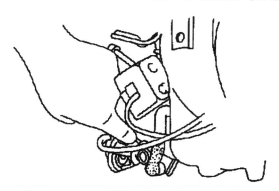

图 6.52　废气再循环控制系统的就车检查

（3）在冷车状态下踩下加速踏板，使发动机转速上升至 2 000 r/min 左右，此时手指上应感觉不到废气再循环阀膜片动作（废气再循环阀不工作）。

（4）在发动机热车（水温高于 50 ℃）后再踩下加速踏板，使发动机转速上升至 2 000 r/min 左右，当时手指应能感觉到废气再循环阀膜片的动作（废气再循环阀开启）。

若废气再循环阀不能按上述规律动作，则废气再循环控制系统工作不正常，应检查系统的各零部件。

3）废气再循环控制电磁阀的检查

废气再循环控制电磁阀按下述步骤检查：

（1）将点火开关置于"OFF"位置，拔下废气再循环电磁阀线束连接器，用万用表欧姆挡测量电磁阀线圈的电阻，其电阻值应符合规定（一般为 20 ~ 50 Ω）；否则，应更换废气再循环控制电磁阀。

（2）从发动机上拔下与废气再循环控制电磁阀相连的各真空软管。

（3）在废气再循环控制电磁阀的电磁线圈不接电源时检查各管口之间是否通气。此时，电磁阀上的管接口 A 与 B、A 与 C 之间应不通气，但管接口 B 与 C 之间应通气，如图 6.53（a）所示；否则，废气再循环控制电磁阀损坏，应更换。

（4）给废气再循环控制电磁阀线圈上接电源，如图 6.53（b）所示。此时，电磁阀管接口 A 与 B 之间应通气，而管接口 A 与 C、B 与 C 之间应不通气；否则，废气再循环控制电磁阀损坏，应更换。

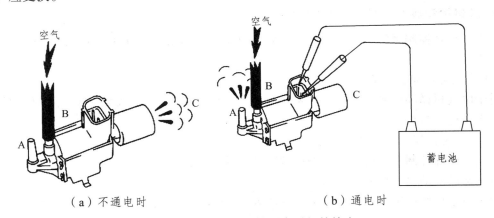

图 6.53　废气再循环控制电磁阀的检查

4）废气再循环阀的检查

废气再循环阀的检查步骤：

（1）起动发动机，使发动机怠速运转。

（2）拔下连接废气再循环阀与废气调整阀的真空软管。

（3）用手动真空泵对废气再循环阀真空室施加 19.95 kPa 的真空度，如图 6.54 所示。若此时发动机怠速运转情况变坏甚至熄火，说明废气再循环阀工作不正常；若发动机运转情况无变化，则是废气再循环阀损坏，应更换。

（4）对设有位置传感器的废气再循环阀，可在发动机停机情况下拔下废气再循环阀位置传感器的导线连接器，用万用表欧姆挡测量连接器端子 B 与 C 间的电阻，其电阻值应符合规定。然后，拔下连接废气再循环阀与废气调整阀的真空软管，并在用手动真空泵对废气再循环阀真空室施加真空的同时，用万用表欧姆挡测量废气再循环阀位置传感器连接器端子 A 与 C 之间的电阻值。电阻值应随着真空度的增大而连续增大，不允许有间断现象（电阻值突然变为 ∞ 后又回落）。否则，废气再循环阀损坏，应更换。

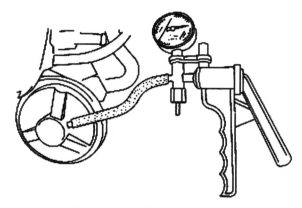

图 6.54　废气再循环阀的检查

5）废气调整阀的检查

废气调整阀的检查步骤：

（1）起动发动机，并将其预热至正常工作温度。

（2）拔下连接废气调整阀与废气再循环阀的真空软管，用手指按住真空管口，如图 6.55（a）所示，然后检查管接口内是否有真空吸力。在发动机怠速运转时，管接口内应无真空吸力；当踩下加速踏板使发动机转速上升至 2 000 r/min 左右时，管接口内应有真空吸力。如废气调整阀的状态与上述情况不符，则视废气调整阀工作不正常，应拆下该阀作进一步检查。

（3）拆下废气调整阀，在连接废气再循环控制电磁阀的接口处接上手动真空泵，再用手指堵住连接废气再循环阀真空管的接口，如图 6.55（b）所示。

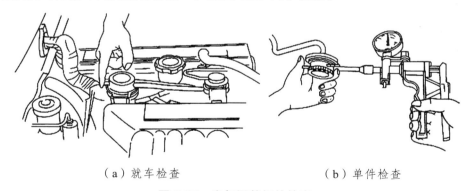

（a）就车检查　　　　　　　　　　　（b）单件检查

图 6.55　废气调整阀的检查

（4）向连接排气管的管接口内泵入空气，与此同时，用手动真空泵向废气再循环控制电磁阀的接口内抽真空。此时，在连接废气再循环阀真空管的管接口处应能感到有真空吸力；在停止抽真空后，真空吸力应能保持住，无明显下降；释放连接排气管的管接口内的压力后，真空吸力也应随之消失，如废气调整阀的状态与所述情况不符，应更换。

二、任务导向

（1）了解活性炭罐电磁阀的结构及工作原理。

（2）掌握活性炭罐电磁阀的检测方法、技术规范。

三、工　单

根据实训情况填写表 6.23 所示的工单。

表 6.23　工　单

编　号	任务内容	任务实施记录	时间（min）	评　价
1	检测泄漏：当没有电信号时，电磁阀应关闭。拔下活性炭罐电磁阀连接软管，连接电磁阀插头，进入最终诊断控制，选择活性炭罐电磁阀 N80，对准电磁阀进气孔吹气检查阀开、闭是否良好		20	
2	用数字式万用表测量活性炭罐电磁阀两触点间的电阻		15	

四、作业与考核

（1）燃油蒸发控制系统的作用是什么？

（2）简述微机控制燃油蒸发控制系统的组成及工作原理。

（3）如何检测燃油蒸发控制系统？

（4）简述微机控制废气再循环系统的组成及工作原理。

任务十六　氧传感器（带加热器）的检测

一、知识点和技能准备

1. 结构和工作原理

在使用三元催化转化器降低排放污染的发动机上，氧传感器是必不可少的。三元催化转化器安装在排气管的中段，它能净化排气中 CO、HC 和 NO_x 三种主要的有害成分，但只在混合气的空燃比处于接近理论空燃比的一个较小范围内，三元催化转化器才能有效地起到净化作用。故在排气管中插入氧传感器，借检测废气中的氧浓度测定空燃比。并将其转换成电压信号或电阻信号，反馈给 ECU。ECU 控制空燃比收敛于理论值。

目前，使用的氧传感器有氧化锆（ZrO_2）式和氧化钛（TiO_2）式两种，其中应用最多的是氧化锆式氧传感器。

1）氧化锆式氧传感器

氧化锆式氧传感器的基本元件是氧化锆（ZrO_2）陶瓷管（同体电解质），亦称锆管，如图 6.56 所示。锆管固定在带有安装螺纹的固定套中，内外表面均覆盖着一层多孔性的铂膜，其内表面与大气接触，外表面与废气接触。氧传感器的接线端有一个金属护套，其上开有一个用于锆管内腔与大气相通的孔；电线将锆管内腔与大气相通的孔；电线将锆管内表面的铂极绝缘套从此接线端引出。

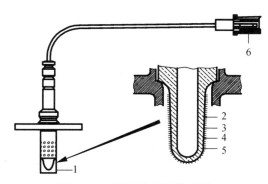

图 6.56　氧化锆式氧传感器

1—保护套管；2—内表面铂电极层；3—氧化锆陶瓷体；4—外表面铂电极层；
5—多孔氧化铝保护层；6—线束接头

氧化锆在温度超过 300 ℃后，才能进行正常工作。早期使用的氧传感器靠排气加热，这种传感器必须在发动机起动运转数分钟后才能开始工作，它只有一根接线与 ECU 相连，如图 6.57（a）所示。现在，大部分汽车使用带加热器的氧传感器，如图 6.57（b）所示，这种传感器内有一个电加热元件，可在发动机起动后的 20～30 s 内迅速将氧传感器加热至工作温度。它有三根接线，一根接 ECU，另外两根分别接地和电源。

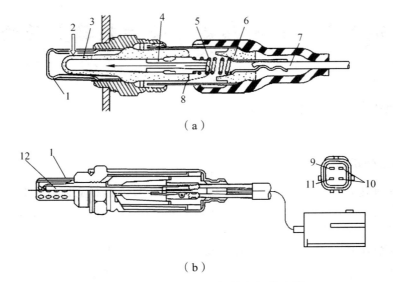

（a）

（b）

图 6.57　两种不同的氧化锆式氧传感器

1—保护套管；2—废气；3—锆管；4—电极；5—弹簧；6—绝缘体；7—信号输出导线；
8—空气；9—接地；10—加热器接线端；11—信号输出端；12—加热器

　　锆管的陶瓷体是多孔的，渗入其中的氧气，在温度较高时发生电离。由于锆管内、外侧氧含量不一致，存在浓度差，因而氧离子从大气侧向排气一侧扩散，从而使锆管成为一个微电池，在两铂极间产生电压，如图 6.58 所示。当混合气的实际空燃比小于理论空燃比，即发动机以较浓的混合气运转时，排气中氧含量少，但 CO、HC、H_2 等较多。这些气体在锆管外表面的铂催化作用下与氧发生反应，将耗尽排气中残余的氧，使锆管外表面氧气浓度变为零，这就使得锆管内、外侧氧浓度差加大，两铂电极间电压陡增。因此，锆管传感器产生的电压将在理论空燃比时发生突变。稀混合气时，输出电压几乎为零。浓混合气时，输出电压接近 1 V。

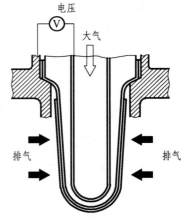

　　要准确地保持混合气浓度为理论空燃比是不可能的。实际上的反馈控制只能使混合气在理论空燃比附近一个较小的范围内波动，故氧传感器的输出电压在 0.1～0.8 V 不断变化（通常每 10 s 内变化 8 次以上）。如果氧传感器输出电压变化过缓（每 10 s 少于 8 次）或电压保持不变（不论保持在高电位或低电位），则表明氧传感器有故障，需检修。

图 6.58　氧传感器的工作原理

　　2）氧化钛式氧传感器

　　氧化钛式氧传感器是利用二氧化钛（TiO_2）材料的电阻值随排气中氧含量的变化而变化的特性制成的，故又称电阻型氧传感器。二氧化钛式氧传感器的外形和氧化锆式氧传感器相似。在传感器前端的护罩内是一个二氧化钛厚膜元件，如图 6.59 所示。纯二氧化钛在常温下是一种高电阻的半导体，但表面一旦缺氧，其晶格便出现缺陷，电阻随之减小。由于二氧化钛的电阻也随温度不同而变化，因此，在二氧化钛式氧传感器内部也有一个电加热器，以保持氧化钛式氧传感器在发动机工作过程中的温度恒定不变。如图 6.60 所示，ECU 2 号端子将一个恒定的 1 V 电压加在氧化钛式氧传感器的一端上，传感器的另一端子与 ECU 4 号端子相接。当排出的废气中氧浓度随发动机混合气浓度变化而变化时，氧传感器的电阻随之改变，ECU 4 号端子上的电压降也随着变化，当 4 号端子上的电压高于参考电压时 ECU 判定混合气过浓，当 4 号端子上的电压低于参考电压时 ECU 判定混合气过稀。通过 ECU 的反馈控制，可保持混合气的浓度在理论空燃比附近。在实际的反馈控制过程中，二氧化钛式氧传感器与 ECU 连接的 4 号端子上的电压也是在 0.1 ~ 0.9 V 不断变化，这一点与氧传锆式氧传感器是相似的。

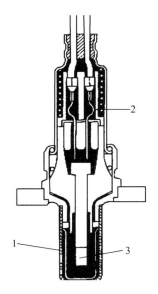

图 6.59　氧化钛式氧传感器

1—保护套管；2—连接线；3—二氧化钛厚膜元件

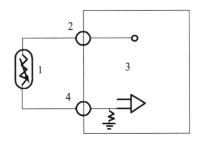

图 6.60　二氧化钛式氧传感器工作原理

1—氧化钛式氧传感器；2—1 V 电压端子；3—ECU；4—输出电压端子

2. 氧传感器的检测

氧传感器的基本电路如图 6.61 所示。

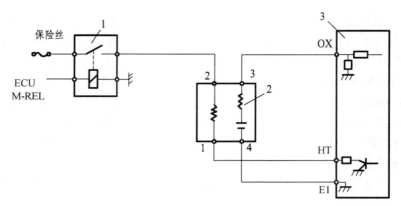

图 6.61　氧传感器电路图

1—主继电器；2—氧传感器；3—发动机 ECU

1）氧传感器加热器电阻的检测

点火开关置于"OFF"，拔下氧传感器的导线连接器，用万用表欧姆挡测量氧传感器接线端中加热器端子与搭铁端子（端子 1 和 2）间的电阻，如图 6.62 所示，其电阻值应符合标准值（一般为 4～40 Ω；具体数值参见具体车型说明书）。如不符合标准，应更换氧传感器。测量后，接好氧传感器线束连接器，以便作进一步的检测。

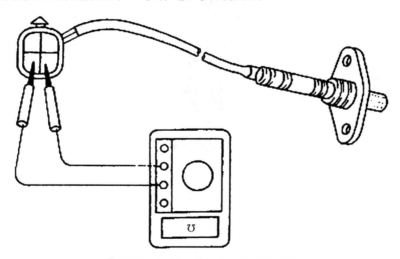

图 6.62　测量氧传感器加热器电阻

2）氧传感器反馈电压的检测

测量氧传感器反馈电压时，应先拔下氧传感器线束连接器插头，对照被测车型的电路图，从氧传感器反馈电压输出端引出一条细导线，然后插好连接器，在发动机运转时从引出线上测量反馈电压。

有些车型也可以从故障诊断插座内测得氧传感器的反馈电压，如丰田汽车公司生产的小轿车，可从故障诊断插座内的 OX_1 或 OX_2 插孔内直接测得氧传感器反馈电压（丰田 V 型六缸发动机两侧排气管上各有一个氧传感器，分别和故障检测插座内的 OX_1 和 OX_2 插孔连接）。

在对氧传感器的反馈电压进行检测时，最好使用指针型的电压表，以便直观地反映出反馈电压的变化情况。此外，电压表应是低量程（通常为 2 V）和高阻抗（阻抗太低会损坏氧传感器）的。

二、任务导向

（1）了解氧传感器的结构及工作原理。
（2）了解氧传感器故障对整个电控系统的影响。
（3）掌握氧传感器的检测方法（电阻测试、电压测试、波形测试、数据流测试）、工艺流程、技术规范。
（4）掌握氧传感器数据分析的方法。

三、工 单

根据实训情况填写表 6.24 所示的工单。

表 6.24 工 单

编 号	任务内容	任务实施记录	时间（min）	评 价
1	找出氧传感器，说明其主要作用及类型		10	
2	电阻测试；测量氧传感器加热器；线圈电阻		10	
3	氧传感器的信号测试（波形分析、数据流分析）		20	

四、作业与考核

（1）氧传感器的作用是什么？
（2）简述氧化锆型氧传感器的结构及工作原理。
（3）简述氧化钛型氧传感器的结构及工作原理。
（4）如何检测氧传感器？

发动机电子控制系统整体性能测试

一、知识点和技能准备

1. 故障自诊断系统的功能

1）故障自诊断系统

故障自诊断系统主要由 ECU 中的部分软件和"故障指示灯"等组成，不需要专门的传感器。电控系统工作时，自诊断系统对电控系统各种输入、输出信号进行监测，并运用程序进行推理、判断，将结果迅速反馈到主控系统，改变控制状态；此外，还根据自诊断结果控制"故障指示灯"工作。

2）故障自诊断系统的功能

故障自诊断系统的功能主要包括：

（1）通过自诊断测试判断电控系统有无故障，当出现故障时，点亮故障指示灯发出报警信号，并将诊断结果以代码（故障码）的形式进行存储。但自诊断系统对所设故障码以外的故障无能为力，特别是机械装置、真空装置等，自诊断系统无法对其进行监测，对这些装置的故障还应采取传统的检测诊断方法。

（2）在维修时，通过一定的操作程序可将故障码调取，以便维修人员迅速、准确地确定故障的性质和部位，有针对性地检查有关元件、线路，排除故障。故障排除后，还应能将存储的故障码清除，以便于自诊断系统进行新的自诊断测试；如不将旧的故障码清除掉，可能会给下一次维修带来不必要的麻烦。

（3）当传感器或其电路发生故障时，自动起动失效保护功能，以保证发动机能继续运转，或强制中断燃油喷射使发动机停止运转。

（4）当发生故障导致车辆无法行驶时，自动起动应急备用系统，以保证汽车可以继续行驶。

2. 自诊断系统工作原理

电控系统工作时，ECU 不断收到各种传感器输入的信号，也不断向执行机构输出指令信号，自诊断系统就是根据这些信号来判断有无故障的。

1）传感器故障自诊断原理

传感器是向 ECU 输送信号的电控系统元件，不需专门的线路，自诊断系统即可对各种传感器进行故障自诊断。若某传感器输入 ECU 的信号超出正常范围，或在一定时间内 ECU 收不到该传感器信号，或该传感器输入 ECU 的信号在一定时间内不发生变化，自诊断系统均判定为"故障信号"。若故障信号持续出现超过一定时间或多次出现，自诊断系统即判定有故障，并将此故障以故障码的形式输入ECU的存储器中，同时接通故障指示灯电路警告驾驶员。此外，自诊断系统还会根据故障性质，自动起动失效保护系统或应急备用系统等。

故障信号的产生原因除传感器自身的故障外，传感器电路接触不良、断路或短路，也会导致故障信号的产生。自诊断系统只能根据传感器输入信号来判定有无故障，但不能确定故障的具体部位，因此，在进行故障诊断时，除按调取的故障码含义对相应传感器进行检查外，还应检查与传感器相关的线路。

以冷却水温度传感器为例，其自诊断原理如图6.63所示。正常工作时向ECU输送的信号电压应为0.3~4.7 V，对应发动机冷却液的温度为-30~120 ℃。发动机正常工作时，若冷却液温度传感器向ECU输送的信号电压低于0.3 V或高于4.7 V，自诊断系统则会判定为故障信号。此故障信号只是偶然出现，自诊断系统不会认为有故障，但若此故障信号持续出现超过一定时间或多次出现，自诊断系统即判定水温传感器或其电路有故障。

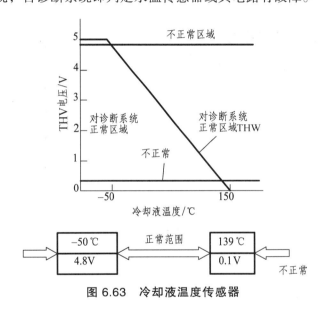

图 6.63　冷却液温度传感器

2）执行元件故障自诊断原理

电控系统的执行元件一般只接收ECU的指令信号，所以在没有反馈信号的开环控制系统中，执行元件或其电路是否有故障，自诊断系统根据ECU输出的执令信号来判断，其自诊断原理与传感器类似。

带有反馈信号的闭环控制系统（如点火控制系统、爆燃控制系统等）工作时，自诊断系统还可根据反馈信号判别故障。这类系统出现故障。有些会导致电控系统停止工作。例如，电控点火系统在正常工作时，ECU对点火进行控制，并在每次点火后根据点火器发回的反馈信号确认是否点火；如果点火器或其他元件出现故障，导致ECU连续3~5次收不到反馈信号，自诊断系统便判定电控点火系统有故障，为避免燃油浪费和造成排放污染，强行停止电控燃油喷射系统继续喷油，致使发动机熄火。

3. 自诊断系统的使用

1）故障指示灯

在自诊断系统检测到故障时，仪表盘上的故障指示灯"CHECK ENGINE"点亮，以警告驾驶员或维修人员。有些汽车电控系统发生故障后，可按特定的操作程序根据"故障指示灯"的闪烁次数来读取故障码。图6.64所示为日本丰田车系故障指示灯控制电路，蓄电池经点火开关和熔丝给故障指示灯提供电源，ECU通过"W"端子控制故障指示灯搭铁回路。

2）故障检测

在车辆使用中，点火开关接通，发动机没有起动或起动后的短时间内，"故障指示灯"点亮是正常现象，但起动后几秒钟（一般3~5s）内或发动机达到一定转速（一般为500 r/min）后，"故障指示灯"应熄灭。否则说明自诊断系统检测到故障，若系统无故障（调不出故障码），而"故障指示灯"点亮，应检查其控制电路是否搭铁。

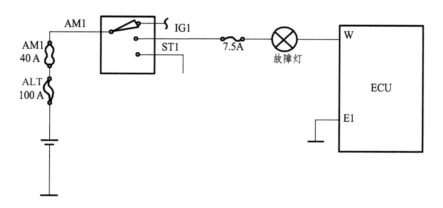

图6.64　故障指示灯控制电路

二、任务导向

（1）了解发动机电子控制系统整体功能原理。

（2）掌握发动机电子控制系统整体性能的检测方法（冷起动实验、热起动实验、加速性能实验、故障码检测、数据流检测、执行器驱动测试）、技术规范、注意事项。

（3）掌握发动机电子控制系统一级维护、二级维护和竣工验收的操作、检验方法。

三、工　单

根据实训情况填写表6.25所示的工单。

表 6.25 工 单

编 号	任务内容	任务实施记录	时间（min）	评 价
1	说明发动机电子控制系统整体功能原理		10	
2	读取故障码 数据流检测 清除故障码		25	
3	根据故障码及数据流信息，分析并排除故障		25	
4	电控发动机综合故障诊断		20	

四、作业与考核

（1）简述电控发动机故障自诊断系统的组成及主要功能。

（2）简述故障自诊断系统的工作原理。

（3）以 STN2000-AJR 型发动机为例，说明读取故障码、读取数据流及清除故障码的方法。

（4）简述如何根据故障码及数据流信息诊断故障。

（5）发动机电子控制系统维护的主要内容有哪些？

项目七

汽车装潢美容

任务一　汽车清洗

一、知识点和技能准备

汽车的清洗主要指车身及行走部分的清洗，是汽车车身常规护理的主要内容，是汽车美容的基础。汽车在使用过程中，其表面会受到风吹、日晒、雨淋等自然侵蚀，同时表面会沉积有灰尘、泥土、沥青、油污、鸟粪及树汁等各种污物。这些污垢如不及时清除，不仅影响汽车的外观，还会造成严重锈蚀、漆面早期龟裂和松脱，并影响检修、拆装等。因此，每隔一定时间或行驶里程，应清洗一次。

1. 清洗用品

1）车身表面多功能清洗剂

车身表面多功能清洗剂清洗车身的特点是：清洗效率高，清洗效果好，节约能源，经济实惠，保护环境。

常用的车身表面多功能清洗剂有二合一清洗剂、香波清洗剂、脱蜡清洗剂。

（1）二合一清洗剂。

所谓"二合一"即清洁、护理合二为一，既有清洗功能，又有上蜡功效，可以满足快速清洗兼打蜡的要求，是使用最广泛的一种高级表面清洗剂。二合一清洗剂适用于车身比较干净的汽车，洗车后一般无需打蜡，直接用毛巾擦干，再用无纺布轻轻抛光即可。也适用于漆面经过研磨、抛光之后的清洗。

（2）香波清洗剂。

香波清洗剂含有多种表面活性剂，特别是含有阳离子表面活性剂，有很强的分解能力，能有效地去除车身表面的尘土、油污、静电、交通膜等。香波清洗剂具有性质温和、不破坏原有蜡膜、不腐蚀漆面、泡沫丰富、使用成本低等特点。

（3）脱蜡清洗剂。

脱蜡清洗剂含柔和性溶剂，具有较强的溶解能力。不仅可去除车身上的油脂、焦油、沥青、鸟粪、树汁、漆点等水不溶性污垢，而且能把以前的车蜡洗掉，故有些品种直接取名为开蜡水。主要适用于重新打蜡前的车身清洗。

2）柏油沥青清洗剂

在用二合一清洗剂或香波清洗剂清洗完车身后，如果是浅色车，会发现车身上有许多小麻点，这就是沥青（俗称柏油）。当然沥青可以用柴油或煤油去除，但效果并不理想，最好采用专门为车身去除沥青而配制成的清洗剂——柏油沥青清洗剂。

2. 常用工具

1）海　绵

海绵具有柔软、弹性好、吸水性强和较好的藏土藏尘能力等特点，有利于保护漆面及提高作业效率。

2）板　刷

板刷主要用于轮胎、挡泥板、保险杠及车身裙部等处污垢的清理。板刷选用鬃毛刷最佳，鬃毛板刷不但具有较好的韧性和耐磨性，还可以减轻刷洗作业对橡胶、塑料件产生的磨损。

3）毛　巾

毛巾是人工清洗和擦拭汽车不可缺少的工具。专业汽车美容场所需要配备多块毛巾，包括大毛巾、小毛巾、湿毛巾、半湿毛巾和干毛巾等。大毛巾主要用于车身表面的手工清洗和擦拭；小毛巾主要用于擦洗车身凹槽、门边及内饰部件等处的污垢；湿毛巾、半湿毛巾和干毛巾在清洗、擦拭车窗玻璃时配合使用。

4）车　巾

车巾是最新研制的汽车专用清洁产品，是用蜡、树脂和去离子水乳化混合而成的液料浸润于无纺布上制成的。车巾除对物体表面具有去污上光功能外，还具有保洁、除锈防锈、抗静电的功能，尤其对擦洗过的玻璃具有防雾防水功能。

5）麂　皮

麂皮在洗车作业中使用广泛，主要用于擦干车表。麂皮不仅质地柔软，有利于漆面的保护，而且具有良好的吸水能力，尤其对车身表面及玻璃水膜的清除效果极佳。

3. 常用设备

1）泡沫清洗系列设备

泡沫清洗系列设备主要由压缩空气供给系统和泡沫清洗机等组成。

（1）压缩空气供给系统。

压缩空气供给系统用于提供充足的达到预定压力值的压缩空气，供给各种气动工具和设备。该系统一般由空气压缩机、油水分离器及其他部件组成，如图 7.1 所示。

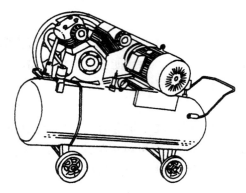

图 7.1　2 V-0.6/7 型空气压缩机

空气压缩机是压缩空气供给系统的心脏，俗称气泵，它将空气的压力从普通的大气压升高到某一更高的压力值。空气压缩机种类很多，按其结构形式可分为活塞式、膜片式和转子式。按其缸数可分为单缸、双缸（V 形）和三缸（W 形）。按其冷却方式可分为风冷式和水冷式。按其工作方式可分为一级压缩式和二级压缩式。

（2）泡沫清洗机。

泡沫清洗机由液罐、加液阀、排气阀、压缩空气接头、泡沫喷射接头、软管及喷枪、气压表、液面显示管等组成。它利用压缩空气把清洗剂溶液变成喷射洗车泡沫，避免了微细沙粒损伤汽车漆面。

泡沫清洗机的使用方法：首先打开加液阀和排气阀，加入 55 kg 水，以液面显示管高度为准，然后加清洗剂 550 mL。把加液阀和排气阀关好，然后用快速接头通过软管把泡沫清洗机和油水分离器连接起来，调整压力至 0.3～0.5 MPa。起动空气压缩机，待压力升至 0.5 MPa时，打开喷枪阀开关，即可喷射白色泡沫，喷射距离为 1～3 m，喷射距离可用压力进行调节。

2）移动式外部高压清洗机

移动式外部高压清洗机主要由电动机、柱塞式水泵、管路、喷枪等组成。电动机直接驱动柱塞式水泵旋转，使水产生高压，高压水经水泵出水口、胶管、喷枪喷出。喷嘴可根据清洗需要调节水流形状。柱状水流冲击力强，可以去除汽车车身上的干涸泥土；雾状水流覆盖面积大，除污效率高，适用于清洗一般污垢。

4．规范的洗车步骤

规范的洗车步骤应该包括冲车、喷清洗液、擦洗、冲洗、擦车、验车等 6 个步骤。洗车时一般由两人共同进行，互相配合，这样不但速度快而且清洗质量好。

1）冲　车

车辆停放平稳，车主离车之后，甲、乙两人一左一右同时将脚垫撤出，然后甲用高压清洗机冲去车身污物，顺序自上而下。整个过程中始终朝一个方向冲洗，尽量避免正、反向交替冲洗，以免将泥沙冲回已经冲洗干净的部位。冲车时不可忽视的部位是车身的下部及底部，因为大量的泥沙和污物一般都聚集在这些部位。如果稍有不慎就会遗留下泥沙等物质，在进行后面的擦洗工序时就会划伤漆面。因此必须尽可能地冲洗掉车身下部及车底的大颗粒泥沙。与此同时，乙应用大纤维软毛刷刷洗脚垫。如果脚垫不是丝绒材料而是橡胶制品，可先将脚垫放置一边,待冲车工序结束后再刷洗,并晾晒于支架上。

冲车的质量标准为:车身通体用高压水枪打湿过而无遗漏,车漆表面无大颗粒泥沙或污物,以确保下一道工序的顺利进行。

2)喷清洗液

甲冲车结束后,由乙开启泡沫发生器向车身喷洒已调配好的泡沫洗车液。

3)擦 洗

喷洒好洗车液后,甲、乙两人立即各持湿海绵一块,一左一右呈"S"形按照自上而下的顺序稍微用力迅速擦洗车身及钢圈、轮胎外侧。注意千万不要用力擦洗,以免沙粒划伤漆面。

擦洗的质量标准为:无漏擦处,车身面漆无划痕。

4)冲 洗

擦洗完毕,甲开始冲洗车身,顺序同冲车一样,但这时应以车顶、上部和中部为重点。

需要说明的是,在整个洗车过程中乙是副手,主要是配合甲进行洗车工作。所以无论是否干完手头的工作,都应在甲即将进行下一步之前停下来准备好需要的擦车工具,如半湿性大毛巾、麂皮等。

冲洗的质量标准为:车体无泥沙、无污垢、无漏洗处。

5)擦 车

首先甲、乙两人共用一块半湿长浴巾,各持一端站立车身两旁,从车前向车后沿车身拖动,吸干一部分水分。然后两人各用一块半湿性毛巾将整个车身从前至后自上而下擦一遍。打开车门,用半湿性毛巾擦净车门边及框、脚垫处。倒掉烟灰缸内的烟灰并冲洗干净,擦抹仪表台,垫好脚垫。最后用麂皮细擦一遍车身。向车内喷洒香水或空气清新剂。

6)验 车

验车时应特别注意检查洗车工序中容易遗漏的部位,如发动机盖边沿及内侧、车身边缘内侧、车门把手内侧、后备厢边沿内侧、油箱盖内侧、后视镜、轮胎等部位。

验车标准为:外部饰件应无尘土、无污垢、无水痕;玻璃光亮如新,无划痕;内室饰件无灰尘、室内无异味,坐垫及脚垫摆放整齐有序。

车容较好的车经过上述清洗后,能达到亮丽如新的目的。但车容较差的车经过上述清洗后,会发现玻璃雾蒙蒙的,浅色车身裙部和白色钢圈上有许多麻点,轮胎侧面失去了原有的炭黑色而呈灰白色,很难看。针对这种情况,必须进行特别处理。

5. 特别清洗

1)挡风玻璃清洗

汽车玻璃应经常保持干净透亮,这样既有利于行车安全又明亮美观。玻璃的清洁不能用水,因为玻璃内侧常吸有烟雾、油斑薄膜,清水难以去除;而玻璃外侧则与车身漆面一样,存在交通膜、昆虫、鸟粪和树汁等。用水擦洗玻璃不但费时费力,而且清洁不彻底。

首先,将黏附在挡风玻璃上的污斑、昆虫和鸟粪等用橡皮刮刀去除。然后,对挡风玻璃和倒车镜,用玻璃清洁剂预处理,去除表面尘污。最后,使用挡风玻璃抛光剂,涂在玻璃上,稍待片刻,用干净软布作直线运行擦拭,直至将玻璃擦亮为止。玻璃经过这样的抛光处理后,不仅有增亮作用,还有光滑、防止灰尘二次沉降的功能。

值得注意的是后挡风玻璃内侧有防雾、除霜栅格或贴有太阳膜，不可使用挡风玻璃抛光剂，否则，不但不能抛光玻璃，反而会将栅格损坏或将膜面擦出划痕，影响美观与采光。

2）沥青的清除

当沥青或焦油附着在车身表面及钢圈时，应及时清除。使用专用的去沥剂，既可有效去除污物，又不会对漆面造成伤害。将喷头调整为适合的状态（雾状、柱状），距离 20 cm，直接喷在沥青上，稍待沥青溶解，用干布擦拭即可，对于特别厚重的沥青可重复使用。

3）轮胎增亮翻新

轮胎在使用过程中直接与各种条件的路面接触，易黏附路面上各种污物。这些污物浸入轮胎橡胶表面，会导致轮胎失去原有纯正黑色，而呈现灰白色，影响汽车视觉效果；受腐蚀的橡胶极易老化、变硬，失去原有的弹性及耐磨性。因此，轮胎要定期进行增亮翻新。

轮胎翻新所使用的护理品是轮胎泡沫光亮剂。首先，选用专用洗车液，用鬃毛刷彻底刷洗，擦干，去除表面潮湿。然后摇匀轮胎泡沫光亮剂，在距离轮胎约 15 cm 处均匀地将泡沫喷洒至轮胎的侧面，胎壁会立刻形成白色泡沫，几分钟之后自然消失，轮胎变得非常干净。

6. 洗车注意事项

（1）洗车时最好使用软水，尽量避免使用含矿物质较多的硬水。用硬水清洗车身，会在车身干燥后留下一圈圈痕迹或薄膜。

（2）应使用专用洗车液，严禁使用洗衣粉或洗洁精，因为这类用品碱性强，会导致漆面失光，局部产生色差，密封橡胶老化，还会加速局部漆面脱落部位的金属腐蚀。

（3）高压冲洗时，车身最好使用分散水流喷射清洗，底盘用高压冲洗。喷嘴与车身最好保持 50 cm 以上的间距，以避免高速水柱对漆面特别是修补过的漆面的冲刷，且先使用分散雾状水流清洗全车，浸润后再利用集中水流冲洗。

（4）清洗汽车油漆表面时，切记不要使用刷子、粗布，以避免刮伤油漆面膜留下痕迹。擦清洗剂时应使用软毛巾或海绵。

（5）洗车各工序都应遵循自上而下的原则，即按车顶、前后挡风玻璃、前后盖板、车身车窗及侧面、灯具、保险杠、车裙、车轮等的顺序进行。

（6）不要在阳光直射下洗车。若发动机罩还有余热，应待冷却后再进行清洗，防止温差太大伤及漆层。

（7）不要在严寒中洗车，以防水滴在车身上结冰，造成漆层破裂。北方严寒季节洗车应在室内进行，车辆进入工位后，停留 5~10 min，然后冲洗。

（8）用洗车液洗车后，一定要冲洗干净，否则残留的洗车液将会渗入烤漆表层，造成污点。

（9）洗完车后须用带有较长绒毛的毛巾抹干，长的绒毛能吸住污物，使其不擦伤漆面。抹干时，也应遵循自上而下的原则，不要太用力擦拭。

二、任务介绍

（1）掌握高压清洗机和泡沫清洗机的构造、原理、使用方法和故障排除。
（2）根据车况正确选择洗车液。
（3）明确规范的洗车步骤。
（4）掌握洗车的注意事项。

三、工　单

根据实训情况填写表7.1所示的工单。

表 7.1　工　单

编　号	任务内容	任务实施记录	时间（min）	评　价
1	认真观察实训车辆，根据车况选择洗车液		5	
2	观察高压清洗机实物，认识清洗机组成		10	
3	接通高压清洗机，调试喷枪状态		5	
4	高压冲洗		10	
5	打洗车液		5	
6	擦洗		5	
7	冲洗		5	
8	擦车		10	
9	验车		5	

四、作业与考核

（1）车身表面多功能清洗剂清洗车身有哪些特点？
（2）车身表面多功能清洗剂分为哪些类型？怎样正确选用？
（3）洗车的常用工具有哪些？各有什么作用？
（4）洗车的常用设备有哪些？各有什么作用？
（5）高压洗车应按怎样的规范步骤进行？

任务二　汽车打蜡

一、知识点和技能准备

1. 车蜡的主要功用

1）上　光

上光是车蜡的最基本功能。汽车蜡是用来美化车漆的专用产品。经过打蜡的汽车可以改善其表面的光亮程度，增添亮丽的光彩。

2）防　腐

汽车属于户外设备，运行环境恶劣，易受到有害气体、灰尘及电解质溶液等腐蚀性物质的侵蚀。汽车蜡可在车漆与大气之间形成隔离层，将车漆与有害气体、灰尘和电解质溶液有效地隔离开，起到一种"屏蔽"作用，大大降低了车身遭受侵蚀的可能性。

3）抗高温

车蜡可对来自不同方向的入射光产生有效反射，有的车蜡特别能反射阳光中的紫外线，防止入射光被车漆吸收，从而降低了车漆表面温度。

4）防静电

汽车高速行驶时形成的交通膜，会使原来艳丽的车身变得暗淡无光。给汽车打蜡，在车身表面与空气之间形成一层隔离层，从而减少了静电的产生。

2. 车蜡的分类

按物理状态不同，车蜡可分为固体蜡、膏状蜡、液体蜡和喷雾蜡四种。这些车蜡黏度越大光泽越艳丽、持久性越强，但去污性越弱，而且打蜡操作越费力。相反，黏度越小的车蜡越便于使用，但持久性越弱。

按使用目的不同，车蜡可分为上光蜡和抛光研磨蜡两种。上光蜡又可分为无色上光蜡和有色上光蜡两种。无色上光蜡主要以增光为主。有色上光蜡主要以增色为主，红色车漆用红蜡，黑色车漆用黑蜡，目前的流行色有 12 种之多。国产上光蜡的主要成分为蜂蜡、松节油等，其外观多为白色或乳白色，主要用于喷漆作业中表面上光。国产抛光研磨蜡主要添加成分为地蜡、硅藻土、氧化铝、矿物油及乳化剂等，颜色有浅灰色、灰色、乳黄色及黄褐色等多种，主要用于浅划痕处理及漆膜的磨平作业，以清除浅划痕、橘纹、填平细小针孔等。

按生产国家不同，可分为国产蜡和进口蜡两种。

3. 车蜡的正确选用

目前，市场上车蜡种类繁多，由于各种车蜡的性能不同，其作用效果也不一样，所以在选用时必须慎重，选择不当，不仅不能达到预期效果，反而使车漆变色受损。选择车蜡应根据车蜡的性能特点、车辆的新旧程度、车漆颜色及运行环境等因素综合考虑。

4. 打蜡设备

打蜡机型号很多，样式不一，大致可分为普通轨道打蜡机和离心式轨道打蜡机。普通轨道打蜡机由于转盘较小，使用材料较差，扶把位置不容易平衡等缺点，一般在非专业汽车美容场所使用。离心式轨道打蜡机的动作是靠一种离心式的、无规律的轨道旋转来完成的，这种旋转方式模拟人手工操作，但比手工操作要快和省事得多，是专业汽车美容的首选机型。

打蜡机的配套工具主要是与转盘配套使用的各种盘套，分为打蜡盘套和抛蜡盘套。打蜡盘套用来把车蜡涂在车体上。抛蜡盘套用来把车蜡抛出光泽。其材料有三种：全棉制品、全毛或混纺制品、海绵制品。目前，广泛使用的是全棉盘套，购买时应选择针织密集而且线绒较高的，要有柔和感，越柔和就越能减少发丝划痕，越能把蜡的光泽抛出来。全棉盘套不宜反复使用，一般一辆车要用一个新的，即使不用新的，旧的也一定要洗干净，清洗时要使用柔和型清洗剂，否则晾干后盘套发硬。最好是用防静电方式烘干。

5. 打蜡程序

打蜡分为手工打蜡和机械打蜡两种。不管哪种方法，其基本程序是上蜡、凝固、抛光，抛光路线如图 7.2 所示。

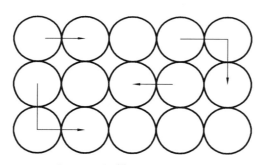

图 7.2　打蜡机抛光路线图

手工打蜡简单易行。首先上蜡，将适量的车蜡涂在专用打蜡海绵上（这种海绵与车蜡配套销售），每次按 0.5 m² 的面积往复直线进行均匀涂抹，每道涂抹应与上道涂抹区域有 1/5～1/4 的重合度，防止漏涂及保证均匀涂抹。上完蜡后，等待几分钟时间，待车蜡凝固。最后用无纺干毛巾往复直线擦拭抛光，以达到光亮如新、清除剩余车蜡的目的。

机械打蜡是将液体蜡转一圈倒在打蜡机上蜡盘套上，每次按 0.5 m² 的面积涂匀，直至打完全车。上完蜡后，等待几分钟时间，待车蜡凝固。将抛蜡盘套装上，确认绒线中无杂质。开启打蜡机将其轻放在车体上横向或纵向进行覆盖式抛光，直至光泽令人满意。

6. 打蜡注意事项

（1）打蜡时一定要擦干车身，不能有水，否则会影响打蜡效果。

（2）打蜡作业环境要清洁，灰尘要尽可能的少，有良好通风过滤装置，有条件的可设置专门的打蜡工作间。

（3）应在阴凉处给汽车打蜡，否则车表温度高，车蜡附着能力会下降，影响打蜡效果。

（4）打蜡时，手工海绵及打蜡机海绵运行应该作直线往复运动，不宜作环形涂抹，防止由于涂层不均造成强烈的环状漫射。

（5）上蜡时应遵循先上后下的原则，即先涂抹车顶，然后前后盖板，再车身侧面等。

（6）上蜡时，若海绵上出现与车漆相同的颜色，可能是漆面已经破损，应立即停止，进行修补处理。

（7）抛光作业要待上蜡完成后在规定时间内进行。遵循先上蜡的地方先抛光的原则，且抛光运动采用直线往复运动。未抛光的车辆绝不允许上路行驶，否则再进行抛光，易造成漆面划伤。

（8）抛光结束后，要仔细检查，清除车牌、车灯、门边等处残存的车蜡，防止产生腐蚀和影响整车美观。

（9）打蜡结束后，设备及用品要做清洁处理，妥善保存。

（10）要掌握好打蜡的频率，由于汽车行驶及停放环境不同，打蜡间隔时间不可按部就班，但可以用手拭车身漆面，若无光滑感，就应该进行再次打蜡。

二、任务介绍

（1）掌握打蜡机的构造、原理、使用方法和故障排除。

（2）根据车况正确选择车蜡。

（3）明确规范的打蜡步骤。

（4）掌握打蜡的注意事项。

三、工　单

根据实训情况填写表 7.2 所示的工单。

表 7.2　工　单

编　号	任务内容	任务实施记录	时间（min）	评　价
1	认真观察实训车辆，根据车况选择车蜡		5	
2	观察打蜡机实物，认识打蜡机组成		5	
3	接通打蜡机，首先上蜡		15	
4	抛蜡		20	
5	检查		5	

四、作业与考核

（1）车蜡的功用有哪些？怎样进行分类的？

（2）怎样正确选用车蜡？

（3）怎样进行手工打蜡？

任务三 新车开蜡

一、知识点和技能准备

汽车生产厂家为防止新车在储运过程中漆面受损，都喷涂有封漆蜡，尤其是进口车。国外轿车在出口时都在汽车外表涂有保护性的封漆蜡，以抵御远洋运输途中海水对漆膜的侵蚀。因为封漆蜡极厚，并且十分坚硬，所以还可以防止大型双层托运车运输途中树枝或强力风沙刮蹭漆面。封漆蜡主要含有复合性石蜡、硅油等材料，能对车表面起到长达一年的保护作用。封漆蜡不同于上光蜡，该蜡没有光泽，严重影响汽车美观。另外，汽车在使用中封漆蜡易黏附灰尘，且不易清洗。因此，新车交付使用后一定要进行开蜡。

1. 新车开蜡步骤

在对新车进行开蜡时，首先要选择好脱蜡清洗剂（俗称开蜡水），它是开蜡作业最重要的用品。开蜡水对车蜡具有极强的溶解能力及油污分解能力，一般短在 3~5 min，长在 7~8 min 内，就可以将车表蜡层完全溶解，而且对漆面及塑料、橡胶件无腐蚀。其次要按规范的步骤进行开蜡。规范的开蜡步骤如下：

（1）车身高压冲洗。使用高压清洗机冲去车表尘埃及其他附着物。

（2）喷施开蜡水。在车身表面均匀喷施开蜡水，待 6~7 min 后，开蜡水完全渗透于蜡层，快速溶解车漆表面蜡。

（3）擦拭。用棉布、毛巾或无纺布擦拭车表并用鬃毛刷刷洗缝口、裙边及轮胎等处。

（4）清洗。用清洗机冲洗车表，然后喷施二合一清洗剂或香波清洗剂溶液并用湿海绵擦洗。

（5）擦干。用半湿毛巾擦干车身，然后用麂皮再擦干一次。

（6）打蜡。

2. 新车开蜡注意事项

（1）在进行高压冲洗时，压力不要高于 7 MPa。

（2）高压冲洗只需冲掉灰尘及泥沙等可能影响除蜡效果的杂质。

（3）在开蜡前不要使用洗车液，以免造成无谓浪费。

（4）开蜡水喷施一定要均匀，边角缝隙处千万不可忽视。

（5）喷施开蜡水后，要待开蜡水完全渗透蜡层并使其开始溶解后，才能用毛巾擦拭。

（6）最后的清洁及擦干，要按洗车作业规程实施。因为经开蜡水清洗开蜡后，仍会有部分蜡质及杂质留在车身表面。

二、任务介绍

（1）根据车况正确选用开蜡水。
（2）明确开蜡的基本程序。
（3）掌握开蜡的注意事项。

三、工　单

根据实训情况填写表 7.3 所示的工单。

表 7.3　工　单

编　号	任务内容	任务实施记录	时间（min）	评　价
1	认真观察实训车辆，根据车况选择开蜡水		5	
2	使用高压清洗机冲去车表尘埃及其他附着物		5	
3	喷施开蜡水		3	
4	用棉布、毛巾或无纺布擦拭车表，并用鬃毛刷刷洗缝口、裙边及轮胎等处		7	
5	用清洗机冲洗车表		10	
6	用半湿毛巾擦干车身，然后用麂皮再擦干一次		10	
7	打蜡		10	

四、作业与考核

（1）新车为什么要开蜡？
（2）怎样进行新车开蜡？

任务四 漆面失光和浅划痕护理

一、知识点和技能准备

汽车在使用过程中，由于自然侵蚀和人为因素等，导致漆面出现失光、变色、老化、划痕等现象。汽车车身深度护理通过研磨、抛光、局部修补、伤痕抚平等美容作业，可对变质的漆面及车身异常部位采取必要的补救措施，既可延长汽车的使用寿命，也可得到常开常新的效果。

1. 研磨抛光用品

汽车漆面失光护理包括研磨、抛光、还原三道工序。研磨去除车漆原有的缺陷；抛光去除研磨遗留的痕迹；还原能恢复车漆的本来面目。研磨、抛光、还原用品主要有研磨剂、抛光剂和还原剂三类，这三类用品中都含有某种摩擦材料。摩擦材料颗粒大小不同在护理作业中起的作用也不同，颗粒大的用于粗磨，颗粒小的用于细磨，颗粒微小的用于精磨，以满足各种不同护理作业的需要。

1）研磨剂

（1）功用——通过表面预处理清除漆面上的污物，消除不同程度的氧化、褪色及划痕。

（2）正确选用——研磨剂按其适用范围的不同分为普通漆研磨剂和通用漆研磨剂。

① 普通漆研磨剂，是一种以坚硬的浮岩颗粒为研磨材料的研磨剂。根据浮岩颗粒的大小，分为深切、中切、微切三类，主要用于治理普通漆不同程度的氧化、划痕、褪色等漆膜缺陷。但不能用于透明漆研磨，因为透明漆层很快会被普通漆研磨剂磨掉。

② 通用漆研磨剂，以微晶体物合成材料或陶土代替浮岩，该类研磨材料不像浮岩那样坚硬，而且在一定的温度下通过化学反应逐渐地变小变无，因此它不会将透明漆层全部磨掉。通用漆研磨剂既可用于透明漆也可用于普通漆。

研磨剂根据切割方式的不同，可分为物理切割方式的研磨剂、化学切割方式的研磨剂和多种切割方式的研磨剂。物理切割方式的研磨剂有浮岩型；化学切割方式的研磨剂有微晶体型；多种切割方式的研磨剂是中性研磨剂。

浮岩型研磨剂的主要特点是：材料坚硬，切割速度快，利用颗粒与漆层摩擦产生高热，去除表面的瑕疵。但操作过程中颗粒的体积不会因切割的速度和温度而发生变化，如操作人员对漆膜厚度不了解，手法不熟练，很容易磨穿漆层，所以只适合于操作十分熟练的专业人员使用。

微晶体型研磨剂的主要特点是：通过摩擦产生的热量逐步化解微晶体颗粒，使其体积在操作过程中逐步缩小，产生极热高温而去除氧化层，同时溶解表面漆层凸出部分，填平凹处的针眼。

中性研磨剂是目前最通用的研磨剂，含陶土及微晶体等合成物，适合各类汽车漆面，操作方便、速度快、研磨力度小。既有物理切割作用，又具有化学溶解填补功能，利用两种材料与漆层摩擦产生热量，去除氧化层，并迅速溶解漆面凸点，填补凹处而起到双重效果，以达到符合抛光要求的表面基材。

2）抛光剂

（1）功用——抛光剂的功用主要有以下3个方面：

① 消除研磨造成的细微划痕（发丝划痕）。

② 治理（未经研磨）汽车漆面的轻微损伤。

③ 为还原、打蜡（镀膜）做准备，以达到"镜面"效果。

（2）正确选用——抛光剂按摩擦材料颗粒或功效大小不同分为微抛抛光剂、中度抛光剂和深度抛光刑三种。

① 微抛抛光剂，用于去除极细微的车漆损伤，一般指刚刚发生的环境污染及酸性侵蚀（鸟粪、落叶等）。

② 中度抛光剂，用于处理透明漆不同程度的发丝划痕。

③ 深度抛光剂，用于处理普通漆不同程度发丝划痕。

3）还原剂

（1）功用——还原剂主要用来去除漆面上的抛光痕迹（抛光盘旋转的印痕及花纹等），将打蜡前的漆面还原到漆色固有光泽的最高境界。

（2）还原剂与抛光剂的区别——本质的区别在于还原剂含蜡（所以有些产品也叫增光剂），而抛光剂不含蜡。

2. 常用护理工具

（1）漆面研磨抛光机是一种集研磨和抛光为一体的设备，安装砂盘可打磨金属材料，安装研磨抛光盘可做车漆护理。使用时应根据漆膜质地的不同合理选择转速和研磨剂粒度。

（2）研磨抛光盘主要有全毛、混纺、海绵等三种。毛料磨盘切割力强，稍有不慎会对透明漆造成划痕。海绵盘比较柔和，适于做透明漆的研磨和抛光。

研磨抛光机主要由壳体、电机、安装托盘和控制机构等组成，如图7.3所示。

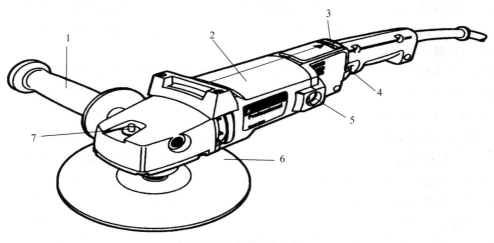

图7.3　研磨/抛光机

1—把手；2—壳体；3—速度控制盘；4—电源开关；5—润滑油盖；6—安装托盘；7—轴锁

3. 漆面失光与浅划痕护理

1）漆面失光护理

（1）自然氧化不严重导致的失光处理方法。

自然氧化导致的失光，漆面无明显划痕，用放大镜观察漆面，斑点较小，通常采用研磨抛光方法进行处理。

（2）自然氧化严重引起的失光处理方法。

用放大镜观察漆面，若发现有较多的斑点，说明漆面受侵蚀严重，要求重新涂装翻新施工。

2）浅划痕护理

浅划痕指对漆面轻刮伤，而未刮透面漆层，其护理步骤如下：

（1）洗车——目的是清除车身表面的污染物、泥土等。

（2）开蜡——目的是保证抛光效果。

3）漆面研磨抛光

（1）研磨。

首先用小块毛巾将研磨剂均匀涂抹在待磨漆面上，将研磨盘安装在研磨/抛光机上，保持研磨盘平面与待磨漆面基本平行（局部研磨除外），起动研磨/抛光机，将其转速设置在 1 500 ~ 1 800 r/min。研磨时为保持研磨盘湿润，应不断向研磨盘上喷洒洁净清水，以降低摩擦表面温度，避免由于摩擦升温过高使研磨盘焦化和损坏面漆。研磨作业在清除 95% 左右划痕时即可停止，然后用洁净清水冲洗研磨表面，擦去残余物，检查研磨效果。

（2）抛光。

抛光的作用是清除研磨留下的细微划痕。具体操作方法与研磨施工基本相同。

4）漆面还原增艳

抛光作业结束后，漆面浅划痕已基本消除，对于抛光作业中残留的一些发丝划痕、旋印等，可通过漆面还原进行处理。漆面还原时用小块无纺布将还原剂均匀抹于漆表，然后用无纺布毛巾抛光。

5）漆面保护

漆面保护通过对漆面上保护剂来实现，漆面保护剂有蜡质和釉质两大类。

二、任务介绍

（1）掌握研磨抛光机的构造、原理、使用方法和故障排除。

（2）根据车况正确选择研磨剂、抛光剂和还原剂。

（3）明确规范的护理方法。

（4）掌握研磨的注意事项。

三、工　单

根据实训情况填写表 7.4 所示的工单。

表 7.4　工　单

编　号	任务内容	任务实施记录	时间（min）	评　价
1	观察研磨抛光机实物，认识研磨抛光机组成		5	
2	认真观察实训车辆，根据车况选择研磨剂、抛光剂和还原剂		5	
3	用清洗机冲洗车表		5	
4	研磨失光或浅划痕部位		10	
5	抛光已经研磨的部位		10	
6	在已处理部位打上还原剂		10	
7	重新打蜡		10	

四、作业与考核

（1）研磨剂的功用有哪些？怎样进行正确选用？

（2）抛光剂的功用有哪些？怎样进行正确选用？

（3）研磨抛光剂由哪些部分组成？

（4）怎样进行漆面失光护理？

任务五　局部补漆

一、知识点和技能准备

（一）局部修补涂料

1. 涂料概述

1）涂料的作用

（1）保护作用：通过各种不同工艺将涂料牢固地附着在物体表面，形成一层覆盖层，把物体表面与空气、水分、日光及其他腐蚀物质（如酸、碱、盐、二氧化硫等）隔离，起到保护物面、防止腐蚀的作用，从而延长其使用寿命。

（2）装饰作用：五颜六色的涂料按照人们的爱好和与环境的协调涂装在物体表面，形成色彩鲜艳、光亮平滑的美丽外观，给人以愉快舒适的感觉。

（3）标志作用：红、橙、黄、绿、青、蓝、紫等颜色的涂料，可调配出各种不同颜色的涂料，并具有色彩鲜明、保持性好、涂装方便等特点，是作为识别、指令、指示、警告等标志的重要材料。

（4）特殊作用：为满足各种特殊需要，生产出各类专用涂料，起到伪装、隔热、隔音、导电、防震、防毒气、防燃烧、耐低温、红外线吸收、太阳能接收等特殊作用，为各种特定环境条件使用的产品提供可靠的表面层保护，增强其使用性能，扩大使用范围。

2）涂料的组成

涂料由主要成膜物质、次要成膜物质和辅助成膜物质三部分组成。

（1）主要成膜物质：是涂料的主要成分，它是涂料的基础，没有它就不能形成牢固的涂膜。主要成膜物质有油脂和树脂两大类。采用油脂作为主要成膜物质的叫油性漆，采用树脂作为主要成膜物质的叫树脂漆，而油脂和一些天然树脂合用为主要成膜物质的习惯上叫油基漆。

（2）次要成膜物质：是构成涂膜的组成部分，它不能离开主要成膜物质单独成膜，虽然涂料中没有次要成膜物质照样可以形成涂膜，但有了它可赋予涂膜一定的遮盖力和颜色，并能增加涂膜的厚度，提高涂膜的耐磨、耐热、防锈等特殊性能。

（3）辅助成膜物质：主要有溶剂和添加剂两大类，它也不能单独形成涂膜，但有助于改善涂料的加工、成膜及使用等性能。

3）汽车原厂涂料与修补涂料的区别

汽车原厂涂料是指汽车制造厂在汽车出厂前统一涂装所使用的涂料，汽车修补涂料是指对汽车原厂涂膜进行修补时所使用的涂料。

汽车制造厂对整车金属进行喷涂时，因车身没有其他塑料附件，加上喷涂作业在涂装生产线上控温环境下进行，故一般选用高温烘漆。而汽车修补是对车身表面因事故损伤或因使用多年涂层老化（如开裂、变色、失光、粉化等）进行的恢复性涂装，被涂装的车型、形状、颜色等都各不相同，基本都是手工作业，为保护车身塑料附件不受破坏，一般应选用自干型涂料，若需烘干，其烘烤温度最高不得超过 60 ℃。

汽车修补涂装大多为局部修补，为使修补面与原涂层的外观、光泽、颜色基本一致，在涂料调色时，必须考虑到汽车的颜色、面漆的质地、面漆的状况以及一些潜在的因素。因此，对修补涂料的使用操作提出了更高的要求，操作人员应具备丰富的实践经验和很强的操作技能。

2. 常用局部修补涂料

1）常用辅料

常用辅料主要有稀释剂、助剂、防潮剂、催干剂、脱漆剂、上光剂等。稀释剂的作用是调稀喷漆黏度，使之有利于喷涂施工。助剂主要有增塑剂、增稠剂、防沉淀剂及防结皮剂等。防潮剂的作用是防止漆膜在潮湿环境中吸潮泛白。催干剂是醇酸漆、酚醛漆、脂胶漆及调制油性腻子等不可缺少的一种辅助材料。脱漆剂主要用于对旧漆的消除。

2）修补底漆

底漆是车身表面的基础涂料，其作用主要是封闭金属基层，防止金属表面氧化腐蚀，填平金属基材的细微缺陷，增加金属表面与腻子之间的附着力。常用修补底漆有硝基类、环氧类、丙烯类。硝基类主要适用于快喷漆的底层打底；环氧类主要用于轿车底层表面打底防锈；丙烯类耐热、防锈、防霉、防腐，常用于轿车、豪华客车的金属制品打底防锈。

3）塑料底漆

多数塑料件不需要用底漆，但有些油漆厂家仍然建议在涂面漆之前使用底漆。塑料底漆是在考虑到塑料的特性后，在底漆中添加柔性剂。

4）常用腻子

腻子是在成膜物质中加入大量的体质颜料及催干剂与溶剂等调制而成的一种稠浆状物质。主要用于填平已涂好底漆的凹凸不平的零件表面，以消除零件表面的各种缺陷（如凹坑、缝隙、针孔划痕等），获得平整光滑的表面涂层。常用腻子有脂胶、酚醛腻子、醇酸腻子、硝基腻子、环氧腻子、聚酯腻子和原子灰等。其中原子灰使用较为普遍，具有刮涂性好、常温干燥快、干后涂层附着力强、耐腐蚀性好、易打磨、刮涂效率高等特点。

5）中间涂层

二道底漆和中涂漆统称为中间涂层，它具有填平腻子表面缺陷，增强腻子与面漆之间的附着力。现代汽车涂装已不满足底涂、中间涂层、面漆三道涂层，已发展到四、五层甚至更多涂层，少数高档车的涂装系统已发展为底漆、腻子、中间涂层、金属闪光底色漆、底色漆、罩光漆等。

6）常用面漆

面漆是形成汽车表面最后涂层的涂料。因此具有较高的装饰性、耐磨性及良好的耐候性、保护性。常用面漆主要有醇酸树脂面漆、硝基纤维素面漆、丙烯酸树脂面漆、聚氨酯面漆等。

（二）常用护理工具

1. 除锈工具

在汽车修补喷漆之前，应将作业面的锈蚀清除干净，然后才能进行底漆、腻子等涂装。

手工除锈是最简单的除锈方法，不受任何限制，手工除锈工具是局部及部件等小工作量清除锈蚀的主要工具，使用的工具主要有刮刀、扁铲、钢丝刷、锉刀、废砂轮片、纱布等。

机械除锈是利用机械产生的冲击、摩擦作用对工件表面进行除锈的方法。机械除锈工具按动力装置不同分为电动除锈工具和气动除锈工具两类。常用的电动除锈工具有电动刷、电动砂轮、电动锤、电动针束除锈机等。气动除锈工具利用压缩空气作为动力，常用的气动除锈工具有气动枪、气动砂轮、气动圆盘钢丝刷、离心除锈器、气动除锈锤等。

2. 刮涂工具

利用刮涂工具将腻子（填料）刮涂到车身的凹陷处，以填补车身表面的不平。

常用刮涂工具有刮刀（腻子刀、油灰刀）、嵌刀、腻子盘及托板等。

刮涂腻子时，刮刀的握持方法可根据零件的形状及部位而定，力求方便、省力和便于刮平与填实。

3. 刷涂工具

刷涂是汽车修补涂漆经常使用的一种方法，它具有工具简单、操作简便、不受施工场所及工件形状大小的限制和对环境污染较轻等优点。但由于工作效率低、漆膜质量及外观欠佳，所以只用于涂刷小面积防锈底漆、磷化底漆和较粗糙的部件面漆，常用刷涂工具有漆刷、油画笔、毛笔等。

4. 打磨工具

1）气动打磨工具

气动打磨工具主要用于清除钢铁表面上的铁锈、旧涂层及打磨腻子等。具有体积小、重量轻、速度快、磨平质量好、使用安全、可干磨也可水磨等优点。

2）电动打磨工具

电动打磨工具主要有电动软轴磨盘式打磨机、电动软轴带吸尘袋磨盘式打磨机、AON3型电动磨灰机等。主要作用与气动打磨工具相同，具有噪声小、震动轻、粉尘飞扬少等优点。但比气动打磨工具重，且不适于水磨。

5. 喷涂工具

喷枪是喷涂的关键设备之一，如图 7.4 所示。其作用是将油漆或其他液状材料喷涂到被涂物面上。

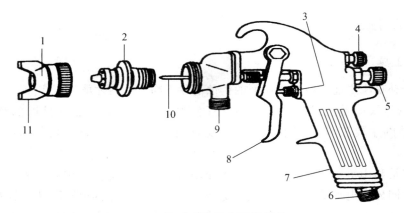

图 7.4　典型喷枪的主要零部件

1—空气帽；2—涂料喷嘴；3—空气阀；4—喷雾形状控制旋钮；5—涂料调节控制旋钮；
6—进气口；7—枪体；8—扳机；9—进料口；10—涂料控制针阀；11—喷气角

1）典型喷枪的基本组成

喷枪有枪嘴、枪体两大部分。喷枪嘴由空气帽、涂料喷嘴和顶针组成；枪体由空气阀、漆流控制阀、雾型控制阀、控漆阀、压缩空气进气阀、扳机、手柄等组成，喷枪主要零件的功用如下：

（1）空气帽：把压缩空气导入漆流中，使油漆雾化。

（2）喷嘴上的中心孔：形成真空，吸出油漆。

（3）喷嘴上的侧孔：借助空气压力控制喷雾形状。

（4）喷嘴上的辅助孔：促进雾化作用。如果孔直径大或数量多，则雾化效果好，能以较快的速度喷涂大型工件；如果孔直径小或数量少，则空气消耗少，适于喷涂小工件或低速喷涂。

（5）涂料调解控制钮：当扳动扳机时，控制涂料的流量。当旋钮全关时，即使扣死扳机也没有液体流出；当按钮全开时，液体流量最大。这是喷涂中调节喷枪的重要元件。

2）喷枪的分类

空气喷枪按照供漆方式进行分类，主要有虹吸式喷枪、重力式喷枪和压送式喷枪三类。

（1）虹吸式喷枪。

虹吸式喷枪是目前应用较为广泛的喷枪，其工作过程为：将涂料放在漆杯里，漆杯连接到喷枪上。扳机扳动一半时空气阀先打开，压缩空气流过喷枪，从气帽上的孔中喷出，在喷嘴出口处形成真空；继续扳动扳机，使顶针离开喷嘴内座，真空将涂料从漆杯中吸出，送入进漆口，从喷嘴喷出。空气从漆孔中进入漆杯，填充涂料减少所形成的空间位置。

（2）重力式喷枪。

重力式喷枪是工作时靠涂料的重力将涂料供到喷嘴，再由抽吸作用吸出喷嘴。这种喷枪适用于高固体喷漆。

（3）压送式喷枪。

压送式喷枪的喷嘴与气帽正面平齐，不形成真空。涂料被压力压向气帽，压力由一个独立的压力罐提供。系统的连接方法是：首先将输气软管从压力罐上的气压调节装置出口接到喷枪进气口上，然后将主输气软管从调压阀连至压力罐的调压阀入口，最后将输漆管从压力罐的出漆口连至喷枪进漆口。

3）喷枪的选择

（1）依据被喷涂物面积的大小进行选择。需要喷涂的面积大，选择口径大的喷枪，这主要是考虑喷涂的速度和效率。

（2）依据涂料品种进行选择。例如，对于双组分涂料，就应该选择双组分涂料喷枪。

（3）依据喷涂质量要求进行选择。喷涂质量要求高时，应选择雾化性能好，操作、调整方便，可靠性强，能够保证喷涂质量的喷枪。

（4）选择喷枪应考虑的因素。选择喷枪时应考虑的因素有：喷枪自身的大小、重量，影响喷枪性能的空气用量、供漆量、供漆方式、操作性能等。

（5）喷嘴的选择因素。小型喷枪的喷嘴口径一般为 0.3 ~ 1.8 mm，大型喷枪喷嘴直径一般为 1.0 ~ 3.0 mm，喷嘴直径处于小型和大型之间的为中型喷枪。

喷枪口径越大，喷雾量、扇幅、空气消耗量也越大。

喷嘴的选择也和涂料的黏度有关。一般情况下，喷涂底漆时，选择大口径的喷枪；喷涂中涂层时，选择中口径喷枪；喷涂面漆时，选择小口径喷枪。

4）喷枪的使用

在喷涂施工前，必须检查并调整喷枪，使之处于良好的工作状态。

（1）喷枪与喷涂物表面的距离。喷漆时为 150 ~ 200 mm，喷瓷漆时为 200 ~ 250 mm，空气湿度高时，应适当缩短距离。如果喷涂距离小并且高速喷涂时，容易发生起皱缺陷，而距离太大时又会产生"橘皮"或干膜缺陷。

（2）喷涂施工时，喷枪与喷涂表面应始终保持垂直。喷枪移动时，应保持水平移动。

（3）在振动扳机前，喷枪应处于运动状态，并且应在喷枪停止前松开扳机。这样可防止在两次喷涂面的端部重叠部位产生过喷现象。在移动喷枪时，决不可用手腕或手肘进行弧形移动，否则会使涂膜产生"流挂"或"露底"现象。

（4）喷涂时的气压要求：喷涂时的气压与涂料的种类、稀释剂的种类、稀释后涂料的黏度等多种因素有关。在满足雾化良好的情况下，要求漆液中所含溶剂量尽可能少蒸发。

一般气压调节为 0.35 ~ 0.5 MPa，或按试喷结果确定。合适的喷涂气压，能获得良好的喷雾、散发率和喷幅的最低需要。气压低，易产生流痕、针孔、起泡等缺陷。而压力过高，溶剂可能被蒸发，严重时会形成干喷现象。

（5）喷枪的移动速度：这与涂料的干燥速度、环境温度和涂料的黏度有关。移动速度一般为 30 cm/s。移动速度过快，会使涂膜粗糙无光泽；移动速度过慢，会使涂膜过厚，易产生流挂。对于干燥较慢的涂料，移动速度可提高到 40 ~ 80 cm/s。

（6）喷涂方法和路线。喷涂方法有纵行重叠法、横行重叠法和纵横交替喷涂法。喷涂的路线有从高到低、从左到右、从上到下、先里后外等。

（三）漆面深度划痕护理

深度划痕指划痕已伤及底漆层，包括创伤划痕，是因汽车碰撞、刮擦等原因造成车身局部损坏、板面变形、破裂等创伤，涂层严重损坏。

1．快速修补法

需在专业烤漆房进行，并有电脑调漆设备。

1）表面处理

用铲刀、钢丝刷等清除表面涂层，并用纱布或砂磨机打磨，清除底层表面锈蚀和杂物，再涂一层防锈漆。

2）刮涂腻子

需用高科技的快速修补腻子，这种腻子具有坚固、耐温高、一次成型等特点，利用快速烘干器可在 5 min 内彻底干透。

3）喷涂面漆

面漆要按原车颜色调配。选用质量良好的面漆，如水溶性环保漆，遮盖力强，内含 UV 紫外线添加剂、定银剂和防霉剂，可使车漆不褪色。

4）喷涂亮漆

采用良好的快干型亮漆，浓度高、不失光、硬度大，洗车时不易被损伤。

2．局部涂装法

1）清理修补部位

用铲刀、钢丝刷等清除修补部位旧涂膜、锈蚀、焊渣、油污和蜡质。修补部位旧涂膜或腻子层的四周应铲成斜口，以防在面漆喷涂后新刮涂的腻子下陷而使补涂处产生凹陷痕迹。用 1.5～2.5 号砂布打磨底层部位，打磨范围应大于损坏部位，把损坏处四周的旧涂膜打磨至无光。

2）喷涂底漆

经对修补部位的清理，在确认该部位无旧涂膜、无锈蚀、无油污、无尘、无水、无蜡质的情况下，在小于打磨范围大于损坏范围内涂第一次底漆。

3）刮涂腻子

刮涂腻子一般要 1～4 遍，根据覆盖件修整情况，如采用原子灰速干腻子需刮涂 3～4 遍，其中头一遍涂厚一些，随着次数的增加，越刮腻子越薄且应更细致。一些大小凹坑处都应刮平，棱线造型按本车形体修正、补齐。

4）打磨腻子

采用纱布干打磨或水砂纸湿打磨的方法对腻子进行打磨。一、二遍腻子可用 1～2 号砂布或 150～180 号水砂纸打磨；三、四遍腻子用 1/2～1 号砂布或用 280～320 号水砂纸打磨。打磨时应先用硬胶块垫把砂纸垫平后磨光，然后用保护罩将不喷漆处盖好、遮严。

5）喷涂中间层

因修补涂装要求时间短、速度快，所以中间涂层一般采用干燥快的底漆或二遍底漆，喷涂 2～3 遍，常温干燥或低温烘干。底漆干后应检查喷涂表面是否有细小缺陷和砂眼，应用速干腻子仔细找补一次，干后用 320～400 号水砂纸将修补处磨光，擦净腻子浆后待干。

6）喷涂面漆

（1）遮盖：喷涂面漆时先将不涂漆的部位或装饰件用遮盖纸或胶带粘贴遮盖好，用风管吹净表面灰尘脏物。

（2）调色：调配色漆按原车颜色，注意选用与原车色漆配套的面漆调配颜色。按配色方法进行调色时，应根据修补处的面积大小估计用料，防止涂料不够或过多造成浪费。

（3）调整黏度：出厂的面漆黏度通常很高，目的在于减慢沉淀的速度，因此在使用时除了将油漆先充分搅拌均匀，还要稀释到适合喷枪雾化的黏度。稀释后的漆料通常用铜丝或不锈钢丝网制 120～180 目的网筛过滤，也可采取先粗后细的二次过滤方法，以提高过滤速度。

（4）喷涂：按照施工要求，调整好喷涂压力，一般取 0.4～0.5 MPa，也可在喷涂过程中根据所喷漆膜的情况进行调整。选用合成树脂漆或硝基磁漆喷涂时，可连续喷涂 2～3 遍。硝基过氯乙烯磁漆喷涂 4～6 遍，操作时可采取湿喷方法喷涂，喷完后常温干燥或低温烘干即可。

7）抛光、打蜡

涂层干燥后，去掉遮盖物，擦干净装饰件。如果是具备抛光条件的面漆，可抛光、打蜡。最后组装装饰件如电镀条、封闭胶条等。

二、任务介绍

（1）掌握喷枪的构造、原理、使用方法和故障排除。

（2）明确规范的局部涂装工艺。

（3）掌握喷漆的注意事项。

三、工　单

根据实训情况填写表 7.5 所示的工单。

表 7.5　工　单

编　号	任务内容	任务实施记录	时间（min）	评　价
1	清理修补部位		30	
2	喷涂底漆		30	
3	刮涂腻子		30	
4	打磨腻子		30	
5	喷涂中间层		40	
6	喷涂面漆		40	
7	抛光、打蜡		20	

四、作业与考核

（1）涂料的作用有哪些？

（2）涂料由哪些部分组成？各有什么作用？

（3）喷枪由哪些部分组成？各部分有什么作用？

（4）喷枪分为哪几类？怎样正确选用？

（5）喷枪使用过程中应注意哪些问题？

任务六　车室护理

一、知识点和技能准备

（一）主要护理用品

1. 清洗用品

1）皮革表板清洁剂

（1）功用及特性：主要用于皮革制品和仪表盘的清洁和护理，清除污垢的同时在皮革制品表面形成一层保护膜，起到抗老化、防水、防静电作用，延长皮革表板的使用寿命。

（2）适用范围：主要适用于座椅、仪表盘。

2）丝绒地毯清洁剂

（1）功用及特性：主要用于对毛绒、丝绒、棉绒进行清洁和保护，具有泡沫丰富、去污力强、洗后留有硅酮保护膜、恢复绒织物原状、防止脏物侵入等特点。

（2）使用方法：使用时先将本品在瓶内轻轻摇晃均匀，然后喷在需要清洁的表面，再用清洁干布将泡沫擦净，污迹明显处应反复喷涂擦拭。

2. 皮革表板上光剂

（1）功用：用于皮革（含人造革）和塑料制品表面，起上光、软化、抗磨、抗老化等作用，适用于皮革座椅、仪表台、转向盘、车门内侧以及塑料保险杠等。

（2）使用方法：将本品均匀喷洒于皮革、塑料表面。用纯棉软布轻擦几下即可。

主要产品有龟博士系列皮革保护剂，尼尔森系列的皮塑上光保护剂、皮塑护理剂，莱斯豪系列的真皮柔顺增光剂等。

（3）注意事项：勿喷在地板（以免导致滑倒）、玻璃（以免造成玷污）、纤维纺织物或漆面上；勿使用于易导致打滑或失控的地方，如脚踏板、变速杆、转向盘、制动鼓等。

（二）常用护理设备

1. 吸尘器

1）吸尘器的种类

常见的吸尘器主要有便携型、家用型和专业型 3 种。

专业型吸尘器的吸尘效果最好，它的功率较大，吸力强且具有吸尘吸水、吹干三大功能。外用接头较多，大小不一，均为针对汽车室内宽窄不一样的地方而设计，操作简单，并可与蒸汽消毒机配合使用。

家用型吸尘器虽然吸力不小，但防水性差，如果将吸尘器置于操作间，难免在洗车时将水溅入吸尘器，容易出现内部短路现象，甚至烧毁。

便携式吸尘器是供车主随车携带的，它利用汽车上的电源（利用点烟器插座）工作，体积小，携带方便，吸头小，适用于小面积的清洁工作。

2）吸尘器的工作原理

吸尘器利用电动机的高速转动，带动风叶旋转，使吸尘器内部产生局部真空，形成吸力，将灰尘、脏物吸入，并经过吸尘器内部的过滤装置，然后将过滤后的清洁空气排出去，达到吸尘、吸水及吹风的目的。

3）吸尘器的使用

使用前，仔细阅读使用说明书，然后对照说明书检查各种附件是否齐全，再按说明书中的步骤和方法将吸尘器各部分安装好。起动前先核对一下电源的电压和频率，当确认相符后，即可接通电源试用。试用中不应有异常噪声，使用 10 min 左右电机没有过热现象，方可投入正常使用。

4）吸尘器的维护

（1）使用后，应将吸尘器及其附件用湿布擦拭干净，然后晾干收好。

（2）清灰后的集尘袋可用微温水洗涤干净晒干。

（3）吸尘器的刷子上黏附的毛发、线头要及时清除干净，刷子磨损偏大要及时更换新品。

（4）紧固件如有松动，要立即紧固好。

（5）电机和电刷如有故障，要及时维修。

2. 蒸汽消毒机

1）功 用

内室蒸汽消毒机用于清除汽车驾驶室及车厢内的各种污渍。可对丝绒、化纤、塑料、皮革等不同材料进行清洗，还可以去除车身外部塑料件表面的蜡迹。不仅具有较强的去污功能，而且还具有杀菌消毒的作用，特别是对带有异味的污垢有很强的清洗作用，能使皮革恢复弹性，丝绒化纤还原至原有光泽，是汽车内室护理的主要设备之一。

2）工作原理

蒸汽消毒机利用电能加热，使机内的水变成高温高压的蒸汽，喷射到车室内各个部位，从而达到杀菌消毒的目的。

3）使用方法

清洗前，首先将续水口打开，注满清水，盖好后开机预热，待使用指示灯显示后就可使用，主要喷射到玻璃、仪表板、座位坐垫、地毯、顶篷等处。特别是出风口等部位，因其位置较隐蔽，只能用蒸汽消毒机清洗。

4）注意事项

在用蒸汽消毒机清洗仪表盘等部位时，特别注意不要让蒸汽喷射到室内收录机、CD 机、

VCD 机及音箱等电器部位，以免造成损坏。

因蒸汽温度很高，可达 130 ℃，所以操作时应根据不同材料的部件选择不同的温度，以免损伤部件，并用半湿毛巾包裹适合内室结构的蒸汽喷头。一般情况下，车内物品在 80 ℃左右已经够用，不需太高的温度。有些制品如塑料、皮革耐热性较差，在使用蒸汽消毒机清洗时，温度应适当调低。

（三）车室及行李箱护理

1. 车室除尘

除尘作业是内饰清洁的第一项工作，一般选用吸尘器和毛巾进行。除尘前应将车内杂物如停车证、磁带、坐垫、脚垫等取出，然后按自上而下的顺序进行除尘操作，即首先进行顶棚除尘，然后依次是侧面、座椅、仪表台、后平台、地毯、行李箱等。

2. 车室清洗

除尘作业结束后，应该进行清洗，目的是清除附着或浸渍在内饰表面的污物。在车室清洁时也要求遵循从高处到低处的原则，即从顶篷到纤维织物、真皮、玻璃、仪表板、门边，最后清洁地毯、脚垫等。

1）清洗方法

（1）机器清洗：机器清洗使用蒸汽消毒机，配合多功能强力清洁剂，蒸汽消毒机可以清除内饰部件上很难清洗的污渍，利用温度极高的热蒸汽软化污渍，可用于丝绒、化纤、塑料、皮革等所有内饰部件的清洗。

（2）手工清洗：手工清洗要求配制合适的清洗剂。一般来说，清洗剂应使用负离子纯净水作为溶媒，采用 pH 平衡配方，高效的去污配方主要由非离子活性剂、油脂性溶解剂、泡沫稳定剂和香料等组成，能迅速去除内饰表面的尘垢和各种污渍。

2）不同材质内饰件的清洗

（1）真皮制品的清洗。

高档轿车上越来越广泛地采用皮革制品，如转向盘把套、真皮座椅、门边蒙皮等。

清洁皮革制品时，可先用一块干净湿布擦去皮革上的污物。如果污物较多，可用一块蘸有稀释清洁剂的海绵擦拭，注意不能随便将化学清洗剂喷上去，应选用碱性清洗剂。擦拭时不可将皮革弄得太湿，以免使水顺着缝合处渗入机件。用清洁剂擦洗后，再用一块干燥的软布或毛巾将其擦干，然后打开车门，让空气流通，彻底晾干皮革上的水分。必要时，可使用皮革保护剂，对晾干的皮革上光擦拭。

（2）塑料制品的清洗。

首先将清洗剂喷洒于塑料部件上，如仪表盘、顶篷支架、座椅护围等。然后用鬃毛刷稍蘸清水刷洗表面，直至细纹中的污垢完全被清除，再用半湿性毛巾擦净刷出的污垢，如果去污力不够，可视油污轻重确定清洗剂稀释比例，加大浓度，但仍然应该由轻到重，以免出现失光白化现象。

（3）丝绒纤维织物的清洗。

车室内丝绒纤维织物覆盖面所占比例很大，少则 20%～30%，多则 60%～70%，广泛应用于顶篷、座椅、侧面等处。对丝绒纤维织物清洗前，首先应选择专用的纤维织物清洁剂。因为使用碱性较强的洗衣粉或洗洁精清洗纤维织物，这些碱性物质在清洁作用结束后，仍有一部分残留在织物内部，极易使纤维织物黄变、腐蚀，为此要谨慎选用纤维织物清洁剂。在没有把握的情况下，使用前应先在车室隐蔽部位进行试用，合适后再大面积使用。清洁剂喷施后，应停留 1～2 min，再进行擦洗，有利于污物充分溶解、软化。擦洗后，再用干燥毛巾吸湿清洁。地毯清洁时可用鬃毛刷刷洗。

（4）橡胶制品的清洗。

首先将清洗剂喷洒于半湿性毛巾上，然后直接擦洗橡胶部件，切勿使用毛刷，以免使橡胶件失去亮度，再用干净的半湿性毛巾擦净表面的清洗剂。

3）内饰件常见顽固污迹的清除

（1）霉斑：内饰件受污染未及时清洁导致霉变。可用热肥皂水洗霉点，用冷水漂洗干净，再浸泡在盐水中，然后用专用清洗剂清洗擦干。

（2）口香糖：可用冰块使其硬化，然后用钝刀片刮掉，最后用清洗剂清洁擦干即可。

（3）焦油：可先用冷水彻底刷洗，如难以去除干净，可用焦油去除专用清洗剂浸润一段时间，然后擦拭干净即可。

（4）黄油、机油：用专用的油污去除剂，从污迹周边向中心清洗，当污迹已经洗掉时，用毛巾擦干。

（5）血迹：发现座椅和地毯上沾有血迹，不能用肥皂或热水去清除，因为血液一碰到肥皂或热水就会凝固，可及时用湿冷的抹布擦拭，并在血迹处滴几滴氨水，等几分钟后，再用沾有冷水的抹布擦拭干净。

（6）酱汁或口红：在车内吃番茄酱等食品时，如不慎污染了座椅或地毯，或不小心将口红等染色剂印在座椅上，可及时用冷水浸湿的抹布擦拭，或用海绵轻轻刷除，再用清洁剂清洗。

（7）咖啡、可乐、冰激凌等饮料：不能用肥皂或热水来清洗，因为肥皂和热水会将痕迹固定在座椅表面，而只能先用抹布浸上冷水擦拭，再用泡沫清洁剂清洗。

4）内饰清洁注意事项

（1）使用适当的清洁剂。

清洁汽车不同材质的内饰部件时，最好使用专用清洁剂。例如，用玻璃清洁剂清洗门窗、镜子，用化纤制品清洁剂清洗丝绒纤维制成的座套、地毯等。

（2）不能随意混合或者加温使用内饰清洁用品。

不同的内饰清洁用品混合后，可能产生有害物质，而某些化学成分混合后，可能会产生有毒气体。将清洁剂加温，如放入蒸汽消毒机内使用，也会产生有害气体。因此，除非产品包装上注明特别的混合比例或配合机械的使用方法，否则切勿随意混合或加温使用内饰清洁用品，以免发生化学反应，产生有害物质。

（3）不熟悉的产品应先测试。

对于首次使用的清洁剂，应先在待清洗部件的不显眼处进行测试。如使用皮革清洁剂清洗内饰皮革时，先在不显眼的地方小面积使用，如座椅底部或背面等，以防褪色或有其他损害。

（4）正确保存清洁用品。

注意正确地保存清洁剂，这样既保证产品充分发挥效能，又有助于防止过早变质。

3. 车室修补

1）人造革裂口的修补

人造革在内饰中应用比较普遍，如座椅、门边内衬等处，在使用过程中，难免被刮伤，甚至出现裂口，对于人造革破损，可采用以下两种方法来进行修补。

（1）先用电吹风将裂口两边吹热，再将一块纤维布衬在裂口下面，并精心将裂口两边对齐，然后压平，最后将人造革修复液涂在修理部位上，待完全干后即可。

（2）沿人造革裂纹边缘涂一种特殊化合物，选一张与人造革花纹相近的木纹纸贴在裂口上（木纹纸花纹应朝下），用电熨斗隔着棉布熨烫修复部件 1 min 即可。

2）地毯破损的修补

汽车内饰地毯常见的破损形式为烧痕和裂口。在处理地毯破损时，先将损坏部分的毛边切除，另找一块地毯（或在座椅下不显眼处切下一块）作补片，用胶将补片沿损坏部位毛边切除处粘接上，再用工具理顺接缝即可。

4. 车室蒸汽消毒

除尘及清洁作业主要清除灰尘和污迹，对于车室内的有害细菌无法彻底清除，因此，在车室护理中要进行高温蒸汽杀菌，可采用蒸汽消毒机来进行。

5. 皮革表板上光

皮革件上光选用皮革清洁柔顺剂和上光保护剂对皮革件进行上光处理。

方法是：先将清洁柔顺剂喷在皮革件上，浸润 1~2 min 后擦干，再喷施上光保护剂，浸润 1~2 min 后根据需要进行擦干处理，干燥后即可。

6. 空气清洁

造成空气品质不好的原因很多，例如，新车时，各种塑料件、皮具、纤维等散发的化学品味道；夏季雨水及汽油味、烟味等混合气味，使乘车人心情烦躁，有碍健康和行车安全。为此可以从气源着手来消除异味。可用以下方法来消除异味：

（1）将除臭剂喷在空调出风口处，并对空调表面做一次清理。

（2）开启空调待其运转几分钟后关闭，再次向空调出风口处喷除臭剂。

（3）在车内喷洒空气清新剂。

（4）可在空调出风口处喷少许芳香型清洁剂或者香水。这样在空调开启时不但没有臭味，还会有种淡淡的香味。

另外，空调在使用过程中，蒸发器表面都附着大量的污垢，为了彻底清洁空调器污染源，可采用车用空调清洗剂，一方面可强力清洁空调蒸发器及通风管路，改善空调的制冷效果；另一方面，可杀灭细菌，分解并清除车内有害物质，去除车内汗味、烟味、体味等。

7. 行李箱护理

行李箱内部多采用丝绒纤维织物铺设，其护理可参照前面丝绒纤维织物的护理方法。

二、任务介绍

（1）掌握吸尘器的构造、原理、使用方法和故障排除。
（2）根据车室不同部位正确选择护理用品。
（3）明确规范的车室及行李箱护理步骤。
（4）掌握车室及行李箱护理的注意事项。

三、工　单

根据实训情况填写表 7.6 所示的工单。

表 7.6　工　单

编　号	任务内容	任务实施记录	时间（min）	评　价
1	车室除尘		10	
2	车室清洗		20	
3	车室蒸汽消毒		10	
4	皮革表板上光		15	
5	空气清洁		2	
6	行李箱护理		10	

四、作业与考核

（1）吸尘器有哪些类型？各有什么特点？
（2）车室及行李箱护理应遵循怎样的施工程序？
（3）车室真皮饰件常见缺陷有哪些？试分析产生原因和防治方法。

任务七　车窗贴膜

一、知识点和技能准备

（一）车窗贴膜的作用

（1）隔热降温。

据资料介绍，车窗玻璃贴上车膜后，可有效阻隔太阳热量 50%～85%，对于降低车厢内的温度有显著的效果。

（2）防止爆裂。

好的车膜装贴于车窗玻璃内表面后，具有很强的吸附力和防爆性能，一旦发生交通事故或者受到碎石撞击，就能有效阻止因玻璃破碎对人体造成的伤害。

（3）保护皮肤。

过强的紫外线对人体健康存在一定的危害，车主驾车时如果较长时间和过度地受到紫外线的照射，就可能造成眼睛损伤，皮肤灼伤，引发皮肤病变、并且容易诱发皮肤癌。高质量的车膜，能有效阻隔 99% 以上的有害紫外线，又不影响可见光的射入。

（4）保护内饰。

长时间暴露于直射的阳光下还会造成汽车仪表台面、座椅和纺织品织物的褪色、龟裂，加速内饰的老化。而车膜有助于延长车内饰的寿命，让车内更漂亮，使用期更长。

（5）增强私密性。

由于车膜具有单向透视的功能，外面看不见车内，车内可清楚地看见外面，这对于增强车辆的私密性有非常良好的效果（前风挡玻璃除外）。

（6）美化外观。

车膜的颜色有许多种，可以根据车辆面漆的颜色进行选贴。车窗玻璃贴上适当颜色的车膜后，不仅能增强个性化，同时对汽车整体外观也能起到锦上添花的效果。因此，车窗玻璃贴膜时，要选择自己喜爱和适合车色的车膜。

（二）车膜的基本性能

（1）遮眩光率和透光率。

良好的遮眩光率和透光率能降低阳光的炫目程度，既保证了驾驶员在各种气候环境下都能拥有清晰的视野，同时在其开车时也不会产生刺眼的感觉。优质车膜的遮眩光率应在 59%～83%，透光率应在 70%～85%，无论颜色深浅夜间视野清晰度应在 60 m 以上，无视线盲区。

（2）隔热性。

隔热效果是衡量车膜质量的重要指标，优质车膜的隔热率可达 85% 以上。

（3）防紫外线性能。

优质车膜应能有效地阻挡紫外线，防止人体皮肤被紫外线照射受到伤害，同时降低车内真皮、塑料等内饰件在阳光直射下造成的耗损，延长其使用寿命。

（4）防爆性。

优质防爆车膜的结构中必须设有防爆基层，当挡风玻璃爆裂时应能有效地防止碎片飞散，防止司乘人员受到伤害。

（5）耐磨性。

优质车膜应具有高质量的耐磨层，膜面应有防划伤保护层，这对延长车膜使用寿命，确保施工时不留下任何划痕，保持车膜美观都有重要作用。

（6）单向透视性。

无论白天还是黑夜，从车内往外看应非常清晰，从外往里看应比较模糊。

（三）车膜的基本结构与车膜的种类

目前市场上的汽车贴膜按结构与制造工艺来分，大体分为有普通膜、防晒太阳膜和防曝太阳膜等，颜色上有自然色、茶色、黑色、天蓝色、金墨色、浅绿色和变色等。防曝太阳膜结构最为复杂，包括耐磨外层、多重安全基层、隔热膜层、感压式粘胶层、"易施工"胶膜层和透明基材。

防晒太阳膜以深层染色的手法加注吸热剂，吸收太阳光中的红外线达到隔热的效果。因其同时亦吸收了可见光，导致可见光穿透率不够，加上本身工艺所限，清晰度较差。此类膜的另一大弱点是隔热功能衰减很快，而且容易褪色，价格相对较便宜。

普通膜是一种劣质胶质膜，通常为有机溶剂制成（一般为 PVC、PP、OPP），这与一般贴纸、胶片并没有质的差别。可起到美观及视线阻隔的作用。

车膜质量不同，使用寿命也大不相同。如一般防晒太阳膜采用铝粉镀膜，铝粉的抗氧化性较差，一般贴后 2 年左右就开始氧化成黑锈色，不仅影响性能，而且影响美观。至于劣质染色膜，不仅会在长时间使用后褪色，而且会分解散发有害身体的化学气体，影响车主的身体健康。而优质的防晒太阳膜一般都可正常使用十年以上。

（四）车膜质量的鉴别与选用

1. 车膜质量的鉴别

车膜品种繁多，质量差别很大。一般普通膜的使用期在 2 年左右，优质防爆太阳膜使用期在 5～8 年以上。因此，对于车膜好坏，可通过以下方法进行鉴别。

（1）通过仔细观察来鉴别车膜质量的好坏。

一看透光率，透光率好的防爆隔热膜无论颜色深浅，透视性能均良好。在夜间、雨天也能保持良好视线，保证行车安全。而普通色膜采用的是普通染色工艺，靠颜色隔热，所以颜色深，从车里向外看总有雾蒙蒙的感觉；二看颜色，优质防爆隔热膜颜色均匀一致，不易掉色和褪色。防爆隔热膜是一种高科技产品，它采用金属溅射工艺，将镍、银、钛等高级金属涂于高张力的天然胶膜上，无论在贴膜过程中还是日后的使用过程中都不会出现掉色、褪色现象。防爆隔热膜的颜色多种多样，再加上自然柔和的金属光泽，令防爆隔热膜可以搭配各种颜色、款式的汽车。普通膜和防晒太阳膜是将搭配颜色直接融在胶膜中，撕掉上层塑料纸后，用力刮粘贴面，会有颜色脱落现象，这种膜使用 1~2 年就会褪色；三看气泡，撕开车膜的塑料内衬后再重新合上，劣质车膜会起泡，而优质车膜合上后完好如初。

（2）通过触摸来鉴别车膜质量的好坏。

防爆隔热膜手感厚实平滑，好的防爆隔热膜表面经过硬化处理，长期使用不会划伤表面。普通色膜手感薄而脆，摇动玻璃后，会在膜上留下道道划痕。

（3）通过试验的方法来鉴别车膜质量的好坏。

剪下一小块膜，在地上摩擦或用化油器清洗剂试验，容易掉色的就是劣质膜，而擦不掉颜色的就是优质膜。另外，对车膜的隔热性只凭肉眼看和手摸是很难鉴别的，可以通过一个简单的测试方法来作比较——在一个碘钨灯上放一块贴着车膜的玻璃，用手感觉不到一丝热的是优质车膜，而立即有烫手感觉的，则是隔热性较差的劣质车膜。

2. 车膜的选用

（1）质量检查。

选择车膜时，应按照上述车膜质量的鉴别方法，对车膜的清晰度、透光率、隔热性能、防紫外线性能及防爆性能等进行仔细检查，选择质量良好的车膜。

（2）颜色选择。

车膜颜色的选择，应考虑 3 方面的因素。一要选较浅的颜色，如绿色、天蓝色、灰色、棕色、自然色等，这些颜色看上去比较舒服，而且优质膜都是颜色浅又很隔热。二要与汽车漆面颜色合理搭配。目前的车身颜色主要有白、黑、红、蓝 4 种，它们约占车身所有颜色的一半。一般浅色的车最好使用色彩鲜明的太阳膜，这类膜大多透明度较高，也不会影响隔热效果。挑选颜色时，应注意不能在阳光下看其深浅，而要将它放在车窗上，并把车门窗关好，再仔细查看。否则，看到的颜色可能和它实际的颜色不一样。三是根据个人爱好来搭配颜色。

（3）前挡风玻璃膜的选择。

前挡风玻璃是驾驶员获取道路交通信息的主要通道，为保证安全行车，前挡膜的透光率必须大于 70%。因此，前挡风玻璃必须选择反光度较低、色彩较浅的车膜。如果汽车前挡风玻璃斜度较大，在粘贴时必须注意尽量避免产生反射及波纹。现在市面上有一种完全无色的高档透明膜，尤其适合前挡风玻璃使用。这种膜也称白膜，其最大特点就是可以阻隔波长较短的红外线和紫外线，而对大部分可见光则不加阻拦。所以，既不会对视野产生影响，又能起到隔热作用。

（4）选购有质量保证卡的膜。

选购车膜时，要看其是否有质量保证卡，好的车膜，保质期通常为 5~8 年。在保质期内正常使用，隔热膜不褪色、金属层不脱落、膜层不脱胶。

（五）车膜的粘贴工艺

1. 准　备

车膜粘贴前需做好以下准备工作：

（1）环境准备。为确保车膜粘贴质量和效果，整个安装车间要做到封闭无尘。

（2）工具准备。应准备喷雾器、不起毛的擦洗布、棉毛巾、擦洗垫、刮刀和可替换刀片、清洁剂板和超级刮板、重型切刀（可断开刀片）、白塑料硬卡片、放工具的围裙等。

2. 清　洁

车窗玻璃清洁与否直接影响到贴膜质量。清洁的方法是：先用玻璃清洗剂将玻璃及其边缘反复清洗干净，再用干的刮板刮干玻璃。一般按从干的一边到湿的一边，从上边到下边再到底边的顺序，也可用不起毛的布擦干边缘。

3. 下　料

车膜的大小要与玻璃相匹配。粘贴前应先按玻璃的实际尺寸，将膜裁剪好。裁剪时要先准备各车型玻璃样板，样板的制作方法是：将清洁良好的玻璃表面洒一层水，然后把适当厚度的塑料薄膜吸附在玻璃上，根据边缘线的特点划出玻璃样板，应注意样板要比划线超出 3～5 mm。

4. 粘　贴

粘贴时要撕掉衬垫的塑料，同时用纯净水喷湿胶面和玻璃，这样可以减少胶的粘性，并容易去掉静电引起的附着物。当衬垫完全揭下后，胶的表面仍是湿的，将膜贴到玻璃上，左右滑动，使其不碰车框。再往膜上稍微喷点水，按从中心刮向边缘，从上到下再到底边的顺序刮膜，这样使多余的水从车框边排出。完全刮完后，用超级刮板重复一遍，清除残留水分并使膜贴得更牢，最后用毛巾擦干玻璃边缘的水分和碎片。

5. 检　查

车膜粘贴完毕，应仔细检查粘贴是否牢固（尤其是边角部位）、有无气泡、车膜有无褶皱、有无刮痕。

（六）车膜的维护

1. 车膜的干燥

车膜粘贴用的是压敏胶，刚贴上去的黏度不大，一般贴上车膜后在 3 d 之内不要升降玻璃，待玻璃与车膜之间的水全部蒸发后，车膜就完全粘在玻璃上了，这时即使受到重击，车膜也能牢牢粘在车窗玻璃上。车膜及天气不同，粘贴后干燥速度也不同，快则 2 d，慢则 7～15 d。在某种气候下，汽车膜可能会出现雾状或水珠状点，这是正常现象，会慢慢消失的。

2. 车膜污渍清除

膜面出现污渍，驾驶员习惯用玻璃清洁剂清洗，并用抹布擦拭，这会缩短隔热膜的使用寿命。因为隔热膜多半含有金属成分，化学性的清洁剂会和这些金属起化学反应，导致褪色、变形、起泡，粗糙的拭布则会刮伤隔热膜。其实只需用柔软的抹布沾温水擦拭，隔热膜上的指印油痕都能擦拭干净。

3. 车膜上不要粘贴饰物

将装饰物粘或通过吸盘吸附在车膜上，容易造成车膜脱落。

二、任务介绍

（1）了解车膜的作用、结构和分类。
（2）明确车膜质量的鉴别与选用方法。
（3）掌握车膜的粘贴工艺。

三、工 单

根据实训情况填写表 7.7 所示的工单。

表 7.7 工 单

编 号	任务内容	任务实施记录	时间（min）	评 价
1	准备		5	
2	用玻璃清洗剂清洁玻璃		10	
3	下料		20	
4	粘贴		20	
5	检查		5	

四、作业与考核

（1）车窗贴膜有什么作用？
（2）车膜的性能指标有哪些？
（3）怎样正确鉴别与选用车膜？
（4）简述车膜的粘贴工艺。

项目八

汽车维护

任务一　发动机进气系统维护

一、知识点和技能准备

1. 空气滤清器

功用：滤除空气中的尘埃和杂质，为发动机输送洁净的空气，以减少活塞与气缸套之间、活塞组之间和气门组之间的磨损，此外还能抑制内燃机的进气噪声。

纸质空气滤清器由外壳、盖和滤芯组成，如图 8.1 所示，纸质空气滤清器正常使用寿命约为 20 000 km。

图 8.1　空气滤清器

图 8.2　常见的两种纸质滤芯

2. 节气门体

节气门体安装在进气管中，用来控制汽油发动机正常运行工况下的进气量。主要由节气门、节气门位置传感器和怠速空气道等组成，如图 8.3 所示。

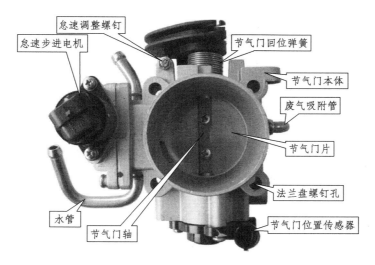

图 8.3 节气门体

二、任务导向

1. 空气滤清器的保养与维护

（1）定期清洁和更换滤芯。

在使用中应按汽车维护规定经常清洁空气滤清器集尘室和滤芯，以免滤芯上粘附灰尘过多而增大进气阻力，降低发动机功率，增加耗油量。按厂家规定的更换周期更换滤芯，一般每 5 000 km 应清洁一次滤芯；每 15 000～20 000 km 应更换滤芯。如果车辆长期在灰尘较大的环境下运行，应视情况缩短清洁和更换滤芯的周期。

（2）正确安装。

检查维护时，滤芯上的密封垫必须安装在原位，以防止空气不经过滤清器进入气缸。当发现滤芯破损，或滤芯上、下端面翘曲不平，或橡胶密封圈老化变形、破损时，均应更换新件。

（3）滤芯的选择。

一般可从外包装和外观上识别优质与劣质滤芯，也可在安装后检验，如装上新滤芯后，汽车排放的一氧化碳超标，不装滤芯时排放的一氧化碳达标，表示该滤芯透气性差，是不合格的滤芯。另外，选择时还应注意滤芯的大小是否与原车的滤清器匹配。

（4）纸质滤芯的清洁方法。

纸质滤芯采用微孔滤纸，表面经过树脂处理，在发动机工作时，滤芯周围会粘附着一层灰尘，清洁时不能用水或油，以防止油水浸染滤芯。常用的清洁方法有 2 种：一是轻拍法，即将滤芯从滤清器壳体中取出，轻轻拍打纸滤芯端面，使灰尘脱落，但不得敲打滤芯外表面，防止损坏滤纸，降低滤清效果。二是用压缩空气吹，即用合适压力的压缩空气逆着进气方向，将灰尘吹净，如图 8.4 所示。

图 8.4　用压缩空气清理纸质滤芯

2. 节气门体的保养与维护

节气门体脏污，会造成发动机怠速不稳抖动、节气门反应滞后、冷车启动困难、行车抖动、怠速或低速熄火、油耗增加等。因此，应及时清洗节气门体。

（1）节气门体保养周期选择。

根据行驶里程选择。如果使用环境比较恶劣，尘土较多，建议每 20 000 km 清洗一次；使用环境比较清洁的，可以每 30 000 ~ 40 000 km 清洗一次。

根据车况选择。如果出现了如怠速发动机抖动、怠速时发动机转速表指针上下摆动、无故熄火、怠速发动机转速高、起动困难、加速无力等症状，就需要清洗节气门。

根据检测值选择。发动机正常怠速负荷在 2% ~ 5%，如果在没有开启空调及其他用电功率较大设备的情况下，怠速负荷值超过 5%，节气门体就该清洗了。

（2）节气门体的清洗步骤。

① 将发动机暖机后熄火。拆卸节气门体，检查节气门体表面有无损伤。

② 堵住节气门体旁通道的进气侧，不要让清洗剂进入到旁通道内。

③ 用清洗剂喷洗节气门体(注意不得清洗电控元件)，如图 8.5 所示。清洗剂可选择化油器清洗剂，清洗时注意在通风良好的场地进行，做好个人防护，严禁烟火。清洗完毕，用卫生纸擦拭干净后装复。

④ 用故障诊断仪对节气门体位置进行基本设定。

图 8.5　清洗节气门

三、工 单

根据实训情况填写表 8.1 所示的工单。

表 8.1 工 单

编 号	任务内容	任务实施记录	时间（min）	评 价
1	在实训车上找到空气滤清器和节气门体，说明其主要作用及类型		10	
2	空气滤清器维护 正确拆装 纸质滤芯清洁		20	
3	正确拆装节气门体 节气门体清洗		20	

四、作业与考核

（1）空气滤清器的作用是什么？如何选择合适的滤芯？

（2）简述空气滤清器的维护方法。

（3）节气门体的作用是什么？

（4）简述节气门体的清洗步骤。

任务二 燃油供给系统维护

一、知识点和技能准备

1. 燃油供给系统的作用及组成

燃油供给系统的作用是向发动机提供工作所需的燃油。主要由油箱、电动汽油泵、汽油滤清器、燃油压力调节器、喷油器等组成，如图 8.6 所示。

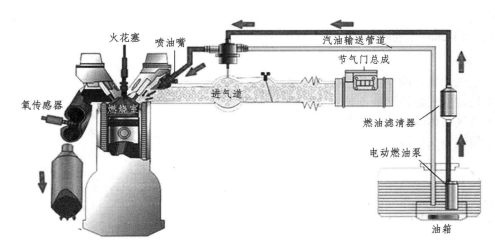

图 8.6 电控汽油发动机燃油供给系统组成

2. 燃油滤清器

燃油滤清器一般分为内置式和外置式。内置式燃油滤清器一般可视为终生免维护零件，外置式燃油滤清器的更换周期为每行驶 30 000 km 或 24 个月（注：不同品牌的车型，更换周期略有差异）。图 8.7 所示为外置式燃油滤清器。

3. 免拆清洗及其周期选择

免拆清洗属于养护范畴，随着我国汽车维修市场逐步与国际接轨，养护代替修理的理念深入人心，从国外引进的或自行开发的免拆清洗的设备或技术已大批进入了汽车维修市场，使得广大汽车维修企业进行免拆清洗有了实行的可能和必要。免拆清洗，可以迅速、可靠、无损地改善或恢复发动机工作性能。

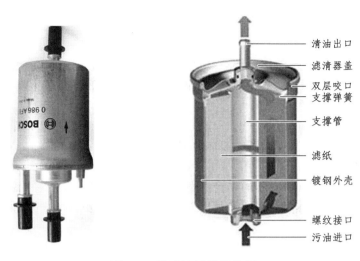

图 8.7　燃油滤清器结构图

清油出口
滤清器盖
双层咬口
支撑弹簧
支撑管
滤纸
镀钢外壳
螺纹接口
污油进口

确定发动机燃油系统和进气系统是否要进行免拆清洗的主要依据如下：

（1）冷车起动困难、加速不良，从其他转速回到怠速时常有短暂不稳；

（2）氧传感器电压在 0.10～0.95 V，且变化较慢（好的发动机常在 0.3～0.7 变化），影响燃油修正；

（3）长期处在中、低负荷行驶的车辆，每行驶 20 000～40 000 km；

（4）突然因汽缸压力低而导致不能启动或启动困难，且怀疑是由于积炭落在进气门与气门座圈之间；

（5）使用了劣质燃油。

以上各项中，（2）中的指标最重要，也最直观，用故障诊断仪可以从数据流中读出。

二、任务导向

1．免拆清洗的方式

目前市场上免拆清洗装置及清洗液种类很多，但都有一定的同质化，几种名牌清洗液效果都较好，而且对氧传感器等机件都无损坏。常见的清洗剂主要有 G17 和车贝尔强效清洁型添加剂，主要成分有聚醚胺（PEA）、聚乙丁烯胺（PIBA）和聚胺（PBA）3 种。清洗方式一般有以下 3 种：

（1）代替燃油泵和燃油箱供清洗液来运转发动机燃油喷射/进气系统清洗剂；

（2）作燃油清净剂加入燃油箱中燃油清净添加剂，如 G17 和车贝尔清洁型燃油添加剂；

（3）在发动机运转时，由真空软管吸入进气歧管中节气门/进气门清洗剂。

2．燃油滤清器维护

（1）注意事项。

在对燃油系统进行维护时，应在通风良好的场地进行，严禁烟火，须做好防火措施。

更换燃油滤清器时最好在发动机冷态下进行，因为发动机热态时从排气管排出的高温废气可能会点燃汽油。

在更换燃油滤清器之前，应该按照汽车维修手册中规定的操作规程释放燃油系统中的压力。释放燃油压力通常采用的办法是：拆下燃油泵保险丝或者燃油泵继电器，起动发动机 2~3 次，这样可以释放管路中的燃油压力。

在对外置式燃油滤清器进行维护时，应该检查与燃油滤清器相连接的油管和油路外表面是否出现了损伤。如果有，按规定更换损坏的部件。

（2）燃油滤清器更换。

首先，放松油路和燃油滤清器的结合处的夹紧装置，然后，将燃油滤清器从油路中拆下来，紧接着用塞子塞住油路，这样就可以防止燃油溢出。安装新的燃油滤清器时，请注意方向。

另外，还应确保橡胶软管夹紧装置安装在正确的位置并按照指定的规格夹紧结合处。部分燃油滤清器上还设计有搭铁线，请确保连接可靠，如图 8.8 所示。

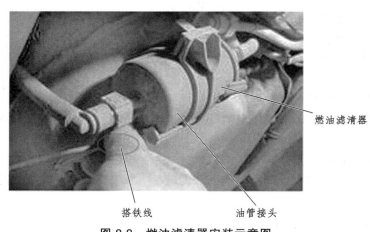

燃油滤清器

搭铁线　　　　　油管接头

图 8.8　燃油滤清器安装示意图

三、工　单

根据实训情况填写表 8.2 所示的工单。

表 8.2　工　单

编　号	任务内容	任务实施记录	时间（min）	评　价
1	根据实训轿车的状况，判断是否需要进行免拆清洗		15	
2	利用网络查询清洁型燃油添加剂的使用方法		10	
3	更换燃油滤清器		30	

四、作业与考核

（1）简述燃油供给系统的作用及组成。

（2）如何判断发动机燃油系统和进气系统是否需要进行免拆清洗？免拆清洗的方式有哪几种？

（3）燃油滤清器的更换周期一般为多长？

（4）简述燃油滤清器的更换步骤。

任务三 点火系统维护

一、知识点和技能准备

1. 点火系统的作用及组成

点火系统的作用是在发动机各种不同工况下，保证可靠而准确的点燃混合器。目前汽油发动机上多采用电控点火系统，主要由电源、点火开关、传感器、ECU、电子点火器、点火线圈、火花塞等组成，如图 8.9 所示。

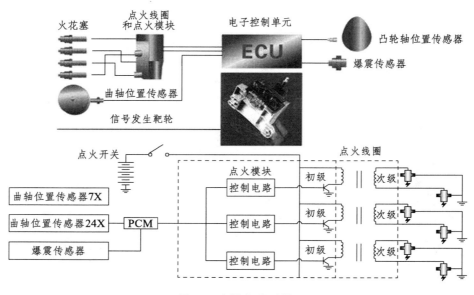

图 8.9 电控点火系统

2. 火花塞

（1）火花塞的作用。

火花塞的作用是将点火线圈所产生的脉冲高压电引进燃烧室，并在电极间发生电火花，点燃混合气。来自点火线圈的高压电需要击穿火花塞的间隙才能产生火花，因此，火花塞的间隙对发动机的点火性能影响很大。间隙过小，则火花微弱，并且还因容易积炭而产生漏电故障；间隙过大，所需的击穿电压增高，发动机不易起动，而且在高转速时容易发生"缺火"现象，因此，火花塞中心电极与侧电极之间的间隙应合适，常用火花塞的间隙在 0.60 ~ 0.90 mm。图 8.10 为火花塞结构图。

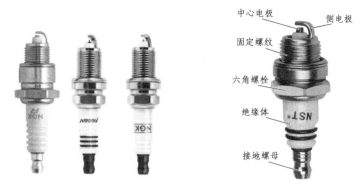

中心电极
侧电极
固定螺纹
六角螺栓
绝缘体
接地螺母

图 8.10　火花塞结构图

（2）火花塞的选型。

由于各种发动机工作特性不同，没有一种标准的火花塞能够适应所有的发动机。因此必须要根据发动机的特性来选择相适应的火花塞，这就是火花塞的选型。选型的基本原则是："热型"发动机（大功率、大压缩比、高转速）应选配"冷型"火花塞（裙部长度短、导热长度短）；"冷型"发动机（小功率、小压缩比、低转速）应选配"热型"火花塞（裙部长度长、导热长度长），以维持火花塞的热平衡，使其工作温度保持在 500～850 ℃ 工作范围。

二、任务导向

1. 火花塞的检查与清洁

（1）拆卸火花塞。

依次拆下火花塞上的高压分线。在拆下高压分线时，应做好各缸的记号，以免搞乱。

拆卸高压分电线时，不要抓住电线猛拉，应该抓住高压分线的末端的防尘套扭转着卸下电线，如图 8.11 所示。

拆卸火花塞前，要清除火花塞孔处的杂物和灰尘。如果火花塞孔处有灰尘或杂物，可用压缩空气吹掉；如果不易吹掉，可用抹布和起子进行清除。用布块堵住火花塞孔，确保火花塞拆卸后，不会有杂物掉进气缸内。

用火花塞套筒逐一卸下各缸的火花塞，如图 8.12 所示。拆卸时火花塞套筒要确实套牢火花塞，否则，会损坏火花塞的绝缘磁体，引起漏电。为了稳妥，可用一只手扶住火花塞套筒并轻压套筒，另一只手转动套筒，卸下的火花塞应按顺序排好。

图 8.11　拆卸高压分电线

图 8.12　拆卸火花塞

（2）检查火花塞状态。

逐一检查火花塞，如果火花塞的电极呈现灰白色，而且没有积炭，则表明该火花塞工作正常，燃烧良好；如果有电极严重烧蚀或存有积炭甚至有污迹或其他异常现象，则表明该火花塞有故障。

对燃烧状态不好的火花塞，应先进行清洁，去除火花塞磁体上的积炭和污迹，然后检验其性能。就车检查时，将火花塞放置在缸体上，使火花塞能与缸体连通，用从点火线圈出来的中央高压线触到火花塞的接线柱上（不要有间隙），打开点火开关使高压电跳火，让高压电通过火花塞。如果从火花塞间隙处跳火，说明火花塞是好的；如果不从间隙处跳火，说明火花塞的内部磁体的绝缘已被击穿，必须更换这只火花塞。

检查火花塞的绝缘体，如有油污和积炭应清洗干净，磁芯如有损坏、破裂，应予更换。

（3）检查、调整火花塞电极间隙。

火花塞的间隙因车型的不同而异，可以从随车手册中查到。如果找不到适当的依据，火花塞的电极间隙一般可按 0.7~0.9 mm 调整。间隙过小，火花塞容易烧蚀；间隙过大，火花塞跳火会变弱，甚至断火。

如果有火花塞量规，可用来测量火花塞电极间隙。如果手边没有量规，可用折断的钢锯片或刀片来代替量规，测量火花塞间隙。火花塞间隙太大时，可用起子柄轻轻敲打外电极来调整，但不要用力过大，否则外电极可能因过度弯曲而损坏；如果间隙过小时，可用"一"字头的起子插入电极间，扳动起子把间隙调整到要求为止，如图 8.13 所示。调整间隙时，只能弯动旁电极，不能弯动中心电极，以免损坏绝缘体。

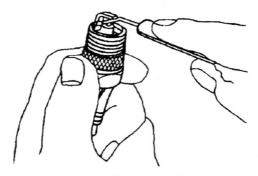

图 8.13　火花塞电极间隙调整

火花塞间隙调整好之后，外电极与中央电极应略成直角，如过度偏曲或电极烧蚀成圆形，则该火花塞不能再使用，应更换新品。

（4）安装火花塞。

安装火花塞时，先用手抓住火花塞的尾部，对准火花塞孔，慢慢用手拧上几圈，然后再用"火花塞套筒拧紧。如果用手拧入感觉有困难或费力，应把火花塞取下来，再试一次，千万不要勉强拧入，以免损坏螺纹孔。为使火花塞安装顺利，可以在火花塞螺纹上涂抹一点机油。连接高压线时，要注意各缸线的顺序，不要插错。起动发动机，查看有没有严重的抖动或放炮声。如果有抖动或放炮声，说明各缸高压线插错了，应重新安插高压线。

（5）更换火花塞。

火花塞是汽车的消耗零件之一，普通型火花塞使用寿命约为 20 000 km，长效型使用寿命约为 30 000 ~ 40 000 km。火花塞使用达到寿命终了时，电极的放电部分会烧蚀，因此，必须定期更换。

2. 高压导线的保养与维护

不要抽拉或弯曲高压线，以避免损坏内部的导线。目视检查高压线表面有无龟裂、破损，如有则需更换所有高压线。用万用表测量高压线电阻，最大电阻：25 kΩ（每根高压线）。如果电阻大于最大值，则更换所有高压线。注意：一些采用独立点火系统的发动机无高压导线。

3. 点火线圈的检测与维护

用万用表测量点火线圈的初级及次级线圈电阻，如测量结果不符合标准值，则应更换点火线圈。

三、工　单

根据实训情况填写表 8.3 所示的工单。

表 8.3　工　单

编　号	任务内容	任务实施记录	时间（min）	评　价
1	拆卸分缸高压线及火花塞		10	
2	检查火花塞状态		10	
3	选择合适的火花塞并更换		20	
4	检查高压导线及线束连接情况		10	
5	点火线圈电阻检测		10	

四、作业与考核

（1）简述点火系统的作用及组成。

（2）简述正确拆卸、安装分缸高压线及火花塞的方法。

（3）如何调整火花塞的电极间隙？普通火花塞的工作寿命一般为多长？

任务四　润滑系统维护

一、知识点和技能准备

1. 发动机润滑油

发动机润滑油也叫机油，在发动机中起到润滑、冷却、清洗、密封、防锈及缓冲等重要作用。机油主要由基础油和添加剂两部分组成，根据基础油成分的不同一般可分为矿物机油、半合成机油及全合成机油 3 大类。图 8.14 所示为发动机机油外包装主要信息。

图 8.14　发动机机油

（1）黏度级别划分。

10W-40 就是它的 SAE 标准黏度值，这个黏度值首先表示这个机油是多级机油，W 代表 WINTER 冬天，W 前面的数字代表低温时的流动性能，数值越小低温时的启动性能越好。W 后面的数字代表机油在高温时的稳定性能（即变稀的可能性），数值越大说明机油高温的稳定性能越好。

冷启动可靠点：

冷启动可靠点是在临界泵送温度的 + 5°。

在该温度范围下，汽车具有良好的技术状况，冷启动过程不产生任何问题。

SAE 0W	− 40 ℃	+ 5 ℃	− 35 ℃
SAE 5W	− 35 ℃	+ 5 ℃	− 30 ℃
SAE 10W	− 30 ℃	+ 5 ℃	− 25 ℃
SAE 15W	− 25 ℃	+ 5 ℃	− 20 ℃
SAE 20W	− 20 ℃	+ 5 ℃	− 15 ℃
SAE 25W	− 10 ℃	+ 5 ℃	− 10 ℃

通常我们计算低温启动性，简单一点，W 前面的数字加"－35°"就可以了。如"0W"就是最低可以在－35 ℃ 正常启动。

（2）质量等级划分。

SJ/SL：表示汽油引擎车使用。

CF/CG：表示柴油引擎车使用。

具体如下：API（American Petroleum Institute）是美国石油学会的英文缩写，API 等级代表发动机油质量的等级。它采用简单的代码来描述发动机机油的工作能力。

API 发动机油分为两类："S"开头系列代表汽油发动机用油，规格有：API SA，SB，SC，SD，SE，SF，SG，SH，SJ，SL，SM，SN。"C"开头系列代表柴油发动机用油，规格有：API CA，CB，CC，CD，CE，CF，CF-2，CF-4，CG-4，CH-4，CI-4。当"S"和"C"两个字母同时存在，则表示此机油为汽柴通用型。在 S 或 C 后面的字母表示的意义是：从"SA"一直到"SM"，每递增一个字母，机油的性能都会优于前一种，机油中会有更多用来保护发动机的添加剂。字母越靠后，质量等级越高。

（3）润滑油选择。

由于机油对发动机的使用性能和寿命都有很大的影响，因此应严格按照汽车使用说明书规定选用相同系列、质量等级、黏度等级的机油。车辆使用说明书推荐的机油是根据发动机的性能和销售地域的气温等情况而定的，对机油的选用有一定的指导作用。并留有较大的安全系数，同时也是发动机保用期内索赔的前提条件之一。若无说明书可按下列方法，选用合适的机油规格。

根据发动机的使用燃料选择相对应系列的发动机润滑油。汽油机选用 S 系列机油；柴油机选用 C 系列机油；液化石油气发动机选用液化石油气专用润滑油。

① 机油质量等级的选用。由于汽油机工作条件的苛刻程度与发动机进、排气系统中有无附加装置及其类型有关，因此，可按附加装置的类型来选用汽油机油的使用等级。

没有附加装置的汽油发动机可选用 SD 级油。

有曲轴箱强制通风（PCV）装置的汽油发动机可选用 SE 级油。

有废气再循环（ECR）系统的汽油发动机应选用 SF 级油。

装有催化转化器或中低档电喷系统的汽油机，要选用 SG 级以上的机油。

对于采用新型材料和新技术的中高档电喷汽油机则应选用 SJ 级以上的机油。

柴油机润滑油的质量等级应根据柴油机的强化系数来确定，强化系数表示发动机的机械负荷和热负荷的总和。

② 黏度等级的选用。

机油黏度的选用应同时满足低温起动性和高温润滑性。根据地区、季节和气温选用黏度等级，并尽量使用多级油。在严寒地区冬季使用的发动机机油应选用 0 W、5 W 油或 0 W/20 或 5 W/20 多级油；而在炎热地区的夏季，则应使用 40 号油或 20 W/40 等机油。

2. 机油滤清器

机油滤清器的作用是过滤发动机中的金属碎屑以及机油中的各种杂质，防止机油劣化，避免引擎运动部的磨损。另外当机油滤清器阻塞时，让机油适当流出，确保油压正常。图 8.15 所示为机油滤清器结构图。

机油滤清器一般要求每 5 000 km 更换一次（不同车型要求不尽相同，参考维修手册），才能达到最佳使用效果。

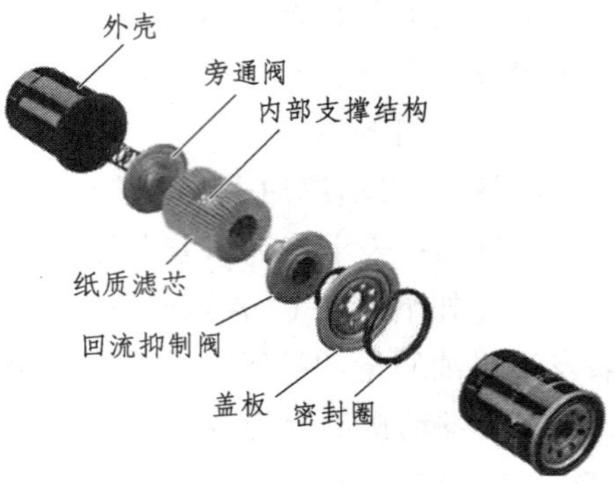

图 8.15　机油滤清器结构图

二、任务导向

（一）发动机机油的检查

1. 机油液位的检查

（1）将车辆停放在平坦地面上，将车轮挡块安装到位，保证车辆稳定停靠。

（2）起动发动机并让发动机达到正常工作温度。

（3）停止发动机并等待约 5 分钟，使机油流回油底壳。

（4）打开发动机舱盖，拉出油尺，擦干净，然后全部插回去。机油标尺在发动机中的位置如图 8.16 所示。

（5）拔出机油标尺，检查油量，油量应在"F"与"L"之间，如图 8.17 所示。

（6）如果发现油量靠近或在"L"位置，应补充机油直到油量到达"F"位置，但不能过量。

图 8.16　机油标尺在发动机舱中的位置

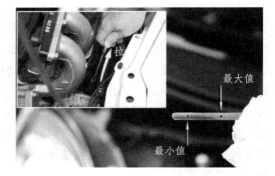

图 8.17　检查机油量

2. 机油质量的检查

（1）检查发动机机油是否变质，进水，轻微变色。

（2）如果质量明显不良，需要更换机油。

（3）检查方法，在热车时将机油尺上的机油滴一滴在滤纸或餐巾纸上，然后观察机油油渍形状，如图 8.18 所示。

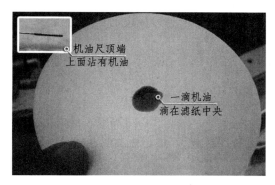 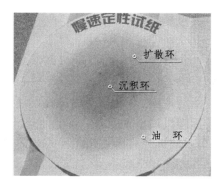

图 8.18　机油质量检查

现象一：油斑的沉积区和扩散区之间无明显界线。整个油斑颜色均匀，油环淡而明亮，说明机油质量良好，可安心使用。

现象二：沉积环颜色深，扩散环较宽，有明显分界线，油环为不同深度的黄色，说明油质已污染，机油尚可使用，但已接近更换时间。

现象三：沉积环深黑色，沉积物密集，扩散环窄，油环颜色变深，说明油质已经恶化，应马上更换新油，以免造成发动机过度磨损。

（二）发动机机油及机油滤清器的更换

1. 发动机机油排放

更换发动机机油时需要将车辆举升到适合操作的高度，在举升之前需要打开机油加注口盖，为了防止异物通过机油加注口进入发动机，需要利用干净的布将其遮盖住，然后进行下列操作：

（1）预热发动机。

① 把车辆停在平整的地面上，起动发动机，进行发动机暖机。

② 关闭发动机，拉紧驻车制动器，打开汽车发动机盖和机油加油口盖，如图 8.19 所示。

图 8.19　打开机油加油口盖

（2）举升车辆。

① 在车辆停靠到位的基础上，放置举升托臂。

265

② 操纵举升机，当车轮离开地面，停止举升并以一定的力量按动车辆前后部，检查车身是否稳固。

③ 在车身稳定的情况下，继续操纵举升机，将车辆举升到适合操作的最高位置。

（3）排放机油。

① 清洁地面，防止有水或油造成打滑，影响安全操作。

② 拆卸机油放油螺塞，将机油排入废油收集容器中，如图 8.20 所示。此时需要特别注意防止热车后的机油将手烫伤，另外还需要放置好容器位置，防止机油漏在地面上。

图 8.20　排放机油

（4）更换密封垫。

放完机油后，更换放油螺塞密封垫，按规定力矩拧紧。

2. 机油滤清器的更换

（1）利用机油滤清器扳手或专用工具拆卸机油滤清器，如图 8.21 所示。

图 8.21　拆卸机油滤清器

注意：用机油滤清器扳钳把机油滤清器拆下来，为了防止机油溢洒，应该将其开口朝上取出来。

（2）检查并清洗气缸体与机油滤清器的安装表面。

（3）检查新机油滤清器部件编号是否与旧编号相同。

注意：在机油滤清器的安装部位上，有一个橡胶油封环。为了防止橡胶油封环黏附污物，在新机油滤清器上，都有一个塑料薄膜盖。把机油滤清器上的塑料薄膜盖拆下来，如果橡胶油封环已经干了，应该薄薄地涂上一层新机油，如图 8.22 所示。

图 8.22　润滑密封圈

（4）用手把新的机油滤清器拧在机油滤清器支座上，直到滤油器"O"形环与安装表面接触，用机油滤清器扳手再把滤清器拧紧 3/4 转。为了恰当地拧紧机油滤清器，注意识别滤清器"O"形环与安装表面初始接触的精确位置。

注意：个别车型只更换机油滤清器滤芯及"O"形圈。

3. 加注发动机机油

（1）从举升机上放下车辆。

（2）如图 8.23 所示，从发动机机油加注口注入车辆制造商规定黏度的高品质汽油发动机专用机油，直至油位达到机油标尺上的满油位标记即可停止加注。

图 8.23　发动机机油加注

（3）盖上机油加注口盖，使发动机怠速空转 5 min 后停止运转。3 min 后拔出机油标尺检查油位是否处在正常位置。注意：不足时再加油，油位超过最高油位标记时需抽出过量机油。

（4）安装机油加注口盖，注意方向。

（5）起动发动机并检查是否漏油。

（6）重新检查发动机机油量。

（7）检查漏油情况，发动机润滑系统漏油情况的检查主要包括发动机各种区域的接触面、油封处和放油螺塞。

注意：

① 检查完毕后对机油加注口及油底壳进行清洁。

② 加注新机油时必须注意防止机油外漏，从而造成对传感器、执行器的损坏。

③ 长时间及重复接触矿物油会导致皮肤的脱落、干燥、刺激和病变。另外，废机油含有潜在的有害杂质，会引起皮肤癌。

④ 为了缩短时间及降低油与皮肤接触的频率，应穿上防护服并戴上手套。用肥皂和水彻底清洗皮肤，或使用清洁剂去除机油。禁止使用汽油，稀释剂或溶剂清洗。

⑤ 为了保护设备，只能在指定的清除位清除废机油和废机油滤清器。

三、工　单

根据实训情况填写表 8.4 所示的工单。

表 8.4　工　单

编　号	任务内容	任务实施记录	时间（min）	评　价
1	机油液位检查		5	
2	检查机油质量		5	
3	发动机机油排放		20	
4	更换机油滤清器		5	
5	加注新机油		10	

四、作业与考核

（1）简述润滑系统的作用及组成。

（2）如何选择合适的机油？

（3）如何确定发动机机油更换周期？

（4）简述发动机机油更换方法。

任务五　发动机冷却系统维护

一、知识点和技能准备

1. 发动机冷却液

冷却液，又称防冻液、抗冻液、水箱宝等。主要功能：在发动机冷却系统中循环流动，将发动机工作中产生的多余热能带走，使发动机能以正常温度工作，同时起到防冻、防沸、防锈、防腐蚀等效果，大多防冻液的颜色为红色或绿色，以观察是否泄漏，或与发动机其他液体相区别，避免混淆。图 8.24 为常见发动机冷却液。

图 8.24　发动机冷却液

2. 发动机冷却液的选择

目前国内发动机所使用的和市场上所出售的冷却液几乎都是乙二醇型冷却液。乙二醇型冷却液是用乙二醇作防冻剂，并添加少量抗泡沫、防腐蚀等综合添加剂配制而成。由于乙二醇易溶于水，可以任意配成各种冰点的冷却液，其最低冰点可达 – 68 ℃，这种冷却液具有沸点高、泡沫倾向低、黏温性能好、防腐和防垢等特点，是一种较为理想的冷却液。

发动机冷却液的选择主要根据汽车使用地区的气温，选用不同冰点的冷却液，冷却液的冰点至少要比该地区最低温度低 10 ℃，以免失去防冻作用。

3. 冷却液更换周期选择

一般根据车辆行驶里程或时间长短来更换发动机的冷却液，正常使用一般为 2 ~ 3 年或 20 000 ~ 40 000 km。

二、任务导向

1. 检查冷却液液面

在发动机处于冷态时检查膨胀水箱中的冷却液液位。检查冷却液液位应在"MAX"和"MIN"之间，如图8.25所示。如发现不足，应在发动机冷态下及时添加相同型号的冷却液。注意：部分车型在冷却液膨胀水箱上装有冷却液液位传感器，当冷却液液位低于"MIN"刻线时就会在仪表上点亮警告灯。

图8.25 检查冷却液液位

2. 冷却液冰点检测

冷却液冰点检测常用工具为冰点检测仪，如图8.26所示。具体检测方法如下：

（1）掀开盖板用柔软绒布将盖板及棱镜表面擦拭干净。

（2）将待测液体用吸管滴于棱镜表面，合上盖板轻轻按压，将冰点测试仪对向明亮处，旋转目镜使视场内刻线清晰，读出明暗分界线在分划板上相应标尺上的数值即可，如图8.27所示。

（3）测试完毕，用柔软绒布将盖板及棱镜表面擦拭干净，清洗吸管，将仪器收藏于包装盒内。

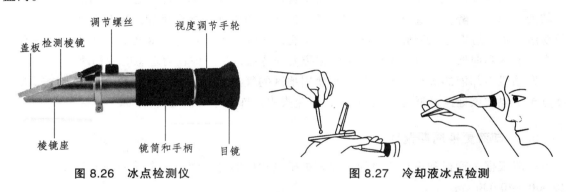

图8.26 冰点检测仪　　　　　图8.27 冷却液冰点检测

3．发动机冷却液的排放与加注

（1）将车放在平地位置，检查冷却液质量。

（2）拧下散热器盖。如发动机温度过高则不要急于将散热器盖打开，需待温度降低后进行，以防烫伤，必要时采取防护措施。

（3）将散热器放水开关拧松，把冷却液排放在收集容器内。注意：冷却液及其添加剂均为有毒物质，请勿接触，放出的冷却液不宜再使用，应严格按有关法规处理废弃的冷却液。冷却液排放螺栓如图 8.27 所示。

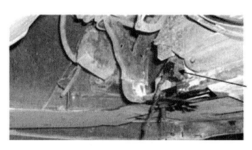

图 8.27　冷却液排放螺栓

（4）待旧冷却液排放干净后，将放水开关关好，向冷却系统内注满四季通用的冷却液，并按标准加至膨胀水箱"MAX"的标记处，不可多加。

（5）起动发动机怠速 2～3 min，使冷却水循环，水循环时会把冷却系统内的空气排出，并使膨胀水箱液面降低，再按标准补足。

4．冷却系统的清洗

冷却系统经过长时间的使用，会在冷却系统（散热器、缸体的水套）中产生大量的水垢、铁锈等，使冷却效率降低。因此，应在更换防冻液或大修发动机时，或出现冷却系统散热效率降低时，彻底清洗冷却系统。

（1）简单清洗。

清洗时，应放净旧冷却液，将发动机冷却系统加满清洁水（自来水），起动发动机运转5 min 后放出。

（2）彻底清洗。

当发动机散热性能不好、发动机冷却系统水垢过多时，可使用专用的散热器清洗剂进行清洗。冷却系统彻底清洗步骤如下：

起动发动机，使其温度达到正常的工作温度后，停止发动机转动并放净冷却液，将混有清洗剂的清洗液加入到冷却系统中。起动发动机，使发动机温度达到正常工作温度并怠速运转 20～30 min，然后使发动机停止转动，放出清洗液。

用清洁的水冲洗冷却系统 5 min 后，再向冷却系统内注满清洁的水，起动发动机使其运转 10 min 后放出。如果排出的液体较脏，应继续用清水反复清洗直到放出清水为止。

清洗冷却系统时，如果发动机温度低于正常温度，则节温器不能打开，清洗液只做小循环，并不在散热器和缸体水套中循环。所以，必须保持在正常温度。

5. 发动机冷却系统的泄漏检测

当冷却液量不足时，会使发动机异常升温。所以在发动机冷却液量减少时，应按如下方法检查漏泄漏情况及泄漏部位。

（1）起动发动机暖机至冷却水温度达到正常温度为止。

（2）打开贮水箱盖，加水至溢出加水口为止。

（3）安装压力计。

（4）用手动泵加压至合适压力值，此时如果冷却系统无渗漏，压力计指针将无变化；如果系统存在渗漏，则压力计的压力指示将下降。也就是说各冷却装置的导管、散热器、水泵、气缸垫等处可能存在渗漏，应及时修理，必要时换新件。

三、工 单

根据实训情况填写表 8.5 所示的工单。

表 8.5 工 单

编 号	任务内容	任务实施记录	时间（min）	评 价
1	检查冷却液液面高度		5	
2	检查冷却液冰点		5	
3	排放发动机冷却液		20	
4	清洗发动机冷却系统		20	
5	加注新冷却液		10	

四、作业与考核

（1）简述冷却系统的作用及组成。

（2）如何选择冷却液？

（3）简述发动机冷却液更换方法。

（4）简述发动机冷却系统清洗方法。

任务六 传动系统维护

一、知识点和技能准备

1. 离合器油

液压式离合器操作系统需要用离合器油。离合器油一般和刹车油（制动液）通用，常见的主要有 DOT 和 HZY 系列。更换周期为两年或 40 000 km，同时也要结合车辆使用条件，经常在环境比较恶劣的情况使用（如经常下雨或潮湿等环境），应缩短更换周期。

2. 手动变速器油

手动变速器油一般称为齿轮油，按其质量水平，美国石油学会将汽车齿轮油分五档（GL-1 ~ GL-5）。GL-1 ~ GL-3 的性能要求较低，用于一般负荷下的正、伞齿轮，以及变速箱和转向器等齿轮的润滑。GL-4 用于高速低扭矩和低速高扭矩条件下，汽车双曲线齿轮传动轴和手动变速箱的润滑。GL-5 的性能水平最高，用于运转条件苛刻的高冲击负荷的双曲线齿轮传动轴和手动变速箱的润滑。变速箱齿轮油一般正常行驶情况下 2 年或者 6 万公里更换一次，也有个别车型终生不用更换。选择手动变速器油除了需要考虑质量等级（GL-1 ~ GL-5）外，还应考虑黏度等级。常见的黏度等级有：75 W/90（最低使用温度 – 40 ℃）、80 W/90（最低使用温度 – 30 ℃）、85 W/90（最低使用温度 – 20 ℃）、90（最低使用温度 – 10 ℃）。图 8.28 为手动变速箱油。

图 8.28　手动变速箱油

图 8.29　自动变速器油

3. 自动变速器油

自动变速器油简称 ATF（Automatic Transmission Fluid），是专门用于自动变速器的油液。早期的自动变速器没有专用油液，而是用发动机油代替。由于工作状况和技术要求差异很大，所以发动机油作为自动变速器油液的方法很快被淘汰。如今使用的自动变速器专用油液既是液力变矩器的传动油，又是行星齿轮结构的润滑油和换挡装置的液压油。

自动变速箱油一般正常行驶情况每 12 万 km 更换一次，恶劣行驶情况每 6 万 km 更换一次。尽量选用原厂的 ATF。不能错用混用自动变速器油。汽车保养手册上使用何种型号 ATF 就用哪种型号。ATF 由于型号不同，摩擦系数也不同。某些汽车厂家是根据汽车变速器的技术指标设计出有针对性的油品，使用这样的油品可以保持变速器良好的机械性能，延长寿命。

二、任务导向

1．离合器油液面检查及更换方法

检查离合器油液面应在"MAX"和"MIN"之间。如发现不足，应添加相同型号的离合器油。注意：部分车型液压式离合器操作系统和制动系统共用制动液储液罐，检查时只需看制动液储液罐液面位置即可。

离合器油更换方法：

（1）打开驾驶室车门，松动发动机盖拉杆，打开发动机盖。

（2）用干净的布清洁离合器储液罐盖周围。

（3）准备一软管和装有离合器液的玻璃容器。

（4）将软管的一端与放气螺钉连接，另一端浸入装有离合器液体的玻璃容器中。

（5）旋开放气螺钉，图 8.30 所示为放气螺栓。

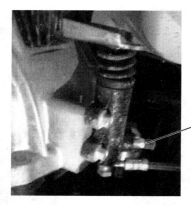

离合器放气螺栓

图 8.30 离合器放气螺栓

（6）向总泵储液罐中注入离合器液直到玻璃瓶中无气泡溢出为止，然后旋紧螺钉。

（7）检查离合踏板自由行程。踩下并松开踏板数次，测量行程，如自由行程过大，则继续放气。

（8）旋开放气螺钉。

（9）两人配合将离合器踏板踩到底。

（10）旋紧放气阀后释放踏板。持续放气直至新鲜离合器液进入容器并无气泡为止。勿使离合器储液罐中液面低过下限，否则气泡将有可能进入系统中。

274

（11）再次检查自由行程，如行程过大则继续放气至自由行程合适为止。

（12）拧紧储液罐盖。

（13）盖好发动机盖，并引导车辆驶离维修区。

正常情况下，因离合器有磨损，离合器液面高度会增加，因此，请不要添加过多的离合器液。如有必要，还需清除部分过多的离合器液。

2. 手动变速器油的检查与更换

在使用中，由于变速器渗漏等原因，会引起齿轮油减少，且同时润滑油的质量也在渐渐变差，因此，应按照维修手册上的要求定期对润滑油数量和质量进行检查。

（1）变速器齿轮油数量的检查。

① 将车辆用举升机举升到最高位置。

② 清除加油塞周围的油污，拧下加油塞，要求变速器内齿轮油的油面与加油口下边缘齐平或将手指插入加油口，以能探到油面为准。

③ 按规定力矩拧紧加油塞。

（2）变速器齿轮油质量的检查。

① 取出少许齿轮油，观察颜色，齿轮油不允许有颜色变深、结块、浑浊和金属屑脱落等现象出现。

② 闻齿轮油气味，齿轮油不得有烧焦的异味。

（3）手动变速器齿轮油的更换。

变速器齿轮油保障了变速器内齿轮、轴承的润滑和零件的冷却散热，在使用过程中，变速器齿轮油润滑性能会逐渐降低，出现浑浊、掺杂其他杂质和颜色逐渐变深等现象，因此，应按维修手册上要求的更换周期，定期更换齿轮油。

① 车辆行驶一段路程后，变速器油温升高，将车辆举升到最高位置，先拧开变速器上的加液盖，再拧下变速器的放油螺栓，将齿轮油放出，如图 8.31 所示。

在排放变速器齿轮油时，注意齿轮油颜色是否明显变深，观察放油螺栓塞吸附的金属屑数量的多少，因此判断变速器齿轮和轴承的磨损状况。

② 待油液放完后，清除放油螺塞磁性材料上吸附的杂质和金属屑。

③ 更换放油螺塞上的"O"形密封垫圈，按规定力矩将变速器放油螺塞拧紧。

④ 用专用的齿轮油加注器将齿轮油加入变速器，直到液面与加油口齐平，停止加油。

⑤ 拧上加油螺塞，放下车辆，操作完毕。

图 8.31　手动变速器齿轮油的更换

3. 自动变速器油的检查与更换

（1）自动变器油液面高度检查。

油面高度的检查是在规定的条件下进行：

① 将车辆停在平坦地面上，拉紧驻车制动器。

② 起动发动机，变速器油温度达到正常温度后，踩住制动踏板，将换挡杆挂到每个挡位，且在每个挡位停顿 2～3 s，各挡位来回移动 2～3 回，最后挂回[P]（驻车）挡位。

③ 打开发动机盖，拔出变速器油标尺。注意避免衣服或手碰到发动机旋转部分及过热的散热器。

④ 擦净变速器机油标尺后，再次将它插入变速器，然后拔出，确认变速器油是否在规定范围之内。

（2）自动变速器油更换。

目前，自动变速器油更换方法有两种。一种俗称"手换"，即打开自动变速器的放油螺丝，让里面的油液自然排出。这是一种旧的换油方式，优点是操作方便，耗时少。缺点是换油不彻底，只能放掉 1/4～1/3 旧油液，大约是 4 L。目前一部分服务店都沿用这种换油方式，由于添加油液后，新旧油液混合，自动变速器里面的油液仍处于不纯净的状态，所以只能缩短换油周期。另一种为采用专用换油机换油，换油彻底，操作方法详见各机型的使用说明书。这里简单介绍手动换油法：

① 拆卸排放塞和垫片，排放自动传动桥（变速器）液（ATF）。

② 将液体排放之后，重新安装带有一个新垫片的排放塞。

③ 通过量油尺指示重新加注规定数量的自动传动桥（变速器）液。

④ 检查液位。

三、工 单

根据实训情况填写表 8.6 所示的工单。

表 8.6 工 单

编 号	任务内容	任务实施记录	时间（min）	评 价
1	检查离合器油液面高度		5	
2	更换离合器油		20	
3	检查手动变速器油液面高度		5	
4	更换手动变速器油		20	
5	检查自动变速器油液面高度		5	
6	更换自动变速器油		20	

四、作业与考核

（1）简述液压式离合器操纵系统的组成。

（2）如何更换离合器油？

（3）简述变速器油检查方法。

（4）简述变速器油更换方法。

任务七 车轮维护

一、知识点和技能准备

车轮与轮胎是汽车行驶系中的重要部件,其作用是支撑整车质量,缓和来自路面的冲击力,通过轮胎与地面的附着力产生驱动力和制动力;在保证汽车正常转向行驶的同时,通过车轮产生的自动回正力矩,使车轮保持直线行驶方向等。图 8.32 所示为车轮示意图。

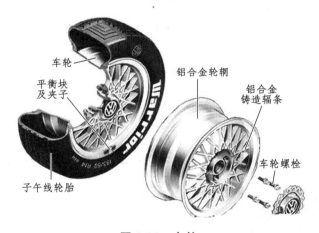

车轮
平衡块及夹子
子午线轮胎
铝合金轮辋
铝合金铸造辐条
车轮螺栓

图 8.32 车轮

1. 轮胎的分类

(1)按其结构不同可分为有内胎轮胎和无内胎轮胎。

(2)按充气压力的高低分为高压胎(气压为 500~700 kPa)、低压胎(气压为 200~500 kPa)和超低压胎(气压为 200 kPa 以下)。

(3)按照胎面花纹不同可分为普通花纹轮胎、混合花纹轮胎和越野花纹轮胎。

(4)按照胎体中帘线排列方向可分为普通斜交线轮胎和子午线轮胎。

2. 轮胎的结构

(1)有内胎轮胎的结构:有内胎轮胎由外胎、内胎和垫带等组成,如图 8.33 所示。

(2)无内胎轮胎的结构:无内胎轮胎没有内胎和垫带,空气直接充入轮胎中。目前绝大多数汽车使用无内胎轮胎,如图 8.34 所示。

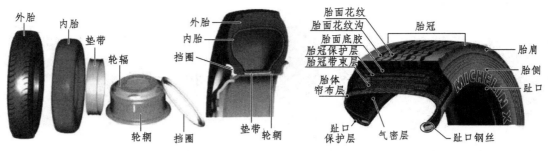

图 8.33　有内胎的车轮和轮胎　　　　图 8.34　无内胎轮胎结构

3. 轮胎的标识

按国家标准规定，在外胎的两侧要标出生产编号、制造厂商标、尺寸规格、层级、最大负荷和相应气压、胎体帘布汉语拼音代号、安装要求和行驶方向记号等，如图 8.35 所示。

（1）普通斜交轮胎的规格。

表示方法：B-d，单位英寸（in）。例如，8.00-20 表示轮胎宽度为 9.00 in、轮胎内径为 20 in 的斜交轮胎。注：1 in≈2.54 cm。

（2）子午线轮胎的规格。

表示方法，例如：195/55 R 15 85 V

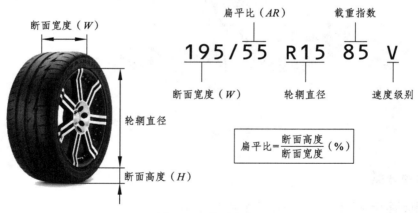

图 8.35　轮胎标识

195：胎面宽（mm）

55：扁平比（胎高÷胎宽）（55 指 55%）

R：子午线结构

15：轮辋直径（in）

85：载重指数（表示对应的最大载荷为 515 kg）

V：速度代号（表示最高安全车速是 240 km/h）

速度代号最高时速（km/h）：

C:60 D: 65 E:70 F:80 G:90 J:100 K:110 L:120 M:130 N:140 P:150 Q:160 R:170 S:180 T:190 U:200 H:210 V:240 W:270 Y:300

载重代号限额：

80:450 kg 81:462 kg 82:475 kg 83:487 kg 84:500 kg 85:515 kg 86:530 kg 87:545 kg 88:560 kg 89:580 kg 90:600 kg

4. 轮胎气压

轮胎气压，严格意义上指的是轮胎内部气体的压强。气压过低会使胎体变形增大，胎侧容易出现裂口，同时产生屈挠运动，导致过度发热，促使橡胶老化，帘布层疲劳，帘线折断，还会使轮胎接地面积增大，加速胎肩磨损。气压过高，会使轮胎帘线受到过度的伸张变形，胎体弹性下降，使汽车在行驶中受到的负荷增大，如遇冲击会产生内裂和爆破，同时气压过高还会加速胎冠磨损，并使耐轧性能下降。

常见轮胎气压单位主要有 bar、kPa 和 psi，它们之间的换算关系：1 bar = 100 kPa，1 bar ≈ 14.5 psi。轮胎气压主要用气压表来检测。

（1）根据国际 GBT2978—2008 标准的规定和要求：

标准型轮胎：2.4 ~ 2.5 bar；

增强型轮胎：2.8 ~ 2.9 bar；

最高气压：不应大于 3.5 bar。

（2）需要参考的其他因素。

① 季节性因素。

a. 冬季：以汽车轮胎标准气压为原则适当进行调高 0.2 bar 左右。

b. 夏季：按汽车轮胎标准气压下限。

夏天车子露天停放，气压一般可以比标准低 0.1 bar 左右，以免高温爆胎。

② 装载负荷。

a. 空载/半载：按汽车轮胎气压标准下限（车辆标示贴纸上的胎压可以作为最低胎压参考值）。

b. 满载：满负荷时按汽车轮胎气压标准上限（轮胎标示上的最大胎压值可以作为理论最高胎压的参考）。

③ 胎压测量环境。

a. 热胎：凉胎与热胎的胎压不一样，测时要注意。两者差距约 0.3 bar。

b. 冷胎：停车后至少 3 h 后或轮胎行驶不超过 2 km。如果只能在热胎时测量胎压，请将所测得的胎压数值减去大约 0.2 bar 就是轮胎冷却充气压力。

④ 行车路况。

a. 颠幅较大路面适当按汽车轮胎标准气压调低胎压 0.1 ~ 0.2 bar。

b. 颠幅较小，可以忽略，不必在意。

c. 跑长途高速，胎压不能太低，适当按汽车轮胎标准气压下限调高胎压 0.2 bar 左右。

⑤ 轮胎状况。

a. 新胎：胎压可以按汽车轮胎标准气压调高 0.2 bar 左右。

b. 旧胎：适当按汽车轮胎气压标准调低胎压，如果磨损严重的按汽车轮胎气压标准的下限。

c. 软胎：即舒适性花纹的轮胎，按标准胎压适当进行调高 0.2 bar 左右。

e. 硬胎：即操控性花纹轮胎，按标准胎压的下限。

f. 各品牌轮胎之间的差异：汽车轮胎气压标准通常是对原配轮胎，如果更换了轮胎，需要了解（米其林、邓禄普、马牌、玛吉斯、普利斯通、韩泰、佳通、朝阳等）各品牌之间的性能差异。如韩泰比米其林或马牌的略低 0.1 bar 左右。在胎侧查找 MAX PRESS 字样，后面的数字如：MAX PRESS 340 kPa（50 psi），指的是这条轮胎在正常情况下最大安全充气气压 3.4 bar。

⑥ 备胎胎压。

备胎由于不常用，气压最好高些，免得用时由于气压过低失去应急的作用。一般应高于 2.5 bar。用时调整到合适的胎压，用后充气至高胎压 2.5 ~ 3.0 bar。

二、任务导向

1. 轮胎检查

（1）轮胎气压检查。

汽车轮胎气压检查用专用胎压表逐个测量，如图 8.36 所示。

图 8.36　轮胎气压检查

轿车各轮胎标准气压值可查询汽车使用说明书、直接从油箱盖内侧或者驾驶侧车门框的标签上读出。注意：检查轮胎气压应在轮胎冷态时进行。

（2）车轮外观检查。

① 检查轮胎花纹深度。

轮胎花纹深度检查可以通过观察与地面接触的轮胎表面的胎面磨损指示标记轻易检查胎面花纹深度。更专业的是使用一个轮胎深度规测量轮胎的胎面深度，如图 8.37 所示。轮胎花纹深度的检查标准为：

良好：大于 3.5 mm；建议下次更换：2.5 ~ 3.5 mm；需要更换：小于 2.5 mm；更换极限值：1.6 mm；如果轮胎老化、龟裂严重，也应该提前更换。

图 8.37　轮胎花纹深度检查

② 检查轮胎花纹磨损状况。

如果出现啃胎或偏磨，需尽快检查车辆悬挂系统并需要四轮定位。

③ 检查轮胎花纹内是否夹杂尖锐或较大的异物，必要时用改锥将其剔除。

④ 检查轮胎外侧面，是否出现鼓包或存在裂纹、切口。

⑤ 检查轮胎气门嘴是否出现老化或漏气的现象。

⑥ 检查轮辋边缘及辐条，是否出现严重变形或裂纹，若有应更换。

（3）轮胎充气注意事项。

① 充气要注意安全。要随时用气压表检查气压，防止充气过多，使轮胎爆破。

② 停驶后，须等轮胎散热后再充气，因车辆行驶时胎温会上升，对气压有影响。

③ 检查气门嘴。气门嘴和气门芯如果配合不平整，有凸出凹进的现象及其他缺陷，都不便充气和量气压。

④ 充气要注意清洁。充入的空气不能含有水分和油液，以防内胎橡胶变质损坏。

⑤ 充气时不应超过标准过多后再放气，也不可因长期在外不能充气而过多地充气。如超过标准过多，会促使帘线过分伸张，导致其强度降低，影响轮胎的寿命。

⑥ 充气前应将气门嘴上的灰尘擦净，不要松动气门芯，充气完毕后应用肥皂泡水涂在气门嘴上，检查是否漏气（如果漏气就会产生小气泡），并将气门嘴帽配齐装紧，防止泥沙进入气门嘴内部。

⑦ 子午线胎充气时，由于结构的原因，其下沉量、接地面积均较大，往往误认为充气不足而过多地充气；反之，因其下沉量和接地面积本来就较大，在气压不足时也误认为已充足。应用标准气压表加以测定。子午线轮胎的使用气压应高于一般轮胎 50～150 kPa。

⑧ 随车的气压表或胎工间使用的气压表均应定期进行校对，以保证气压检查准确。

2. 轮胎的换位

在汽车使用过程中，由于汽车承受载荷、行驶路况、轮胎质量、悬架或转向系统零部件损伤、车轮定位失准及驾驶习惯等因素，车轮将产生变形和轮胎异常磨损，导致汽车产生行驶振动摇摆、轮胎加速磨损以及翻动性能、加速性能和转向性能降低等故障发生，汽车的行车安全性和使用经济性受到严重影响。因此，应定期检查轮胎磨损状况；同时，为提高各个轮胎的磨损均匀性，还需要定期进行车轮换位，延长轮胎使用寿命。

（1）换位周期。

根据驾驶者不同的驾驶习惯和驾驶路线，应参照汽车自带的保养手册定期进行轮胎换位。轮胎换位间隔一般新车为 10 000 km，以后每行驶 5 000 ~ 10 000 km 进行一次轮胎换位。

（2）换位方法。

轮胎换位一般应按照汽车使用说明书的要求进行。常见的方法主要有单边换位（见图 8.38）、单边 + 交叉换位（见图 8.39）等，换位时注意轮胎有无方向要求，如果有方向有求只能单边换位。

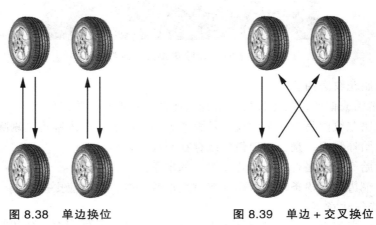

图 8.38　单边换位　　　　　　　图 8.39　单边 + 交叉换位

三、工　单

根据实训情况填写表 8.7 所示的工单。

表 8.7　工　单

编　号	任务内容	任务实施记录	时间（min）	评　价
1	检查轮胎气压，若不符合要求请调整至规定值		20	
2	检查轮胎花纹深度		5	
3	检查轮胎表面状况		5	
4	轮胎单边换位		30	

四、作业与考核

（1）简述轮胎的种类。

（2）简述轮胎气压的检查方法。

（3）简述轮胎充气时的注意事项。

（4）简述车轮换位方法。

任务八　制动系统维护

一、知识点和技能准备

制动系统的主要功用是使行驶中的汽车减速甚至停车、使下坡行驶的汽车速度保持稳定、使已停驶的汽车保持不动。主要由制动器和制动驱动机构组成。按照制动能量的传输方式，制动系统可分为机械式、气压式和液压式等，这里主要介绍液压式制动系统的维护。

1. 液压制动系统的组成

汽车液压制动系统组成如图 8.40 所示。

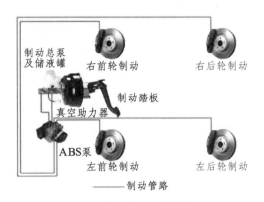

图 8.40　液压制动系统的组成

2. 制动液

制动液是液压制动系统中传递制动压力的液态介质，使用在采用液压制动系统的车辆中，如图 8.41。制动液又称刹车油，它的英文名为 Brake Fluid，是制动系统制动不可缺少的部分，而在制动系统之中，它是作为一个力传递的介质，因为液体是不能被压缩的，所以从总泵输出的压力会通过制动液直接传递至分泵之中。

制动液按其原料、工艺和使用要求的不同，可分为醇型制动液、矿油型制动液和合成型制动液，其中合成型制动液具有凝点低、沸点高、不易产生气阻、抗腐蚀等优点，被广泛应用于汽车上。

图 8.41　制动液

二、任务导向

1. 检查制动液面情况

检查储油罐内的制动液面是否正常。如图 8.39 所示，制动液面应位于储油罐上"MAX"与"MIN"刻度线之间。若液量不足，应首先对液压系统进行泄漏检查，然后再补充制动液至规定液位，如图 8.42 所示。

2. 行车制动踏板的检查

（1）进入驾驶室，关闭发动机并踩几次制动器，检查制动踏板是否出现变形等损伤。踩下制动踏板数次，释放真空助力器中残余的真空度。通过踩踏制动踏板确保踏板反应灵敏、无异常噪声及过度松动等。

（2）取出制动踏板下方的底板垫。

（3）使用钢板尺测量制动踏板高度。测量时，将钢板尺垂直于地板面，观察踏板上平面在钢板尺上的显示数值，该数值即为踏板高度。

（4）使用钢板尺测量制动踏板自由行程。测量时，将钢板尺保持与地板垂直，踏板处于自然状态，确认此时的踏板高度值后，用手稍用力下压踏板，当感觉阻力增大时，停止下压，观察踏板上平面在钢板尺上显示的数值，计算得出两个数据的差值，即为制动踏板自由行程，如图 8.43 所示。

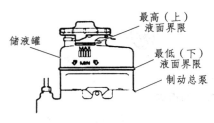

图 8.42　制动液面检查

图 8.43　制动踏板检查

注意：如果测量数值不在规定范围内，将会影响制动系统正常工作性能。如果测量值过大，系统产生的制动力变小，车辆制动距离增加；如果测量值过小，会出现制动拖滞，导致制动器过热，制动效能下降。

（5）使用钢板尺测量制动踏板行程。起动发动机并怠速运转，测量时，首先将钢板尺垂直于地板，然后确认制动踏板自由状态下的高度值，用力踩下制动踏板至止动位置，观察此时钢板尺所显示的踏板高度，两高度之差，即为制动踏板行程。

注意：如果踏板行程大于规定值，应检查制动系统是否泄漏，储油罐中液面是否正常，制动蹄是否磨损过度，制动系统内是否存留空气等。

3. 真空助力器的检查

（1）起动发动机运转 1～2 min 后停止运转。如果制动踏板第一次可以完全踩下，但接下来踩时，每次制动踏板的高度逐渐上升，说明制动助力器正常，如果踏板高度无变化，说明制动助力器已坏。

（2）在发动机停止运转状态下，数次踩动制动踏板。然后，在踩下制动踏板的状态下，起动发动机。这时，如果制动踏板稍微向下移动，说明制动助力器工作正常，如果没有变化，说明已经损坏。

（3）发动机运转状态下，踩下制动踏板后停止发动机，踩下制动踏板 30 s。如果踏板高度不变化，说明助力器处于良好状态。

4. 驻车制动器的检查

（1）目视检查驻车制动器操纵杆，应无变形损伤，如图 8.44 所示。

图 8.44　驻车制动器的基本检查

（2）将点火开关位于"ON"挡时，拉起驻车制动操纵杆，仪表板上驻车警示灯应亮起；放下驻车制动操纵杆时，警示灯应熄灭。

（3）检查驻车制动器棘爪的锁定性能。将变速换挡杆置入空挡位置，然后将车举起离地一定的高度（不低于 20 cm），拉起驻车制动器的操纵杆，然后转动后两车轮，后车轮应无法转动。按下操纵杆前端按钮，操纵杆应快速复位，证明按钮性能正常。同时转动后两车轮，后车轮应转动灵活。

5. 制动管路的检查

（1）检查制动总泵（前端）、油管（接口处）是否泄漏，管路是否有破损；储油罐应无裂纹，如图 8.45 所示。

图 8.45　制动总泵检查

（2）将车辆举升至适当高度，将举升机锁止，检查各制动管路是否存在泄漏，油管与车身底板有无摩擦，是否有压痕等。

（3）检查制动管路软管是否老化、扭曲、裂纹、凸起或其他损坏。

（4）检查制动器管道和软管的安装是否牢固。

（5）检查制动分泵处是否存在泄漏。

（6）转动车轮，观察车轮内侧是否与制动管路发生摩擦或干涉，如图 8.46 所示。

6. 制动液检查

（1）关闭点火开关，拔下安装在储液罐上的液位传感器的电插头，旋下储液罐盖。观察制动液的颜色，如变色应更换，如图 8.47 所示。

图 8.46　观察车轮内侧是否与制动管路发生摩擦或干涉　　　　图 8.47　制动液颜色的检查

（2）观察制动液的颜色，如无变色变质，检查制动液面。检查储油罐内的制动液面是否正常。制动液面应位于储油罐上"MAX"与"MIN"刻度线之间。若液量不足，然后再添加补充制动液至规定液位。

7. 制动液更换

常规方法更换制动液，需要两人配合进行。一人踩制动踏板，给液压制动系统加压，另一人打开制动分泵上的放气阀，排出制动系统中的空气和制动液。

维修技师甲进入驾驶室内，关闭车门，降落车窗玻璃，放松驻车制动器操纵杆。维修技师乙将车举升至适当高度，将举升机锁止，并将右后车轮制动分泵放气阀上的防尘帽取下，同时用一根塑料软管一端插入制动分泵的放气阀上，另一端插入接油容器中，并用排气专用扳手拧松制动分泵放气阀。维修技师甲随维修技师乙的口令踩踏制动踏板，维修技师乙观察制动液排放情况，当无油液排出时，拧紧放气阀，取下塑料软管，至此右后车轮分泵内的制动液排放完毕。按此过程分别将左前、左后、右前车轮分泵内的制动液排放完毕。

制动液排放完毕后应进行必要的制动管路清洗。将车降至地面，旋下储液器盖，在储液罐加油口周围放好一块干净的抹布，然后将新的制动液缓慢倒入储液罐内，直到达到规定要求为止，最后旋紧储液罐盖。按照排放制动液的方法将该部分制动液排出，直至排出的制动液的色泽鲜亮清澈时可以停止动作。然后再次给储液罐内加注制动液，至规定要求。

8. 制动系统排气

（1）拧下制动液罐盖，加满制动液，注意勿将制动液滴在车身上，如油漆沾上制动液应立即清洗干净，以免腐蚀油漆。

（2）按照合适的顺序对各车轮分泵放气。

（3）在制动分泵放气孔上插上软管，将另一端插入容器中。

（4）维修技师甲在车上踩若干次制动踏板。

（5）在踩住制动踏板的情况下，维修技师乙拧松放气螺塞，当发现塑料管中制动液的流动速度变慢时，维修技师乙拧紧制动分泵上的放气阀。并通知维修技师甲继续踩踏制动踏板。

（6）按第4、5步骤重复进行，直到放气孔中无气泡流出，按规定扭矩7～13 N·m拧紧放气螺塞。取下放气软管，擦净油迹。至此，右后车轮制动管路排气结束。完毕后，观察储液罐中的制动液，如少于规定要求则应添加。

9. 盘式制动器维护

（1）制动块检查。

① 目视检查制动块是否有裂纹、油渍或脱胶现象。

② 目视检查制动块的表面与制动盘的接触面积和接触位置，是否存在不均匀磨损。制动盘上不应有刻痕、不均匀或者异常磨损以及裂纹和其他损坏。

③ 对制动盘和制动块表面进行清洁工作。

④ 用钢片直尺检查制动块（外侧）厚度，前制动块厚度标准值为 11 mm；维修界限为 2 mm。如低于规定要求应进行更换。后制动块厚度规定值为 10 mm，维修界限为 2 mm。低于规定要求应进行更换。

（2）制动盘厚度检查（见图8.48）。

清除制动盘表面上的锈及污染物，至少取8点测量制动盘厚度。前制动盘厚度规定值为 26 mm，极限值为 24 mm。任意位置，厚度差不能超过 0.005 mm，如果磨损超过规定要求则应更换。

后制动盘厚度规定值为 10 mm，极限值为 8.4 mm；超过规定值应进行更换。任意位置，厚度差不能超过 0.01 mm。如果磨损过度，更换车轮左右两侧的圆盘和衬块。

图 8.48　前制动盘厚度检查

（3）前制动盘跳动量检查。

在距制动盘外缘约5 mm处设置百分表，测量制动盘的径向跳动量。制动盘跳动量极限值：

0.05 mm，如图 8.49 所示。超过极限值则更换。如果径向跳动量不超过极限值，将其转动 180°安装，再次检查径向跳动量。如果改变制动盘的位置，跳动量不正确，需要维修制动盘。

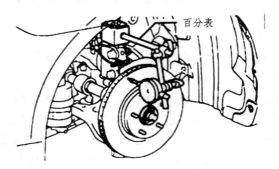

图 8.49　制动盘跳动量检查

后制动盘跳动量的检查方法如上所述。在距制动盘外缘约 5 mm 处设置百分表，测量制动盘的径向跳动量。极限值：0.05 mm。超过极限值则更换。如果跳动量不超过极限值，将其转动 180°安装，再次检查跳动量；如果改变制动盘的位置，跳动量不正确，需要维修制动盘。

（4）制动钳检查。

目视检查制动卡钳及连接管路是否有液体渗漏，如果有渗漏，应进行更换。

10. 鼓式制动器维护

（1）卸下车轮与制动鼓。

（2）检查后制动鼓与制动器摩擦面有无过度磨损，损坏。在卸下车轮与制动鼓的同时，应检查制动分泵有无泄漏。必要时，应更换。制动鼓内径标准值：180 mm；极限值：181 mm；制动蹄片厚度极限值：2.5 mm。

三、工　单

根据实训情况填写表 8.8 所示的工单。

表 8.8　工　单

编　号	任务内容	任务实施记录	时间（min）	评　价
1	目视检查制动系统		20	
2	按照要求检查制动踏板		5	
3	检查真空助力器		5	
4	检查驻车制动器		5	
5	正确更换制动液并排气		30	
6	盘式制动器检查		20	
7	鼓式制动器检查		20	

四、作业与考核

（1）简述液压制动系统的组成。
（2）简述驻车制动器的检查方法。
（3）简述制动液的更换方法。
（4）简述盘式制动器的检查方法。
（5）简述鼓式制动器的检查方法。

任务九　转向系统维护

一、知识点和技能准备

汽车转向系统的功能就是按照驾驶员的意愿控制汽车的行驶方向。汽车转向系统对汽车的行驶安全至关重要。图 8.50 所示为转向系统基本组成。

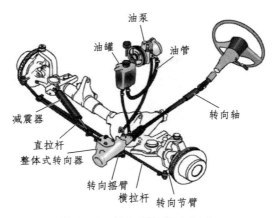

图 8.50　转向系统基本组成

目前汽车上配置的助力转向系统大致可以分为 3 类，机械式液压动力转向系统、电子液压助力转向系统以及电动助力转向系统。

（1）机械式液压动力转向系统。

机械式的液压动力转向系统一般由液压泵、油管、压力流量控制阀体、V 型传动皮带、储油罐等部件构成。

无论是否转向，这套系统都要工作，而且在大转向车速较低时，需要液压泵输出更大的功率以获得比较大的助力。所以，也在一定程度上浪费了资源。又由于液压泵的压力很大，也比较容易损害助力系统。还有，机械式液压助力转向系统由液压泵及管路和油缸组成，为保持压力，不论是否需要转向助力，系统总要处于工作状态，能耗较高，这也是耗资源的一个原因所在。一般经济型轿车使用机械液压助力系统的比较多。

（2）电子液压助力转向系统。

机械液压助力因需要大幅消耗发动机动力，所以人们在机械液压助力的基础上进行改进，开发出了更节省能耗的电子液压助力转向系统。这套系统的转向油泵不再由发动机直接驱动，而是由电动机来驱动，并且在之前的基础上加装了电控系统，使得转向辅助力的大小不光与转向角度有关，还与车速相关。

机械结构上增加了液压反应装置和液流分配阀，新增的电控系统包括车速传感器、电磁阀、转向 ECU 等。

（3）电动助力转向系统（EPS）。

电动助力转向系统（Electronic Power Steering，简称 EPS），它利用电动机产生的动力协助驾车者进行动力转向。EPS 的构成，不同的车尽管结构部件不一样，但大体是雷同。一般是由转矩（转向）传感器、电子控制单元、电动机、减速器、机械转向器、以及畜电池电源所构成。

汽车在转向时，转矩传感器会"感觉"到转向盘的力矩和拟转动的方向，这些信号会通过数据总线发给电子控制单元，电控单元会根据传动力矩、拟转的方向等数据信号，向电动机控制器发出动作指令，从而电动机就会根据具体的需要输出相应大小的转动力矩，从而产生了助力转向。如果不转向，则本套系统就不工作，处于休眠状态等待调用。由于电动助力转向的工作特性，驾驶员会感觉到开这样的车，方向感更好，高速时更稳，俗话说方向不"发飘"。又由于它不转向时不工作，所以，也多少程度上节省了能源。一般高档轿车使用这样的助力转向系统的比较多。

二、任务导向

1. 常规检查

（1）让汽车保持直线行驶状态，检查方向盘的游隙是否恰当，是否有"咔哒"声。

（2）检查螺栓及螺母。是否已拧紧，必要时重新拧紧。如有损伤部件，应维修或更换。

（3）检查转向杆是否松动和损坏。如有损伤部件，应维修或更换。

（4）检查转向杆保护罩和转向齿轮箱罩是否有损坏（泄漏、脱开、撕裂等）如发现有损坏，应进行更换。

（5）检查转向轴、万向节是否有"咔哒"声和损坏，如有"咔哒"声和损坏，应更换新部件。

（6）检查方向盘是否能左右转向自如，能否自动回位。如转动不良，应维修或更换。

（7）检查螺栓和螺母是否拧紧，必要时，应重新拧紧。如有任何损伤，应维修或更换。

（8）检查方向盘是否校准。

（9）检查助力转向泵工作情况。

2. 检查转向盘自由行程

（1）将前轮摆正，在转向盘周边施加 5 N 的力。

（2）向左右方向轻轻转动转向盘，测量转向盘行程，标准自由行程 0 ~ 30 mm。

（3）如果自由行程大于标准值，应检查转向轴的连接部位和横拉杆球头的间隙。

3. 检查转向角度

（1）将前轮置于转角盘上，检查车轮转向角，最大转向时，内侧车轮转向角标准值 40.7° ± 2°，外侧车轮转向角标准值 32.4°。

（2）若超出标准值，进行前束调整后再测量转向角。

4. 检查转向盘自动回位

（1）检查转向盘回正力时，无论快慢转动转向盘，左右两侧的回正力都应相同。

（2）车速在 23 ～ 30 km/h 打转向盘 90°，保持 1 ～ 2 s 后，放松转向盘应回到 70°以上位置，如果快速转动转向盘时可能在瞬间感到转向盘沉重，这不属于故障。

5. 动力转向油

（1）油量检查。

① 将车辆停放在平坦地面。

② 起动发动机，空挡状态下转动转向盘数次，使转向油温上升到 50 ～ 60 ℃。

③ 在发动机怠速状态下数次转动转向盘至左右极限位置。

④ 确认储油罐的转向油是否有泡沫或混浊。

⑤ 检查发动机起动后和停止后的储油罐液面之差，如果油面之差超过 5 mm 应进行排气；熄火后如液面迅速上升说明放气不彻底；如果系统内有空气，助力泵和控制阀会发出噪声，这将降低油泵性能。

（2）更换助力转向油。

① 用抽油机或注射器清空储油壶。

② 断开助力转向油油排管。助力转向油储油壶，一般接有进排两油管，较细的油管是排油管。

③ 接上排油延长管。

④ 堵住储油壶的排油管口，启动汽车，一边排油一边加入新油，用油 1 L。

⑤ 用容器接废油，妥善处理，不要对环境造成污染。

⑥ 发动机熄火后，接上排油管，将油加到适中。

⑦ 进行转向系统排气。

（3）动力转向系统排气。

① 拆开发动机高压线，分几次起动发动机，同时转动方向盘到极限位置 5 ～ 6 次（约 15 ～ 20 s），此时观察储油罐中的油面，不能下降到储液罐内过滤器下端，应随时加转向油。如果在怠速状态下放气，有可能空气被油吸收，因此在起动时进行排气。

② 插好高压线后起动发动机。

③ 左右转动转向盘，直到储液罐内无气泡，转向盘在极限位置不要超过 10 s。

④ 确认转向油是否混浊，油面高度是否高于规定值。

⑤ 左右转动转向盘时，确定油面高度无变化，如果有变化应重新放气。发动机熄火时油面突然上升，表明系统内有空气。如果系统有空气。从助力泵可以听到噪声，控制阀也发出异常噪声。

（3）动力转向油油管检查。

检查动力转向油管接头是否漏油、破裂、磨损、扭曲等。

6. 动力转向系统的密封性检查

动力转向系统密封性的检查应在热车时进行。检查按以下步骤进行：

（1）将转向盘快速向左、右两侧转至极限位置，并保持不动，此时可使系统内压力达到最大值。

（2）目测检查转向控制阀、齿条密封和叶片泵（转向助力泵）。油管接头是否有漏油现象，如有渗漏则应更换密封件。

（3）检查储油罐中是否缺少转向助力油，如缺少应检查动力转向系统的密封性是否完好。

（4）如果动力转向器壳体中的齿轮齿条密封件不密封，助力转向油液可能流入波纹管套里。此时，应拆开转向机构，更换所有密封环。

（5）检查动力转向系统的油管接头处是否有渗漏现象，如有应查明原因并重新接好。

7. 转向助力泵的压力检查

检查动力转向泵的输出油压，主要是为了确定动力转向泵或转向齿轮机构是否有故障。为准确地测出动力转向泵的输出油压，检测前应使储油罐油位正常和动力转向泵传动带的张紧力符合标准。

用压力表检查动力转向泵输出油压，将压力表及手动阀串联在系统中。在发动机停转时，从动力转向泵拆下压力管路，将压力表测量一端连在泵的排液口接头上，手动阀的另一端管口连接在转向控制阀输入管口，这样压力表及手动阀就串联在动力转向泵与转向控制阀的压力管道中。

动力转向泵输出油压检测步骤如下：

（1）完全开启手动阀。

（2）起动发动机并使其怠速运转。

（3）将方向盘从左右转动的极限位置之间连接转动若干次，使转向油液温度升至 80 ℃，并确保液面高度正常。

（4）在发动机转速为 800 r/min 时测量静态油压，如动力转向泵良好，则压力表的读数至少应为 300 kPa（不转向时的最低压力）。

（5）逐渐关闭手动阀，直至压力表指针稳定不动，读取压力值。此时动力转向泵的输出标准压力至少应为 6.2～6.9 MPa；若压力表读数低，则意味着转向泵输出压力太低，不能有效助力转向，说明动力转向泵有故障，应维修或更换动力转向泵。

三、工　单

根据实训情况填写表 8.9 所示的工单。

表 8.9　工　单

编　号	任务内容	任务实施记录	时间（min）	评　价
1	常规检查		20 分钟	
2	检查转向盘自由行程		5 分钟	
3	检查转向角度		5 分钟	
4	检查转向盘自动回位		5 分钟	
5	动力转向油检查及更换		30 分钟	
`6	动力转向系统的密封性检查		5 分钟	
7	转向助力泵的压力检查		20 分钟	

四、作业与考核

（1）转向系统的类型主要有哪些？

（2）助力转向系统目前应用最多的是哪几种？

（3）简述转向系统常规检查项目。

（4）简述动力转向油更换方法。

任务十 整车检查、维护

一、汽车维护的分级

汽车维护分为日常维护、一级维护和二级维护三个级别。

（一）汽车维护

1. 日常维护的周期

日常维护为出车前、行车中和收车后的检查维护。

2. 一级维护、二级维护的周期

（1）一级维护、二级维护周期的确定原则。

汽车一级维护、二级维护周期的确定应以行驶里程为基本依据，对不便用行驶里程进行统计、考核的汽车，可用行驶时间间隔确定一级维护和二级维护周期。时间间隔可依据汽车使用强度和条件的不同，参照汽车一级维护和二级维护行驶里程周期确定。

（2）汽车一级维护、二级维护周期按汽车使用说明书或维修手册规定的行驶里程周期执行，使用说明书或维修手册无明确规定行驶里程周期或虽有规定但不易执行的汽车，可按表8.10规定的一级维护和二级维护行驶里程或时间间隔执行。

表 8.10 汽车一级维护、二级维护周期表

车型分类			一、二级维护周期	
			一级维护间隔里程或间隔时间	二级维护间隔里程或间隔时间
乘用车（轿车和≤9座的商务车）			6 000～10 000 km 或 20～30 d	20 000～30 000 km 或 60～90 d
商用车辆	客车	微型客车 （L^a≤3.5 m）	4 000～7 000 km 或 20～30 d	15 000～20 000 km 或 60～90 d
		小型客车 （3.5 m<L^a≤6 m）	5 000～8 000 km 或 20～30 d	16 000～25 000 km 或 60～90 d
		中型客车 （6 m<L^a≤9 m）	6 000～10 000 km 或 20～30 d	20 000～30 000 km 或 60～90 d
		大型客车 （9 m≤L^a≤12 m）	7 000～11 000 km 或 20～30 d	23 000～35 000 km 或 60～90 d
		特大型客车 （12 m<L^a≤13.7 m）	8 000～13 000 km 或 20～30 d	25 000～40 000 km 或 60～90 d

续表 8.10

车型分类			一、二级维护周期	
			一级维护间隔里程或间隔时间	二级维护间隔里程或间隔时间
商用车辆	货车	微型货车 （$M^b \leq 1\,800\,kg$）	5 000～7 000 km 或 30～40 d	15 000～20 000 km 或 90～120 d
		轻型货车 （$1\,800\,kg < M^b \leq 3\,500\,kg$）	5 000 km～8 000 km 或 20～30 d	16 000 km～25 000 km 或 60～90 d
		大型货车 （$3\,500\,kg < M^b \leq 12\,000\,kg$）	6 000～10 000 km 或 20～30 d	20 000～30 000 km 或 60～90 d
		重型货车 （$M^b > 12\,000\,kg$）	7 000～11 000 km 或 20～30 d	23 000～35 000 km 或 60～90 d
		低速货车 （原四轮农用运输车）	4 000～5 000 km 或 20～30 d	10 000～15 000 km 或 60～90 d
	半挂牵引车和挂车		7 000～11 000 km 或 20～30 d	23 000～35 000 km 或 60～90 d
教练车 c			3 000～5 000 km 或 30～40 d	10 000～15 000 km 或 90～120 d

注：a. 指客车的长度；
　　b. 指货车的最大设计总质量；
　　c. 指机动车驾驶员培训机构用于驾驶员培训的教学汽车

（二）日常维护作业

（1）对汽车外观、发动机外表进行清洁，保持车容整洁。

（2）对汽车各部润滑油（脂）、燃油、冷却液、制动液等各种工作介质、轮胎气压进行检视、补给。

（3）对汽车制动、转向、传动、悬架、灯光、信号等安全部位和装置，以及发动机运转状态进行检视、校紧。

（三）一级维护作业

1. 一级维护作业项目及技术要求（见表 8.11）

表 8.11　一级维护作业项目及技术要求

序号	作业部位	作业项目	作业内容	技术要求
1	整车	车架、车身、驾驶室、半挂车托盘及相关各附件	检查、紧固	车架无变形，纵横梁无裂纹，铆钉无松动，各部螺栓及拖（挂）钩、托盘、备胎架紧固可靠，无裂损，无窜动，齐全有效
		灯光、仪表、信号装置	检查（测）	齐全有效，安装牢固

296

序号	作业部位	作业项目	作业内容	技术要求
1	整车	全车密封和润滑	检查、清洁、润滑	全车不漏油、不漏水、不漏气、不漏电、不漏尘，各润滑装置及防尘罩齐全完好，润滑良好
2	发动机	发动机总成	清洁	无油污、无灰尘
		发动机传动带	检测、调整传动带松紧度	符合原厂说明书规定
		空气滤清器	检查、清洁	各滤芯应清洁无破损，上下衬垫无残缺，密封良好，滤清器应清洁，安装牢固
		机油、冷却液	检查（测）液位高度，补充	符合原厂说明书规定
		散热器、油底壳、发动机支架、水泵、空压机、进排气歧管、喷油泵	检查校紧各部位连接螺栓	各连接部位螺栓、螺母应紧固，锁销、垫圈及胶垫应完好有效
3	离合器	离合器及操纵机构	检查（测）调整	操纵机构应灵敏可靠，踏板自由行程应符合原厂说明书规定
4	转向机构	转向器、转向传动机构	检查（测）转向器液面及密封状况，润滑万向节十字轴、球头销、转向节等部位	各连接部位螺栓、螺母应紧固，锁销、垫圈齐全有效，转向盘自由转动量符合原厂说明书规定
5	传动系	变速器、差速器、传动轴	检查（测）变速器、差速器液面及密封状况，润滑传动轴万向节十字轴、中间轴承，校紧各部连接螺栓，清洁各通气塞	符合原厂说明书规定
6	行驶系	轮胎	检查轮辋及压条挡圈；检查（测）轮胎气压（包括备胎），并视情况补气；检查（测）轮毂轴承间隙	轮辋及压条挡圈应无裂损、变形；轮胎气压应符合规定，气门嘴帽齐全；轮毂轴承间隙无明显松旷
		悬架	检查钢板弹簧	无损坏，连接可靠，钢板(气囊）支架无裂纹及变形
		减振器	检查	稳固有效
		前后轴	检查	无变形及裂纹
7	制动系	制动管路、制动踏板及传动机构	检查紧固各制动管路，检查（测）调整制动踏板自由行程	制动管路接头应不泄漏气，支架螺栓紧固可靠，储气筒无积水。制动传动机构应灵敏可靠，制动踏板自由行程符合原厂说明书规定

注：若检查过程中发现需要更换的零部件，则应增加小修作业内容

2. 一级维护质量保证期

一级维护质量保证期，自签发维修竣工出厂合格证之日起计算，为车辆行驶 2 000 km 或者 10 d，以先达到者为准。

（四）二级维护作业

1. 作业过程

汽车进厂后应对汽车进行二级维护进厂检验，二级维护进厂检验项目应根据汽车技术档案的记录资料（包括车辆运行记录、维修记录、检测记录、总成修理记录等）和驾驶员反映的车辆使用技术状况（包括汽车动力性、异响、转向、制动及燃、润料消耗等）确定，并填写二级维护进厂检验单，依据检验结果确定附加作业项目，附加作业项目确定后与基本作业项目一并进行维护作业。二级维护过程中要进行过程检验，并填写二级维护作业过程检验单，过程检验要始终贯穿二级维护过程中，检验项目的技术要求应满足有关的技术标准或规范。二级维护作业完成后，应经维修企业进行竣工检验，并填写二级维护作业竣工检验单，竣工检验合格的车辆，由维修企业填写《汽车维修竣工检验出厂合格证》。

2. 二级维护检验使用的仪器设备

对二级维护检验项目进行检测时，仪器设备应满足 GB/T 16739.1 的规定。

3. 二级维护基本作业项目

二级维护作业内容包含一级维护作业项目及技术要求，应按照表 8.12 二级维护基本作业项目要求进行二级维护，并填写二级维护基本作业表。

表 8.12　二级维护基本作业项目

序号	作业部位	作业项目	作业内容	技术要求
1	整车	整车装备与标识	检查（测）	齐全、完整、有效，各部件连接坚固完好，车体周正，外缘左右对称高度差不大于 40 mm、左右轴距差不大于 1.5/1 000
		车架、车身、驾驶室、半挂车托盘及其各相关附件	检查（测）、紧固、调整	表面无锈迹、无脱掉漆，各部螺栓及拖钩、挂钩应紧固可靠，无裂损，无窜动，齐全有效，性能可靠，工作良好，无变形、断裂、脱焊，连接螺栓、铆钉紧固
		内装饰、座椅、靠背、卧铺及安全带	检查（测）	设备完好，无松动，齐全有效，安装牢固
		"四漏"	检查（测）	全车不漏油、不漏水、不漏气、不漏电，各种防尘罩齐全有效
		车窗、安全出口	检查（测）	完好、可靠

序号	作业部位	作业项目	作业内容	技术要求
1	整车	空调装置、冷凝器	检查（测）空调系统工作状况、冷凝器的清洁	（1）制冷效果良好； （2）暖气装置工作正常
		空气压缩机、储气筒	清洁、校紧	清洁，连接可靠，无漏气，安全阀工作正常
		车厢、地板、护轮板（挡泥板）	清洁、检查（测）	符合 GB 18565 的要求
2	发动机	发动机润滑油、机油滤清器	（1）更换润滑油； （2）更换机油滤清器滤芯	（1）润滑油规格性能指标符合原厂说明书规定； （2）液面高度符合原厂说明书规定； （3）机油滤清器密封良好，无堵塞，完好有效
		检查（测）润滑油油面高度	检查（测）转向器、变速器、主减速器等润滑油和液面高度，不足时按要求补给	符合原厂说明书规定
		空气滤清器	清洁空气滤清器，更换滤芯	空气滤清器清洁有效，各连接可靠，进气转换阀工作灵敏、准确
		油箱及油管	检查（测）接头及密封情况	接头无破损、渗漏，紧固可靠
		燃油滤清器	清洁燃油滤清器，更换滤芯	燃油滤清器工作正常
		曲轴箱通风装置	检查（测）、清洁	清洁畅通，连接可靠不漏气，各阀门无堵塞、卡等现象
		散热器、膨胀箱、百叶窗、水泵、节温器、传动带	（1）检查（测）密封情况，箱盖压力阀、液面高度、水泵； （2）检视皮带外观，调整传动带松紧度	（1）散热器及软管无变形、破损及渗漏，箱盖接合表面良好，胶垫不老化，箱盖压力阀开启压力符合要求，水泵不漏水、无异响，节温器工作性能符合原厂说明书规定； （2）传动带应无裂痕和过量磨损，表面无油污，传动带松紧度符合原厂说明书规定
		进、排气歧管，消声器，排气管	检查（测）、紧固，视情况补焊或更换	无裂痕、漏气，消声器性能良好
		增压器、中冷器	检查（测）、清洁	符合原厂说明书规定
		发动机支架	检查（测）、紧固	连接牢固、无变形和裂缝
		喷油器、喷油泵	检查（测）喷油器和喷油泵的连接，必要时检测喷油压力和喷油状况，视情况调整供油提前角	（1）喷油器雾化良好，无滴油、漏油现象，喷油压力符合原厂说明书规定； （2）供油提前角符合原厂说明书规定

序号	作业部位	作业项目	作业内容	技术要求
2	发动机	分电器、高压线	清洁、检查（测）	分电器无油污，调整触点间隙在规定范围内，无松旷、漏电现象，高压线性能符合原厂说明书规定
		火花塞	清洁、检查（测），或按照原厂使用说明书要求更换火花塞	电极表面清洁，间隙符合原厂说明书规定
		电控燃油喷射系统供油管路	检查（测）密封状况	密封良好，作用正常
3	电器、电控系统	前照灯、仪表、喇叭、刮水器、全车电器线路	检查（测）、调整，必要时修理或更换	（1）前照灯（灯光数量、光色、位置）、喇叭、各仪表及信号装置功能齐全、有效，符合原厂说明书规定；（2）刮水器电机运转无异常，连动杆连接可靠；（3）全车线路整齐，连接可靠，绝缘良好
		蓄电池	检查（测）、清洁、补给	清洁，安装牢固，电解液液面符合原厂说明书规定
		ABS	检查（测）、消除故障码	功能正常
		空气悬挂	检查（测）	工作正常
		缓行器	检查（测）	功能正常
		行驶记录仪	检查（测）	作用正常
		空气调解与控制	检查（测）	功能正常
		电子控制装置	检查（测）、消除故障码	工作正常
4	离合器	离合器	检查（测）调整离合器踏板自由行程	离合器踏板自由行程符合原厂说明书规定
5	传动系	变速器、差速器	检查（测）密封状况和操纵机构，清洁通气孔	密封良好，通气孔畅通，操纵机构作用正常，无异响、跳动、乱挡现象
		传动轴、传动轴承支架、中间轴承	（1）检查（测）防尘罩；（2）检查（测）传动轴万向节工作状况；（3）检查（测）传动轴承支架；（4）检查（测）中间轴承间隙	（1）防尘罩不得有裂纹、损坏，卡箍可靠，支架无松动；（2）万向节不松旷，无卡滞，无异响；（3）传动轴承支架无松动；（4）中间轴承间隙符合原厂说明书规定

300

序号	作业部位	作业项目	作业内容	技术要求
6	转向系	转向器、转向传动机构	（1）检查（测）转向器传动机构的工作状况和密封性，校紧各部螺栓；（2）检查（测）、调整转向盘自由转动量	转向盘自由转动量符合规定，转向轻便、灵活，无卡滞和漏油现象。垂臂及转向节臂无弯曲及裂损，各部螺栓连接可靠
		四轮定位	检查（测）、调整	符合原厂说明书规定
7	制动系	驻车制动	检查（测）制动蹄片厚度、制动性能，驻车制动器自由行程	符合原厂说明书规定
		制动阀、制动管路、制动踏板	（1）检查（测）制动踏板自由行程；（2）检查（测）紧固制动阀和管路接头；（3）液压制动检查（测）制动管路内是否有气	（1）制动踏板自由行程符合原厂说明书规定；（2）制动阀和管路接头连接可靠，无漏气；（3）液压制动管路内无气
		制动器的检查	检查（测）制动蹄片厚度、制动蹄及支承销和制动盘、制动凸轮轴，视情选择作业内容	（1）制动蹄无裂损及明显变形，摩擦片不破裂，铆接可靠，摩擦片厚度符合原厂说明书规定；（2）支承销无过量磨损，支承销与制动蹄孔、衬套配合间隙符合原厂说明书规定
			检查（测）内外轮毂轴承及其间隙，视情选择作业内容	轴承保持架无断裂，滚柱无脱落、裂损和烧蚀，轴承内圈无裂损和烧蚀，符合原厂说明书规定
			检查（测）前轮制动器调整臂的作用	作用正常，符合原厂说明书规定
			根据检查（测）结果，视情况拆卸前轮毂总成、制动蹄、支承销，必要时进行清洗转向节、轴承、支承销、清洁制动底板等作业	清洁、无油污
			根据检查（测）结果，视情况校紧制动盘、制动凸轮轴装置螺栓	（1）制动底板不变形，按原厂说明书规定的力矩扭紧装置螺栓；（2）凸轮轴转动灵活、无卡滞，转向间隙符合原厂说明书规定
			检查（测）制动蹄复位弹簧	复位弹簧应无明显变形，自由长度、拉力符合原厂说明书规定

续表 8.12

序号	作业部位	作业项目	作业内容	技术要求
7	制动系	制动器的检查	根据检查（测）结果，视情况进行前轮毂、制动鼓及轴承外座圈校对，校紧轮胎螺栓内螺母等作业	（1）轮毂无裂损； （2）轴承外座圈无裂纹，无麻点，无烧蚀； （3）制动鼓无裂纹，外边缘不得高出工作表面，检视孔完整，内径尺寸、圆度误差、左右内径差符合原厂说明书规定； （4）轮胎螺栓齐全完好，规格一致，按规定力矩拧紧
			根据检查（测）结果，视情进行前轮毂装复、调整前轮轴承松紧度及制动间隙等作业	（1）装复支承销，制动蹄支承销孔均应涂润滑脂，开口销或卡簧齐全有效； （2）润滑轴承； （3）制动鼓、制动片表面清洁，无油污； （4）制动片与制动鼓的间隙应符合规定，转动无碰擦现象或声响，检视孔挡板齐全； （5）轮毂转动灵活，用拉力计测量时可转动，且无轴向间隙； （6）保险可靠，防尘罩、衬垫完好，螺栓垫圈齐全紧固（螺栓规格一致）
			检查（测）轮毂轴承及其间隙，视情况选择作业内容	轴承保持架无断裂，滚柱无脱落、裂损和烧蚀，轴承内圈无裂损和烧蚀，符合原厂说明书规定
			拆半轴，根据检查（测）结果，视情况进行轮毂总成、制动蹄、支承销，清洗各零件及制动底板、半轴套管等作业	（1）轮毂通气孔畅通； （2）各零件及制动盘、后桥套管清洁无油污
			检查（测）制动底板、制动凸轮轴，校紧连接螺栓	（1）制动底板不变形，连接螺栓按规定力矩紧固； （2）凸轮轴转动灵活，无卡滞，轴向间隙和径向间隙符合原厂说明书规定
			检查（测）后桥半轴套管、螺母及油封	（1）套管无裂纹及明显松动，与螺母配合无径向松旷； （2）油封完好，无损坏，无漏油； （3）套管颈与轴承配合间隙符合原厂说明书规定
			检查（测）制动蹄复位弹簧	复位弹簧无变形，自由长度符合原厂说明书规定，拉力良好
			检查（测）后轮毂、制动鼓及轴承外座圈	（1）轮毂无裂损； （2）轴承外座圈不松动，无损坏； （3）制动鼓无裂纹，内径、圆度误差、左右内径差符合原厂说明书规定，外边缘不得高出工作表面，制动鼓检视孔完整

序号	作业部位	作业项目	作业内容	技术要求
7	制动系	制动器的检查	检查（测）扭紧半轴及半轴螺栓	半轴螺栓齐全有效，半轴无明显变曲，不磨套管，无裂纹，花键无过量磨损或扭曲变形，符合原厂说明书规定
			检查（测）轮胎螺栓，校紧内螺母	符合原厂说明书规定
			根据检查（测）结果，视情况进行装复后轮毂，调整制动间隙等作业	（1）装复支承销、制动蹄片时，销孔均应涂润滑脂，开口销或卡簧齐全可靠； （2）润滑轴承； （3）套管轴颈表面应涂机油后再装上轴承； （4）制动蹄片、制动鼓面应清洁，无油污； （5）制动蹄片与制动鼓的间隙应符合原厂规定，无转动物碰擦现象和声响，检视孔挡板齐全紧固； （6）轮毂转动灵活，拉力符合原厂说明书规定； （7）锁紧螺母按规定力矩扭紧
8	行驶系	轮胎（包括备胎）	检查（测）紧固，补气，视情况进行轮胎换位，磨损严重时更换轮胎	气压符合原厂说明书规定。清洁，无裂损、老化、变形，气门嘴完好，轮胎螺栓紧固，轮胎的装用符合规定
		钢板弹簧	检查（测）	无损坏，连接可靠，后钢板支架无裂纹及变形
		悬架	检查（测）、紧固，视情况补焊、校正	不松动，无裂纹，无断片，按原厂说明书规定扭紧力矩，紧固螺栓
		减振器	检查（测）	稳固有效
		车架	检查（测）	车架无变形，纵横梁无裂纹，铆钉无松动，拖车钩、备胎架齐全，无裂损变形，连接牢固
		前后轴	检查（测）	无变形及裂纹
9	全车润滑	润滑	全车加注润滑脂的部位全部润滑	润滑脂嘴齐全有效，润滑良好
10	排放	排放情况	尾气排放测量	符合 GB 18285、GB 3847 规定

注：通过进厂检查诊断，若需要小修作业的项目，则增加小修作业内容

二、任务导向

（1）熟悉汽车整车维护的基本概念和各级维护检验、调整的基本项目。

（2）按照二级维护规范对实习车辆进行逐项检查，填写任务工单。

（3）对实训车辆进行判断，明确主要存在的问题，并提出维修、维护的方案。

（4）掌握车辆各级维护的项目和程序。

（5）对实训车辆进行二级维护，使其达到正常工作状况。

三、工 单

根据实训情况填写表 8.13、表 8.14 所示的工单。

表 8.13　工单 1

				车牌号		车型	
送 修 单 位				车 牌 号		车 型	
营 运 证 号				发 动 机 号		底 盘 号	
车辆档案及车主反映的车辆状况							
1	操纵稳定性	有无跑偏		发抖		摆头	
2	变速器	有无泄漏	异响松脱	裂纹		换挡是否轻便灵活	
3	离合器	有无打滑	发抖现象	分离彻底		结合是否平稳	
4	传动轴	有无泄漏	异响	松脱		裂纹	
5	后桥	主减速器有无泄漏		异响		过热	
6	前轮前束			轮胎状况			
7	转向盘自由转动量			车架/悬架			
8	转向摇臂/轴						
9	发动机运转状况						
10	汽油车尾气排放	急速 CO	%	HC		10^{-6}	
		双急速 CO	%	HC		10^{-6}	
11	柴油车尾气排放	烟度值	Rb	光吸收系数		m^{-1}	
	检测项目	轴重（kg）	左制动力（daN）	右制动力（daN）	总制动力（%）	阻滞力（%）	协调时间（s）
12	前轴制动						
13	中轴制动						
14	后轴制动						
15	整车制动						
16	驻车制动						
	检测项目	发光强度（cd）	检测项目	上/下偏移量（mm/10 m）		左/右偏移量（mm/10 m）	
17	左灯		近光光束				
18			远光光束				
19	右灯		近光光束				
20			远光光束				
附加项目							
检验结论	维护厂家：（章）质检员签字：（章）年 月 日			车主意见：			

表 8.14　工单 2

送 修 单 位			车牌号		车 型	
营 运 证 号			发动机号		底盘号	
作业部位	检 验 项 目		技 术 状 况			
整车						
发动机	气缸压力（MPa）					
	其他					
电器系统						
离合器	离合器		踏板自由行程：			
传动系	变速器、差速器		变速器、差速器工作情况：主要部件磨损情况：			
	传动轴、传动轴承支架、中间轴承		万向节情况： 中间轴承支架及间隙：			
转向系	转向器、转向传动机构		转向盘自由转动量：横直拉杆、转向节及节臂情况：			
	四轮定位					
制动系	驻车制动		制动摩擦片厚度： 驻车制动器自由行程：			
	制动阀、制动管路、制动踏板		制动踏板自由行程：			
	前轮制动器		制动蹄片厚度： 制动盘厚度： 制动毂内径： 制动器间隙： 摩擦片距铆钉头深度：			
	后轮制动器		制动蹄片厚度： 制动盘厚度： 制动毂内径： 制动器间隙： 摩擦片距铆钉头深度： 半轴及半轴套管情况（轴承颈直径）：			
行驶系	轮胎		轮胎动平衡量： 轮胎胎冠花纹深度：			
其他						

小修情况记录			更换主要零部件记录		
项目	修理情况摘要		名称	规格	数量
备注			检验员（签字）： 　　　　年　月　日		

四、作业与考核

（1）汽车维护的类型有哪些？

（2）汽车检查中的"三液"和"四漏"是什么？

（3）对实训车辆车况进行分析，给出结论。

（4）编制实训车辆维护、维修方案。

参考文献

[1] 李宏. 汽车发动机构造与维修[M]. 北京：化学工业出版社，2011.

[2] 蔡兴旺. 汽车发动机构造与维修[M]. 北京：北京大学出版社，2008.

[3] 祁翠琴. 汽车电控技术[M]. 北京：北京大学出版社，2008.

[4] 高洪一. 汽车电子技术[M]. 北京：北京交通大学出版社，2007.

[5] 范继春. 汽车底盘构造与维修[M]. 北京：北京理工大学出版社，2012.

[6] 刘东亚. 汽车底盘构造与维修[M]. 北京：中国农业出版社，2012.

[7] 于明进. 汽车电器设备构造与维修[M]. 北京：高等教育出版社，2004.

[8] 罗方赞，杨帆. 汽车维护与保养[M]. 南京：南京大学出版社，2013.